论语解辑注

主　编　杨周靖
副主编　张重阳　张绍先　董保珠

中州古籍出版社
·郑州·

图书在版编目(CIP)数据

论语解辑注 / 杨周靖主编. —郑州：中州古籍出版社，2023.9
ISBN 978-7-5738-0927-8

Ⅰ.①论… Ⅱ.①杨… Ⅲ.①《论语》–注释 Ⅳ.① B222.2

中国国家版本馆 CIP 数据核字（2023）第 174244 号

LUNYU JIE JIZHU

论语解辑注

责任编辑	李祖哲
责任校对	刘 琳
美术编辑	赵启航
	杨 光
篆 刻	程群来

出版社	中州古籍出版社（地址：郑州市郑东新区祥盛街 27 号 6 层 邮编：450016 电话：0371-65723280）
发行单位	河南省新华书店发行集团有限公司
承印单位	新乡市天润印务有限公司
开 本	710 mm × 1000 mm 1/16
印 张	32
字 数	680 千字
版 次	2023 年 9 月第 1 版
印 次	2023 年 9 月第 1 次印刷
定 价	168.00 元

本书如有印装质量问题，请联系出版社调换。

宋文莆良佐公像

黜邪崇正程子之徒 切問近思一秉
自無窮性盡理尺步絕趨先民規範
後進楷模

萧山吴岘如敬书

  谢良佐（1050？—1121），字显道，号逍遥，蔡州上蔡（今属河南）人，北宋官员、学者。人称上蔡先生或谢上蔡，元丰八年（1085）进士及第。师从程颢、程颐，与游酢、吕大临、杨时并称"程门四先生"。

  谢良佐创立上蔡学派，是心学的奠基人、湖湘学派的鼻祖，在程朱理学的发展史上起到了桥梁作用。著有《论语解》，其核心思想体现在与"二程"及良佐门人问答语录中，由门人曾恬、胡安国录成《上蔡先生语录》，经朱熹编辑为《上蔡语录》三卷。北宋宣和三年（1121），谢良佐逝世，谥号"文肃"，清道光二十九年（1849）从祀孔庙。

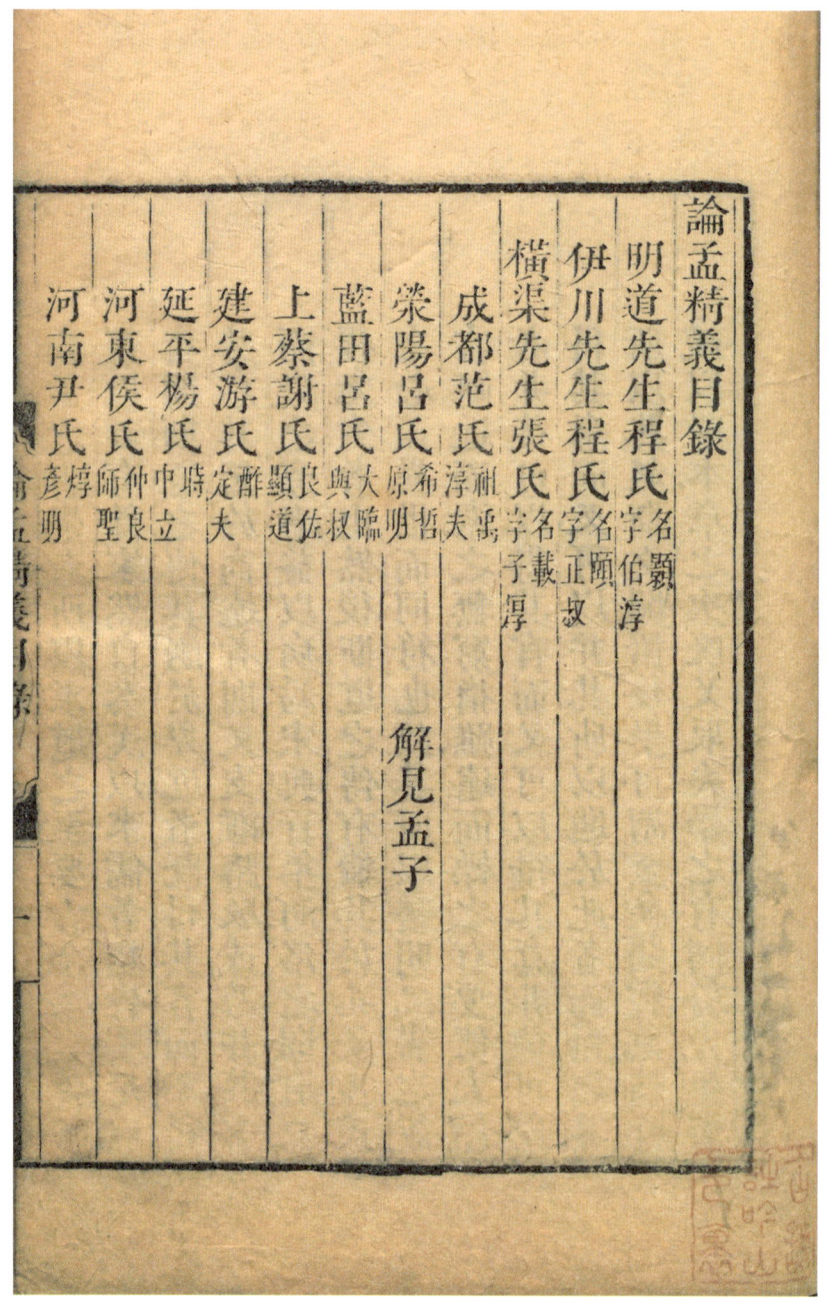

論孟精義目錄

明道先生程氏　名顥　字伯淳
伊川先生程氏　名頤　字正叔
橫渠先生張氏　名載　字子厚
成都范氏　祖禹　字淳夫
滎陽呂氏　希哲　原明
藍田呂氏　大臨　與叔
上蔡謝氏　良佐　顯道
建安游氏　酢　定夫
延平楊氏　時　中立
河東侯氏　仲良　師聖
河南尹氏　彥明　　解見孟子

清嘉慶間呂氏寶誥堂刊《論孟精義》書影之一

它處也難見學者須要理會得聖賢氣象 又曰某自十七八讀論語當時已曉文義讀之愈久但覺意味深長

謝氏曰天下同知尊孔氏同知賢於堯舜同知論語書弟子記當年言行不誣也然自秦漢以來開門授徒者不過分章析句耳晉魏而降談者益稀既不知讀其書謂足以識聖人心萬無是理既言不足以知聖人心謂言能中倫行能中慮亦萬無是理君子於此蓋潛心於淺近家有道亦萬無是理若子於此蓋潛心於淺近無用之地聰明日就彫喪雖欲讀之固不得其門而入也蓋其辭近其指遠辭有盡指無窮有盡者可索之於訓詁無窮者要當會之以神譬諸觀人昔日識其面今

清嘉慶間吕氏宝诰堂刊《论孟精义》书影之二

國朝諸老先生論孟精義綱領

明道先生曰仲尼元氣也顏子春生也孟子并秋殺盡見仲尼無所不包顏子示不違如愚之學於後世有自然之和氣不言而化者也孟子則露其才蓋亦時焉而已矣又曰仲尼天地也顏子和風慶雲也孟子泰山巖巖之氣象也仲尼無迹顏子微有迹孟子其迹著又曰孔子儘是明快人顏子儘豈弟孟子儘雄辯曰孟子有功於道為萬世之師其才雄只見才雄便是不及孔子處人須學顏子便入聖人氣象又曰孔孟只要分別聖賢之分如孟子若為孔子事業則儘做得只是難得似聖人譬如剪綵為花則無不似處只是無他造化功綵斯來動斯和此是不可及處又曰孔

左起：李祖哲　王钢　杨周靖　张弦生

左起：张弦生　杨周靖

　　李道清，河南省遂平县人。全国台湾研究会会员，中国书法家协会注册书法教师，中外名家书法院副院长，北京华夏东方杰书画院副院长，中国民间文艺家协会会员，中华诗词学会会员，河南省书法家协会会员。

　　李道清先生为本书作序。

左起：董保珠　杨周靖　张绍先　张重阳

序 一

王 钢

儒家之道，非一成而不变者也。汉而下，传经者率以训诂为重，注疏正义，连篇累牍，架屋叠床，至有一字训至数万言者，虽皓首而不能穷。至北宋，风气为之一变，学者不泥于章句之学，竞逞新说，仁者见仁，智者见智，各立宏论。究其实，则借题发挥，各为其政论张本，非徒训释旧典而已，陆象山所谓"六经注我"是也。其间，《论语》之解说，最为典型。

《论语》之为书，自汉至唐，"五经""九经"皆不予焉，至宋始大受重视。宋初，邢昺奉诏作《论语注疏》，尚遵前人之旧。胡瑗作《论语说》，不守章句之学，以阐发义理为要，为有宋新儒学滥觞。庆历间，刘敞以《论语》入"七经"，作《七经小传》，开一代先河。熙丰变法前后，讲说《论语》之风大盛，一时人物，如王安石、王雱父子，苏轼、苏辙兄弟，范祖禹等，皆有著述，无虑数十百种。洛学中伊川先生亦重《论语》，唯未撰述成书，门人辑为《伊川论语说》十卷，程门弟子谢良佐、杨时、游酢、吕大临、尹焞、邹浩等，各有说解。

熙丰、元祐间，朋党盛行。以变法论，有新党、旧党，旧党中又有洛党、川党、朔党。党同伐异，相为攻讦，势同水火。甚者因人废言，无论是非，且非止于为政，而延及为学。

《论语》解说亦如此。绍熙间，荆公王安石之学盛行，其《论语解》行于场屋（《郡斋读书志》卷一下）。后世致堂先生胡寅，至以北宋衰败归因于此，曰："二十年，川壅大决，睦盗猝兴，势摇嵩岱，然后信王氏学术不本于仁，穿穴破碎，以召不仁之祸也。"（《致堂胡先生斐然集》卷十九《鲁语详说序》）过矣。

上蔡谢良佐先生《论语解》，独出本心，识见超迈，脱门户之见，在诸解中独树一帜。先生虽出程门,而不全守伊川先生之论,且每引荆公父子说,不以异党而废其言。胡寅门人刘荀,谓先生欲挽时弊,其《明本释》卷下云:"范忠宣公论王荆公:止因喜同恶异,遂至黑白不分。苏东坡谓:介甫之文未必不善也,患于好使人同己。自孔子不能使人同,王氏安能以其学同天下!胡衡麓谓:当时学士大夫,意向稍殊乎王氏,则摈斥随之;必如是说,始堪仕进。百唱千和,率天下出一私户,不亦甚乎?窃谓学者亦可以监矣。谢上蔡,洛学也。《论语解》中如临川诸说,一言之善,亦不废而取之。岂有意欲救其弊欤?"诚中肯之评。

先生讳良佐,字显道,号逍遥,程门之卓卓者。生平著述,仅有《论语解》十卷。外乎此者,若《上蔡语录》,则门人所记,非所手定。先生碑传不存,《宋史》本传又泛略不得其真,故《论语解》始末,以及先生行实,无以详细。今考诸史籍,试为疏理如次。

《论语解》之作,在元祐六年(1091)顷,时先生任秦州教授。

胡寅《上蔡论语解后序》(《斐然集》卷十九)云:"上蔡谢公,得道于河南程先生,元祐中掌秦亭之教,遂著《论语解》。"寅为文定公安国养子,胡安国曾师事上蔡先生,故寅之言当可信。秦亭即秦州古称,在今甘肃天水。此说仅称元祐,未及年份。

李幼武《皇朝名臣言行外录》卷七《谢良佐小传》:"释褐登第,授秦州教。"指先生登第后授秦州教授,误。先生登第在元丰八年(1085)。彭百川《皇朝太平治迹统类·祖宗科举取人》神宗元丰八年五月二十四日丙辰(原误作丙申):"赐刘逵、徐处仁、谢良佐等五百七十五人并释褐。"此释褐谓释褐礼。而《言行外录》"释褐登第",则谓太学上舍生、不经省试而登第进士者。佚名《新编排韵增广事类氏族大全》辛集《四十祸》,亦称先生"以释褐登第"。《二程遗书》卷四、游酢《游鹰山先生集》卷三等载,蔡人鲜习《礼记》,先生居太学,以决科之利,欲归应乡举,伊川先生不以为然,乃止,是年登进士第。正谓自太学应试。

先生初授职官已不详。李焘《续资治通鉴长编》卷三九一，元祐元年（1086）十一月二十二日丙子："前内殿崇班谢良佐，叙复元降内侍省祗候高班内品。"内殿崇班为武职内臣，侍禁殿上。故此良佐当是重名，非先生也。

先生升秦州教授，在元祐六年（1091）。范祖禹《太史范公文集》卷五十五《手记》记先生："元祐六年举著述。"举著述，即以著述科举。元祐初以司马光奏，诏行十科举士之法，有位达官每岁须于十科内保举三人。"著述"为十科之一，即"文章典丽可备著述科"。然保举者何人，举任何职，范公未明言。

邵伯温《邵氏闻见录》卷十四云："马涓巨济亦以状元及第为秦州签判，初呼'状元'。吕晋伯为帅，谓之曰：'状元云者，及第未除官也。既为判官，不可曰状元也。'巨济愧谢。……时谢良佐显道作州学教授，显道为伊川程氏之学，晋伯每屈车骑，同巨济过之，则显道为讲《论语》，晋伯正襟肃容听之，曰：'圣人言行在焉，吾不敢不肃。'"按《续通鉴长编》卷四五九，马涓授承事郎、签书雄武军节度判官，在元祐六年六月八日丙申。知是年先生在秦州教授任上，应即"举著述"所举之职。

州府教授，多由州府长吏举。如程门鹰山先生游酢，元祐五年（1090）以知颖昌府范纯仁举著述科，授颖昌府教授。故，举先生者或即吕晋伯。晋伯一作进伯，名大忠，时以直龙图阁知秦州。《宋史·吕大忠传》亦载先生为其讲《论语》事。先生曰："吕进伯是个好人。"（《朱子语类》卷三十）大忠弟大临，亦程门高徒。由此可知，元祐六年先生正讲授《论语》，合《上蔡论语解后序》观之，《论语解》之作，应即在此年或之后不久。而其初流传未广。

绍圣间先生仕履不详。元符时或任渑池令。

先生任渑池令，仅见和靖先生尹焞言。冯忠恕《涪陵记善录》记尹氏语曰："先生（伊川）晚年，显道授渑池令，来洛见先生，留十余日。先生谓焞：'如见显道，试问此来所得如何。'焞即往问焉。显道曰：'良佐每常闻先生语，多疑惑。今次见先生，闻先生语，判然无疑。所得如此。'具以告先生，先生曰：'某见得它，也是如此。'"（《伊洛渊源录》卷九引）祁宽记尹氏语同一事曰："伊川归自涪陵，谢显道自蔡州来洛中，再亲炙焉。久之，伊川谓先生（和靖）及张思叔绎曰：'可去同见谢良佐问之，此回见吾，有何所得。'尹、张如所戒。谢曰：'此来方会得先生说话也。'张以告伊川，伊川然之。"（《二程外书》卷十二）按涪陵谓涪州，"归自涪陵"者，伊川先生绍圣四年（1097）编管涪州，元符三年（1100）正月移峡州，四月复宣德郎，任便居住，还洛。时年六十八。详朱子《伊川先生年谱》（《晦庵先生朱文公文集》卷九十八）。合二人所记，似上蔡先生时授渑池令，自蔡州往任上，道经洛中，遂淹留焉。唯他书所记，先生次年即官于京师，则或元符三年以前已授渑池令，此次乃任中归蔡，返经洛阳。

建中靖国元年（1101），先生居官京师，名甚籍籍。《曲洧旧闻》卷三："谢良佐字显道，韩师朴在相位，闻其贤，欲招之而不敢，乃遣其子治以大状先往见之，因具道所以愿见之意。士大夫莫不惊怪。"师朴即韩忠彦，其为相在元符三年至建中靖国元年。所居之官，或在书局。《上蔡先生语录》中有言："吾平生未尝干人，在书局亦不谒执政。"书局为典籍纂修机构，《国史》《六典》《会要》等，俱设局以修。

是年，蒙徽宗召见，以诏对不称旨去。去后，诸家记载不一。

《宋史》本传："建中靖国初官京师，诏对忤旨去，监西京竹木场，坐口语系诏狱，废为民。"《程氏外书》卷十一《时氏本拾遗》："谢显道崇宁间上殿不称旨，先生闻之喜。已而就监门之职。……（或云建中间）。"朱子《伊洛渊源录》卷九："历仕州县。建中召对，除书局官。后复去为管库，以飞语坐系诏狱褫官。"《德安府应城县上蔡谢先生祠记》："建中靖国中诏对不合，得官书局。后复转徙州县，沉沦卑冗，以没其身。"（《晦庵集》卷八十）《宋元学案》卷二十四更谓："历仕州县，宰德安之应城。……建中靖国初上殿召对，徽宗与之语，有意用之。先生退而曰：'上意不诚。'乃求监局，得西京竹木场。或谓：'建中年号与德宗同，不佳。'先生云：'恐亦不免一播迁。'坐口语下狱，废为民。"《学案》晚出，未详所据。

以上影影绰绰，且相抵牾。案管库、监局俱泛称，谓库、务、场、院等监当官。《宋史·职官志》："大而分政任事之官，微而管库监局之官。"监门亦监当官，库、务、场、院俱设，司门守。管库、监局、监门俱泛称，其实一也，在先生所授，即监西京竹木务。竹木务亦即竹木场，隶将作监，设监官，掌修诸路水运材植及抽算诸河商贩竹木，以给内外营造之用。西京竹木场在洛中，掌洛水事务。谋监当官，与二程先生相似：明道先生尝退求监局，得监西京洛河竹木务；伊川先生亦以便亲养，乞汝州监局。

其可证实者，先生崇宁元年（1102）五月入元祐党籍。

崇宁初，元祐党人案兴，一时名臣，贬流窜夺者以百计。初，哲宗绍圣元年（1094）已籍元祐党，凡七十三人，姓名已不可知。徽宗崇宁元年五月二十一日乙亥，诏三省籍元祐并元符末以来党人姓名，责降人韩忠彦等四人外，自苏辙至裴彦臣，凡五十七人。先生在第二十九名。同日司马光以下四十四人复行追降，其中伊川先生追所复官，依旧致仕。九月十七日己亥，再诏籍党人，分门别类，凡文彦博、司马光等百十九人（《宋史》等作百二十人），御书刻石，立于端礼门。是为首立党籍碑。伊川先生在"余官"第二十三名，上蔡先生在"余官"第四十四名。以上见杨仲良《皇宋通鉴长编纪事本末》卷百二十一、陈均《皇朝编年备要》（《九朝编年备要》）卷二十六。

崇宁二年（1103）九月二十五日辛丑，再诏诸路州军监司长吏厅立《元祐奸党碑》，凡九十八人。其中已无先生名。崇宁三年重定党籍刻石，颁行天下，通三百九人，亦无先生名。因知先生出籍，在崇宁二年九月之前。

但出籍时间，史籍稍有异同。《编年备要》录崇宁元年（1102）九月党籍，注云：其后谢良佐等九人并出籍。未明年月。《纪事本末》述崇宁元年七月二日乙酉事，注据《祐圣故事》，列谢良佐等十七人，云："已上更不籍记姓名。"九月十七日录党籍，又注：七月二日谢良佐等八人已出籍，"恐此姓名不当"。则谓出籍在崇宁元年七月二日，并指九月十七日党籍名录有误。

按绍兴六年（1136）五月二十四日辛卯，用给事中朱震请，特与先生之子克念补右迪功郎。震奏牍中有云：先生"名在党籍，著于石刻"（见《宋会要》崇儒六、李心传《建炎以来系年要录》卷一百一、李心传《道命录》卷三）。既刻于石，则崇宁元年（1102）九月首刻党籍碑，必有其名。及先生侄孙谢伋，代克念作《谢启》，中又云："念昔先人，亲逢命世，升堂传道，实有渊源。刻石刊章，偶逃部党。"伋《四六谈麈》记其事云："叔祖逍遥公初不入党籍，朱震子发内相以初废锢，乞依党籍例命一子官。"则指先生未入党籍。而费衮《梁溪漫志》卷五《〈四六谈麈〉差误》，又指谢伋之说为误："谢显道崇宁元年入党籍，至四年立奸党碑时，出籍久矣。……景思记当时所见，偶尔差舛。恐误作史者采取，故为是正之。"《梁溪漫志》虽绍熙三年（1192）作，为时稍晚，但费衮曾入史馆，高宗、孝宗、光宗三朝正史，亦取是书参考，故其说当可信。所谓"四年立奸党碑"，盖谓崇宁三年党籍碑，各地刻碑，有在次年者，如两浙常平司即崇宁四年二月立。

至于先生因何入籍，又何以出籍，今已不能详。当时入籍，大抵皆不满变法新政，有所言行者，似不至于仅以飞语坐系。而入元祐党籍者，或贬官褫夺，或流徙编管，备历坎坷。崇宁末虽党禁稍弛，略有恢复，但直至建炎间，党人方得彻底平反。

依前引《宋史》《程氏外书》，建中靖国诏对之后，未几监西京竹木务。朱子则云"历仕州县"，但前后所言不同。乾道九年（1173）《伊洛渊源录》谓在建中诏对之前，《宋元学案》并袭此说。绍熙二年（1191）《上蔡谢先生祠记》，改"历仕州县"在诏对之后，并云："中间尝宰是邑（应城）。南阳胡文定公以典学使者行部过之，不敢问以职事，顾因绍介，请以弟子礼见。入门见吏卒植立庭中，如土木偶人，肃然起敬，遂禀学焉。"

据胡寅《先公行状》（《斐然集》卷二十五），胡安国除湖北路提举学事司，在崇宁四年（1105），到官改湖南路。五年三月例罢学事司，除通判成德军。《先公行状》并引胡安国之言曰："某之出处，自崇宁以来皆内断于心。虽定夫、显道诸丈人行，亦不以此谋之。"胡寅释云："定夫，游公酢；显道，谢公良佐也。与杨公中立皆程门高弟。公之使湖北也，杨尚为府教授，谢为应城宰。公质疑访道，礼之甚恭。来见而去，必端笏正立目送之。僚属惊异，吏民耸观。邹公浩闻之叹曰：'将军北师面降虏，此事人间久寂寥。'"《宋史》并以此事入《胡安国传》。龟山先生杨时，崇宁元年至五年任荆州府学教授，有《送胡康侯使湖南》诗（弘治刻本《龟山集》卷十六），宋黄去疾《龟山年谱》（正德刻本《龟山集》附）系于崇宁三年。

据此，先生崇宁四年在应城县令任上。《万历湖广总志》卷六十三，谓"徽宗时调应城令"，大体不误。《雍正应城县志》卷三《职官志》谓"元符初任"，则无稽之谈，其卷八《谢良佐传》，亦仅抄朱子《祠记》而已。

然而，先生又以朝奉郎、监西京竹木务致仕，仍禁锢终身。

绍兴六年（1136）五月朱震奏牍："良佐终于监竹木务，名在党籍，著于石刻，终身不遇。虽以朝奉郎致仕，奏补其子克已入官，后逢巨贼于德安府，举家被害。""良佐之贤，亲传道学，举世莫知，又遭禁锢而死，诸子衰替，最为不幸。"《梁溪漫志》卷五："一子得致仕恩，仅监竹木务而卒。"叶适《（台州）上蔡先生祠堂记》："不幸遭党人禁锢，未解而卒。"（《水心先生文集》卷十、《嘉定赤城志》卷四）

岂在应城令之后，先生又迁竹木务？抑或又以飞语夺官系狱？文献不足，不能明也。

元祐党人之禁锢，有贬官追职、不许出仕、限制言行、禁止授徒、禁于私第等，未必皆系于狱。党人著述，多遭禁毁。《纪事本末》载：

崇宁二年四月，"诏三苏、黄（庭坚）、张（耒）、晁（补之）、秦（观）及马涓文集，范祖禹《唐鉴》、范镇《东斋纪事》、刘攽《诗话》、僧文莹《湘山野录》等，印板悉行焚毁"。温公《通鉴》，亦险遭毁板。伊川先生尤为不幸："追毁出身以来文字，除名。其入山所著书，令本路监司常切觉察。"

盖以文网密，《论语解》至政和间仍流传不广。唯私相传习，不绝如缕。胡寅《鲁语详说序》云，政和三年（1113）顷，其十六七时，"先君书案上有《河南语录》，上蔡谢公、龟山杨公《论语解》"，则胡文定公即有传本。《上蔡论语解后序》又云："某年二十一，当政和戊戌，在太学得其书，时尚未盛行也。后五年，传之者盖十一。"

宣和间党禁已弛，《论语解》始有刊刻，首刻在宣和四年（1122）。

《上蔡论语解后序》作于是年五月望日，云："同舍建安谢袭智崇，传于山阳马震知止，欲以其传授鬻书者，使刻板焉。"谢袭字智崇，祖籍阳夏（今河南太康），徙建安，历仕汀州司户参军、鼎州观察推官，胡寅尝为其父作《阳夏谢君墓志铭》（《斐然集》卷二十六）。马震则不知何许人。序谓欲授书贾，尚未刻。后绍兴二十四年（1154）作《鲁语详说序》，云："当兹时，天子临轩策士，取采谠言，党禁向弛。于是邵康节《皇极书》、张横渠《正蒙篇》、河南先生诸经诸说、元祐忠贤良论，风旨稍出，好之者往往传写袭藏，若获希世之宝，而谢公《语解》则已锓板盛行。……后四载，岁在乙巳，女真入寇。"知宣和四年书已刻成。而先生前此一年卒，竟未及见。

先生生卒，今人谓皇祐二年庚寅（1050）至崇宁二年癸未（1103），众口一词，莫之或疑，即《辞海》亦如是。考其说源自明万历间周汝登《圣学宗传》卷七《谢良佐传》，谓："崇宁癸未卒，年五十四。所著有《论语说》《文集》《语录》行于世。"所谓有《文集》行世者，闻所未闻，盖臆测之词。而生卒之年，或源自谢氏宗谱。

余所见道光以降上蔡谢先生后裔宗谱凡四五部，俱只有谱系，无传。顷杨周靖先生示以抄本《谢氏宗谱》复印件数十纸，数年前得之临海谢氏宗祠。前有乾隆二十八年（1763）临海县学庠生郑茂兰序，中有先生小传，云："良佐字显道，通诰第三子，登元丰三年焦蹈进士。尝宰渑池及应城。建中靖国初在书局，召对忤旨，出就监门之职。谪锢以终。生于皇祐庚寅，卒于崇宁癸未，得年五十有二。葬于蔡林。"所述简而有法度，事实大抵俱有据。盖从前代谱因袭而来，但抄写多误。如"元丰三年"为"元丰八年"之误，"焦蹈"下脱"榜"字。"五十二"为"五十四"之误。唯此卒年不确。

如前所述，先生崇宁四年（1105）在应城令任上。政和元年（1111）又在京师，以《伊川易传》授杨时。杨时《与游定夫书一》《校正伊川易传后序》（弘治本《龟山集》卷二、卷十一）俱曾提及。按杨时大观四年（1110）六月赴京，十二月授萧山知县，政和元年（1111）正月二十三日离京。见宋黄去疾《龟山年谱》。

杨时为游酢所撰《御史游公墓志铭》（《龟山集》卷十四、《游廌山集》附）云："昔在元丰中，俱受业于明道先生兄弟之门，有友二人焉，谢良佐显道，公其一也。三年之间，二公相继沦亡，存者独予而已。"知先生与游酢之卒，相去二年。又据朱子《伊洛渊源录》《上蔡谢先生祠记》，先生卒，游酢为作墓志。则先生先游酢卒。游酢卒宣和五年，则先生卒于宣和三年（1121）。先生生年已不可考，盖与杨时、游酢相若，二先生皆生于皇祐五年（1053）。

宣和书刻，《论语解》遂大行于世。南宋至元，诸家书目大都备载。《郡斋读书志》卷一著录"谢显道《论语解》十卷"，《直斋书录解题》卷三著录"谢氏《论语解》十卷"，唯《遂初堂书目》无闻。《宋史·艺文志》著录"谢良佐《解》十卷"。他如《玉海》《文献通考》等，俱有记载。

南宋初已重程氏之学，述道统者往往首及先生，而《论语解》亦每受赞誉。朱子门人度正，有《进上皇太子文集状》（《性善堂稿》卷五），盛称："上蔡先生《论语解》论议精深，识见超迈，惟其绍续于绝学，故能启觉于后人，念上哲虽自于生知，然至道实从于心造。"淳熙四年（1177），国史院编修吕祖谦奉敕编《皇朝文鉴》，以先生《论语解序》入焉。

朱子最崇先生之学，尝手定先生《上蔡语录》，又辑先生《论语解》入《论语精义》《论语章句集注》诸书。然而，唯其如此，诸家解《论语》之书渐微。

入明以后，《论语解》即湮没无闻。《文渊阁书目》《内阁藏书目录》，俱不见踪影。即《永乐大典》亦不见引用。焦竑《国史经籍志》有谢显道"《论语解》二卷"，四库馆臣谓其目"不论存亡，率尔滥载"，最不足凭。私家书目，惟吾豫藏书家、西亭先生朱睦㮮藏有是书。其《万卷堂书目》著录"《上蔡论语解》三卷，谢显道"，《聚乐堂艺文目录》著录则"《上蔡论语解》，三册，三卷，谢显道"。未悉"三卷"为"十卷"之误，抑或其藏本已不完全。《嘉靖河南通志·艺文志》，亦出西亭先生手，著录有《论语解》十卷，但该《志》著录，不论存亡，未可据此证书之存。清初经学家朱彝尊《经义考》著录，云"未见"。至于明正德八年（1513）汪正《上蔡先生语录序》谓"《论语说》已行于世，独《语录》未传"，清康熙四十八年（1709）张伯行《谢上蔡先生语录序》谓"《论语说》之外，仅传其《语录》三篇"，乃承朱子《谢上蔡语录后序》（《晦庵集》卷七十五）"有《论语说》行于世，而此书传者盖鲜焉"一语而来，未必曾见其书也。崇祯间闯王决河，开封成泽国，西亭先生藏书亦淹没，《论语解》遂匿于天壤外。

后人述及《论语解》，或作"论语说"，朱子每如此，《宋史》本传亦然。意者，"论语说"为叙述之语，谓先生有《论语》解说之作。先生自序、胡寅后序及诸家书目著录，俱作"论语解"。

上蔡杨周靖先生诸君，怀桑梓之念，传上蔡之学。前岁校注《上蔡语录》，已行世矣，今又汲汲孜孜，辑录《论语解》注之，广搜博采，洋洋大观。上蔡先生平生著述，至此得以完备。上蔡先生道之不孤,杨先生诸君可谓功臣。书将付梓,嘱序于余。余不敏,学未及性理,又不及两宋,辞之再三而不获命,因述《论语解》并先生生平诸事,以为杨先生大著之小补。

癸卯初夏望日

序 二

李道清

杨周靖君把厚厚的《论语解辑注》书稿送来，嘱我作序，聊述观感，附于文前。

翻阅带着墨香的厚厚书稿，沉浸在广征博引的校注中，我顿感责任重大。这份责任，主要来源于如何让传统文化在传承中历久弥新。

杨周靖君无论担任县中学主要领导，还是在县直机关伏案执笔，均把目光投射到脚下这片厚重的土地。退休后，他担任上蔡县蔡文化研究会会长、《蔡韵春秋》杂志主编，更是把主要精力放在乡邦文化古籍整理中，成果颇丰。他率团队先后担纲编撰、整理出版了《秦丞相李斯》《历代百名蔡姓文学家传略》《历代蔡姓名人传略》《李斯集译注》《上蔡先生语录译注》等书籍。正是迭代人之勠力以进，古蔡大地的灿烂文化才光前垂后而不辍。

优秀传统古籍的发掘整理是一项系统工程。给优秀古典书籍标示出新时代印记，本身就是创造性转化和创新性发展，也彰显了我们的文化自觉和文化自信。

杨君同人书写蔡文化，自然绕不开的一个重要的人物，那就是史称"上蔡先生"——谢良佐，一个对儒学传承作出卓越贡献被尊为先民规范、后进楷模的一代宗师。

谢良佐，字显道，号逍遥，北宋寿春上蔡（今属河南）人，北宋时期中原地区的重要理学人士，程颢、程颐的得意门生，世称"上蔡先生"或"谢上蔡"，"程门四先生"之首，著有《论语解》《上蔡语录》等。朱熹《谢上蔡语录后序》中记载，他"学于程夫子昆弟之门。笃志力行，于从游诸公间，所见最为超越"。谢良佐一生与游酢、杨时、吕大临等皆为同门讲友，相互切磋，探讨学问，逐渐形成了具有自己特点的"上蔡学派"。谢良佐不仅将二程的思想发扬光大，而且把二程学说传到南方。谢良佐提出"心为天之理""心与天地同流"的命题，是陆王心学的重要奠基人；同时，其思想经胡安国、胡宏传播，成为湖湘学派的源头。谢良佐学说在程朱理学的发展史上起到了桥梁作用。

宋初的理学家，大多是吸收佛家思想来充实儒家思想，重建儒家形而上学。作为二程的主要弟子，谢良佐也深受佛家思想的影响。朱熹曾说："上蔡《观复斋记》中说道理，皆是禅学底意思。"从朱熹的话语可知，谢良佐确是"以禅证儒"。可以说，谢良佐是集儒释道思想之大成者。其核心思想被门人曾恬、胡安国录为《上蔡先生语录》。

《论语解》《上蔡先生语录》是谢良佐的代表作，也是姊妹篇，二者有着起承关联的内在必然。杨周靖诸君在完成《上蔡先生语录》的校注译之后，将精力集中在散佚已久的《论语解》辑注上，填补了谢良佐研究的一项空白，可谓功莫大焉。

《论语解》博大精深，辑注校自然是一项负重致远的工作。然则杨君携同人宵衣旰食，查阅大量文献资料，先行辑注，再逐字逐句推敲，唯恐校注不得上蔡先生之要义。星光不负赶路人。诸君披星戴月，历经数载，终成正果。在我看来，这部辑注用词精准，文字晓畅，处处闪耀着上蔡先生思想的光辉。校经典，传后世，本立而道生。我由衷地相信，这部书的正式出版，必将在弘扬中华优秀传统文化，传承中华民族文化基因方面，尤其对宋代理学的研究起着积极的推进作用。

是为序。

2023 年 3 月 26 日

编写说明

一、《上蔡先生语录译注》补编导语有言："从《四书章句集注》《朱子语类》中辑出《论语解》部分语录，作为谢氏思想体系内涵的重要补充，以资读者观其理论全貌。待《论语解》篇章更多发见，酌以专题辑注。""酌以专辑"是时诚为设想而已。受王钢先生指点，梳理《论孟精义》竟获此丰硕，始有今《论语解辑注》成。

二、《论语解》是北宋学者谢良佐对《论语》章句的阐解，先于其《上蔡先生语录》行于世，是谢良佐儒学思想的重要组成部分。由于年代久远，原书已散佚。本书是据朱熹的《论孟精义》等相关著述，将谢良佐对《论语》的解说专门录辑成集，以弥补《论语解》原书散佚之缺憾。

三、本书中《论语》原文以中华书局2016年版陈晓芬译注《论语》为蓝本，其章节划分以中华书局1980年版杨伯峻《论语译注》为蓝本。《孟子》《中庸》原文以朱熹《四书章句集注·孟子集注》《中庸集注》中华书局2011年版为蓝本。朱熹《朱子语类》和《论孟精义》均以上海古籍出版社、安徽教育出版社2002年出版的由朱杰人、严佐之、刘永翔主编的《朱子全书》为蓝本。

四、朱熹《论孟精义》三十四卷。其中《论语》二十卷、

《孟子》十四卷。初名《论孟要义》，又名《论孟集义》。为朱熹取二程、张载、谢良佐等十二家之说，分条附于《论》《孟》之后，最终定名为《论孟精义》。得益于此，使散佚已久的谢良佐《论语解》一书，再现于当世。

本书由正编、补编、附编、附录四部分组成。

正编以朱杰人、严佐之、刘永翔主编，以清嘉庆间吕氏宝诰堂刊《朱子遗书二刻》为底本校点的《朱子全书·论孟精义》为蓝本，参校明抄本、《四库全书》文渊阁本和《儒藏》本《论孟精义》。校勘增录了朱熹《四书章句集注·论语集注》中谢良佐解说的《论语》语录。

《四库全书总目·〈论孟精义〉提要》中说："朱子初集是书（《论孟精义》），盖本程氏之学以发挥经旨，其后采撷菁华撰成《集注》（《四书章句集注》）。"又说朱熹不以《集注》废《精义》，两者互为参见，"时时将来玩味，久久自然理会得"。本书将《四书章句集注·论语集注》中谢夫子语录校勘增录在《论语精义》谢夫子语录下，互为参见。

正编共辑得《论语解》语录四百七十三条，校勘增录四十七条，计五百二十条。

补编辑录《朱子语类》中六十一条列为"余说"，附编"孟子说"语录十二条，"中庸说"一条，计七十四条作为补充，通称语录。

正编、补编、附编总共集得谢良佐语录五百九十四条。

五、补编"余说"辑《朱子语类》谢氏语录六十一条，其中二十一条《上蔡先生语录译注》已收。《朱子语类》基本代表了朱熹的思想观点，论及《四书》《五经》，引用二程及门人的观点进行参校，当是"六经注我"类属。本书中再次增广选录，为研学者开阔视野作引子。

六、附编中辑入"孟子说"十二条，"中庸说"一条，虽不是说《论语》，因出自《论孟精义》系中，且不具单独成册，故一并属之。个别章节《上蔡先生语录译注》中也出现过，似有重复，当存之前书还是今书为妥？事涉《上蔡语录》与"孟子解"先后之分，因缺乏书证不得而知。笔者认为涉谢氏核心观点被本人反复引述当为正常，无分先后，可并存两书中。正如《集注》《论语解》中同一观点，表述有别，仍是谢氏原意旨。况时人尚讲《论语》，岂独不善《孟子》，只是偏重而已。本书录"孟子解""中庸解"诸条前均加引语，并录入《孟子》《中庸》相关章节原文，以便读者参照理解。

七、谢良佐解《论语》语录，为将章句阐释得清晰透彻，常常旁征博引，以启其义，以发其趣。书中对征引部分用双引号""标示，在注释中标明出处和阐释。

八、为了帮助读者更好地理解本书，增录了《论孟精义提要》《论孟精义序》《论孟精义纲领》三文，录于本书正文之后。

"引语"，实为本篇要点概述，目的在于统揽和引导。

在"谢曰"个别章节后，有"题解"。

九、在校勘中，力求忠实于原版本，一般不作改动，不同版本有不同或错讹处用小括号（）标示，并在校勘注释中加以说明。校勘、注释、题解用方头括号【】标示，分校勘用六角括号〔〕标示，注释分注用圆括号和阿拉伯数字标示，如①。

十、本书采用简化字，对原文中生僻字词在首见处酌加汉语拼音。

目 录

正 编

论语解

论语解序	（宋）谢良佐	3
上蔡论语解后序	（宋）胡　寅	6
学而篇第一		7
为政篇第二		39
八佾篇第三		67
里仁篇第四		92
公冶长篇第五		111
雍也篇第六		136
述而篇第七		160
泰伯篇第八		186
子罕篇第九		200
乡党篇第十		218
先进篇第十一		234
颜渊篇第十二		249
子路篇第十三		265
宪问篇第十四		284

卫灵公篇第十五	311
季氏篇第十六	333
阳货篇第十七	343
微子篇第十八	359
子张篇第十九	367
尧曰篇第二十	383

补编

余说

《朱子语类》中谢氏语录六十一条 …… 395

附编

一、孟子解

公孙丑问曰夫子加齐之卿相章	407
孟子曰人皆有不忍人之心章	413
孟子曰子路人告之以有过章	416
戴盈之曰什一章	418
孟子曰博学而详说之章	420
告子曰性犹湍水也章	422
孟子曰富岁子弟多赖章	424
孟子曰霸者之民章	426
孟子曰杨子取为我章	429
孟子曰仁也者人也章	431
孟子曰尧舜性者也章	432

孟子曰说大人则藐之章 …………………………………… 434

二、中庸解

中庸第十六章 ………………………………………… 439

附　录

四库全书总目·《论孟精义》提要 …………………… 445
《论孟精义》序 ………………………………………… 447
《论孟精义》纲领 ……………………………………… 449
一代宗师谢良佐 …………………… 杨周靖　郏中仁　党素娥 451

参考文献 ………………………………………………… 473
后记 ……………………………………………………… 476
编后语 …………………………………………………… 482

3

正 编

论语解

正编

论语解序

（宋）谢良佐

天下同知尊孔氏，同知贤尧舜，同知《论语》书，弟子记当年言行，不诬也。然自秦、汉以来，开门授徒者，不过分章析句尔。魏、晋而降，谈者益稀。即不知读其书，谓足以识圣人心，万无是理；即不足以知圣人心，谓言能中论，行能中虑，亦万无是理；言行不类，谓为天下国家有道，亦万无是理。君子于此盍阙乎？盖溺心于浅近无用之地，聪明日就雕丧，虽欲读之，顾不得其门而入也。圣人辞近而指远，辞有尽，指无穷。有尽者，可以索之于诂训；无穷者，要当会之以神。譬之观人，他日识其面，今日见其心，在我则改容更貌矣，人则犹故也。为是故难读，今试以读此书之法语诸君焉：勿以为浅近而忽，勿以为太高而惊，勿以为简我而忿且怒，勿以为妄诞而直不信。圣人之言，不可以训诂形容其微意。今不复撰次成文，直以意之所到，辞达而已矣。盖此书存于世，论其切于用而收近效，则无之。与道家使人精神专一之学，西方见性之说，并驾争衡，孰全孰驳，未易以口舌争也。谈天语命，伟词雄辩，使人可骇可慕，曾不如庄周、列御寇曼衍之言；笼络万象，葩华百出，读之使人亹亹不厌，曾不如班、马雄深雅健之文；正名百物，分辨六气，区味别性，可以愈疾引年，曾不如黄帝、岐伯之对问，神农之药书；可以资听讼折狱，可以饰簿书期会，曾不如申、韩之刑名；陶冶尘思，模写物态，曾不如颜、谢、徐、庾流连光景之诗。以至神怪卜相之书，书数博弈之技，其皆可玩，获售于人，而此书乃一无有也。欲使敏秀豪俊之士，留精神于其间，几何其不笑且受侮与！邈乎希声，一唱而三叹，谁其听之！淡乎无味，洒元而俎腥，谁其嗜之！虽家藏，人有不委尘埃者，几希矣。余昔者，供洒扫于河南夫子之门，仅得毫厘于句读文义之间，而益信此书之难读也。盖"不学操缦，不能安弦；不学博依，不能安诗；不学杂服，不能安礼"，唯近似者易入也。彼其道高深溥博，不可涯涘如此，傥以浅智窥之，岂不大有径庭乎？方其物我太深，胸中矛戟者读之，谓终身可行之恕诚何味；方其胁肩谄笑，以言餂人者读之，谓巧言令色，宁病仁；未能素贫贱而耻恶衣恶食者读之，岂知饭疏食、饮水、曲肱而枕之，未妨吾乐，注心于利，未得而已；有颠冥之患者读之，孰信不义之富贵真如浮云。过此而往，益高深矣，可胜数哉！是皆越人视秦人之肥瘠也。唯同声然后相应，唯同气然后相求，是心与是书，声气同乎？不同乎？宜其卒无见也。是书远于人乎？人远于书乎？盖亦弗思尔矣。能反是心者，可以读是书矣。孰能脱去凡近以游高明，莫为婴儿之态而有大人之器，莫为一身之谋而有天下之志，莫为终身之计而有后世之虑，不求人知而求天知，不求同俗而求同理者乎？是人虽未必中道，然其心当广矣，明矣，不杂矣。其于读是书也，能无得乎？当不唯念之于心，必能体之于身矣。油然内得，难以语人，谓圣人之言真不我欺者，其亦自知而已矣。岂特虑思之效，乃力行之功。至此，盖书与人互相发也。及其久也，习益深，行益著，知视听言动，盖皆至理；声气容色，无非妙用。父子君臣，岂人能秩序？仁义礼乐，岂人能强名？心与天地同流，体与神明为一，若动若植，何物非我？有形无形，谁其间之？至此，盖人与书相忘也。则向所谓辞近而指远者，可不信乎？宜其贤者识其大者，不贤者识其小者，好恶取舍，人相辽也。学者傥以此言为可信，则亦何远之有？以者识其大者，不贤者识其小者,好恶取舍,人相辽也。学者傥以此言为可信,则亦何远之有?以为无隐乎尔,则天何言哉?夫子之言性与天道,不可得而闻也。以为有隐乎尔,则四时行焉,百物生焉,夫子之文章,可得而闻也。是岂真不可得而闻哉?诗云"鸢飞戾天,鱼跃于渊",此天下之至显,圣人恶得而隐哉?所谓"无行而不与二三子者"也。"上天之载,无声无臭",此天下之至迹,圣人亦恶得而显哉?宜其二三子为有隐乎我者也。知有隐无隐之不二者,舍此书其何以见之哉?知有隐无隐之不二者,岂非闳博明允君子哉?诸君可无意于斯乎?

(《上蔡学案》)

上蔡论语解后序

(宋) 胡　寅

　　《论语》一书，盖先圣与门弟子问答之微言，学者求道之要也。而世以与诸子比，童而习之，壮而弃焉。训诂所传，虽未尝绝，然智不足以知圣人之心，学不足以得道德之正，遂以私智，簧鼓其说，以眩天下。夫其侮圣人之言，何足深罪？特以斯文兴丧，于此系焉。此忧世之士，所为动心者也。上蔡谢公，得道于河南程先生。元祐中，掌秦亭之教，遂著《论语解》，发其心之所得，破世儒穿凿附会、浅近胶固之论。如五星经乎太虚，与日月为度数，不可易也。其有功于吾道也卓矣，而学者初不以为然也。某年二十一，当政和戊戌，在太学得其书，时尚未盛行也。后五年，传之者盖十一焉。呜呼，师友道废久矣。欲求吾资，莫与为方圆；欲得吾助，莫与为切磋，所可决信而不疑者，独圣贤所余纸上语尔。同舍建安谢袭智崇，传于山阳马震知止，欲以其传授鬻书者，使刻板焉。庶以道好善君子，欲博文求征而不得者，其志足称矣。然某以往昔所见，比智崇今本，文义有或不同，意先生年邵而智益明，有所是正，故更欲得善本参校，然后传之。虽然，大略当不外是也。以今日好者渐众，安知来者之不愈于今乎？使有诚好而力行焉，固将默识神受，见于参倚之间不者，几何不按剑而向夜光之投乎？此非某之志也，先生之志也。

　　宣和壬寅仲夏望日后序。

(《斐然集》卷十九)

学而篇第一

引　语

《学而》是《论语》第一篇的篇名。《论语》中各篇一般都是以第一章的前两三个字作为该篇的篇名。《学而》一篇包括十六章，内容涉及广泛且重大，其中包括孝、仁、礼、政、学习等一系列论题。其下各篇进一步展开的内容在首卷都得到一定程度的展露。本篇重点是"吾日三省吾身""节用而爱人，使民以时""礼之用，和为贵"以及仁、孝、信等道德范畴。

讲《学而》篇，谢良佐逐章有解，计十六章。谢良佐解《论语》，不局限于章句阐释，而是围绕主题，旁征博引，往往在更大空间中拓展开去，于广阔视野中领悟主题精髓，"言虽近而索之无穷，指虽远而操之有要"。

在本篇阐解《论语》中，提出了"时习之，无时而不习。坐如尸，坐时习也；立如齐，立时习也"，"知仁则在力行、自省"，"深思而力索，不可以言语道"，"人心之不伪者莫如事亲从兄"；行王道，"得志行乎中国，不得志行乎家人，其为道也"；论修身则"人不可与不胜己者处"，"复当如复白圭之复"；"为学者可以明善"，"敏是得理之速，明理而行"；

再如"切磋进学,琢磨成德","急于人知,学者之患"等。

1.1 子曰:"学而时习之,不亦说乎?有朋自远方来,不亦乐乎?人不知,而不愠,不亦君子乎?"

1. 谢曰:学①而时习②者,无时而不习。"坐如尸",则坐时习也;"立如齐(zhāi)"③,则立时习也;"造次必于是",则造次时习也;"颠沛必于是"④,则颠沛时习也。如此,则德聚矣,能无说⑤乎?有朋⑥自远方来,非必同堂合席,专门同师,然后谓之朋也。考诸古人,先得我心之所同然;求诸[1]今人,信其与己之不异,皆朋也,能无乐⑦乎?夫道同则相知,不同则不相知,师弟子之间,犹有不相知者,况他人乎?是以一乡之善士,斯得一乡之善士;一国之善士,斯得一国之善士;天下之善士,斯得天下之善士。知我者希,则我贵矣。"人不知而不愠"⑧,则其自待者厚,斯不亦君子⑨乎?学而时习之,所以自处也;有朋自远方来,同乎己者也;人不知,异乎己者也,而不愠焉,则几于乐矣。《论语》一经,大抵不出此三者。"饭疏食饮水,曲肱而枕之"⑩,乐亦在其中矣。颜子"一箪食,一瓢饮,不改其乐"⑪,皆不愠之谓也。[2]

【校勘】

〔1〕朱熹《集注》中谢氏曰:"时习者,无时而不习。坐如尸,坐时习也;立如齐,立时习也。"

〔2〕诸:原作"之",据明抄本改。

【注释】

①学：孔子在这里所讲的"学"，主要是指学习西周的礼、乐、诗、书等传统文化典籍。　②时习：在周秦时代，"时"字用作副词，意为"在一定的时候"或者"在适当的时候"。但朱熹在《论语集注》一书中把"时"解释为时常。习，指演习礼、乐；复习《诗经》《尚书》。也含有温习、实习、练习的意思。此处从后者。　③坐如尸、立如齐：语出《礼记·曲礼上》"若夫坐如尸，立如齐。礼从宜，使从俗"。尸，古代祭祀时代替神灵端坐在祭祀台上的人。坐如尸就是坐着的时候犹如受祭的人那样庄重。齐，"斋"的通假字，即斋戒。立如斋，就是站着时要像祭拜祖先时那样恭敬。此处意即无论端坐或站立无时不学。　④造次必于是、颠沛必于是：语出《里仁》篇"君子无终食之间违仁，造次必于是，颠沛必于是"。意即仁德之人无论是一顿饭之间，或是于仓促和危难之间都不丢掉仁德。此处是说在困境中仍要坚持学习。造次，急促、仓促。颠沛，穷困、危难、受挫折。　⑤说：音yuè，同悦，愉快、高兴的意思。　⑥有朋：一本作"友朋"。旧注说，同门曰朋，即同在一位老师门下学习的叫朋，谢良佐解释得更宽泛，也就是志同道合的朋友。　⑦乐：与说（悦）有所区别。旧注说，悦在内心，乐则见于外。　⑧人不知而不愠：意即学有所成未受到重视时，可以坦然自处。一般而言，知，是了解的意思。人不知，是说别人不了解自己。愠，音yùn，恼怒、怨恨。　⑨君子：《论语》中的君子，有

时指有德者，有时指有位者。此处指孔子理想中具有高尚人格的人。 ⑩"饭疏食饮水"句：语出《述而》篇。意即吃粗粮，喝冷水，弯着胳膊当枕头，乐在其中，这是孔子极力提倡的"安贫乐道"。这种思想深深影响了古代知识分子，也为一般老百姓所接受。 ⑪"颜子"句：语出《雍也》篇"一箪食，一瓢饮，在陋巷，人不堪其忧，回也不改其乐"。意即用竹筐盛饭，用瓢饮冷水，住简陋的小巷，一般人不能忍受的清贫日子，颜回却能安贫乐道，淡然处之。颜子，颜回（前521—前481），曹姓，颜氏，名回，字子渊，鲁国都城（今曲阜）人，后代尊称为复圣，春秋末鲁国思想家，儒客大家，孔门弟子七十二贤之首。

1.2　有子曰："其为人也孝弟，而好犯上者，鲜矣；不好犯上，而好作乱者，未之有也。君子务本，本立而道生。孝弟也者，其为仁之本与？"

2. 谢曰：上章论为学之大体，此一节论求仁之方也。夫仁之为道，非惟举之莫能胜①，而行之②莫能至，而语之③亦难。其语愈博，其去仁愈远。古人语此者多矣，然而终非仁也。如"恭、宽、信、敏、惠"④为仁，若不知仁，则止知"恭、宽、信、敏、惠"而已。"克己复礼为仁"⑤，若不知仁，则止知"克己复礼"而已。"出门如见大宾，使民如承大祭"⑥，此特饬身⑦而已，何以见其为仁？"仁者，其言也讱"⑧，此特慎言而已，何以见其为仁？有子⑨之论仁，盖亦如此尔。为孝弟⑩者近仁，然而孝弟非仁也。可以论仁者莫如人心。人心之不伪者莫如事亲从兄。庄子曰："子之事亲，命也，不可解于心。"⑪此可见其良心矣。至于从兄，则自有生以来良心之所未远者。以事亲从兄而充之，则何往而非仁也。夫事亲从兄之心，行之而不著，习矣而不察，终身由之而不知者，尚能不好犯上⑫作乱，况于真积力久，扩而充之者乎？今夫"出必告，反必面"，"冬温夏清（qìng），昏定晨省"⑬，亦可以为孝矣，闾巷之人亦能之；长幼有序，徐行后长⑭，亦可以为弟矣，闾巷⑮之人亦能之。然而以闾巷之人为有道，不可也；以为终不可以入道⑯，亦不可也。但孝弟可以为仁，可以入道，在念不念⑰之间。盖仁之道，古人犹难言之，其可言者止此而已。若实欲知仁，则在力行、自省，察吾事亲从兄时此心如之何，知此心则知仁矣。

【注释】

①惟举之莫能胜：意即行仁之始，首先在思想上确立对仁的内涵（孝悌忠信）的正确认知，知其所以为仁，方能担当行仁之任。举，往上托、上伸、兴起。此处作"确立起"讲。胜，能担当起来、禁得起、经得起。　②行之：践行。　③语之：用语言表述。　④恭、宽、信、敏、惠：语出《阳货》篇"恭、宽、信、敏、惠。恭则不侮，宽则得众，信则人任焉，敏则有功，惠则足以使人。　⑤克己复礼为仁：语出《颜渊》篇"克己复礼为仁。一日克己复礼，天下归仁焉"。　⑥"出门如见大宾"句：语出《颜渊》篇。意即出

门办事就如去接待宾客一样，役使百姓就如举行重大祭祀一般，都要严肃认真对待。　⑦饬身：警饬己身，使自己的思想言行谨严合礼。饬，整顿、使有条理。饬身，正己也。⑧仁者，其言也讱：语出《颜渊》篇。讱，说话谨慎，不随便出口。　⑨有子：孔子的学生。姓有，名若，字子有，比孔子小十三岁，一说小三十三岁。后一说较为可信。在《论语》中记载的孔子的学生，一般都称字，只有曾参和有若称"子"。因此，许多人认为《论语》即由曾参和有若所著述。⑩孝弟：孝，奴隶社会时期所认为的子女对待父母的敬爱态度；弟，读音和意义与悌（tì）相同，即弟弟对待兄长的尊敬态度。孝、悌是孔子和儒家特别提倡的两个基本道德规范。旧注说：善事父母曰孝，善事兄长曰弟。　⑪"子之事亲"句：语出《庄子·人间世》"子之爱亲，命也，不可解于心"。意即儿女敬爱父母，是自然本性，永远不可能从心中解除。　⑫犯上：这里有僭越意。犯，冒犯、干犯。上，指在上位的人。　⑬冬温夏凊，昏定晨省：语本《礼记·曲礼上》"凡为人子之礼，冬温而夏凊，昏定而晨省"。指子女侍奉父母的日常礼节。意即冬天寒冷时要让父母感觉到温暖，夏天炎热时要让父母感觉到清凉。早晚问候探视父母让其安心。凊，清凉、寒冷。古文中读音为jìng，今作qìng，凉。省，本意为察看、视察，这里引申为问候、探视。⑭徐行后长：语出《孟子·告子下》"徐行后长者谓之弟，疾行先长者谓之不弟"。比如说，慢一点走，在长者之后行叫作悌；抢在长者之前叫作不悌。 ⑮闾巷：小的街道，借指民间。 ⑯道：在中国古代哲学思想中，道有多种含义。此处的道，指孔子提倡的仁道，即以仁为核心的整个道德思想体系及其在实际生活中的体现。简单讲，就是治国、做人的基本原则。 ⑰念不念：佛教用语，意即执念不执念，专注不专注，是选择，重点强调的是念，即念念不忘，牢记心间，专注于践行。

1.3 子曰："巧言令色，鲜矣仁！"

3. 谢曰：仁虽难言，知其所以为仁者，亦可以知仁矣，若孝弟为仁之本是也。知其远于仁者，亦可以知仁矣，若"巧言令色①，鲜②矣仁"是也。然巧言令色，知之亦难。《礼》曰："情欲信，辞欲巧③。"《诗》称仲山甫之德曰："令仪令色。"④然《礼》所谓"辞欲巧"，亦鲜仁乎？仲山甫之德，亦鲜仁乎？至于圣人所谓"孙以出之"⑤，辞亦巧矣；"逞颜色，怡怡如也"⑥，色亦令矣。岂以好其言语，善其颜色，直以为鲜仁也哉！至于小人，盖尝讦（jié）以为直⑦矣，言何尝巧；虽内荏而色厉⑧，色何尝令！然则何者为巧言？何者为令色？若能知"出辞气可远鄙倍"⑨，则知之矣。此宜学深思而力索，不可以言语道也。

【注释】

①巧言令色：朱熹注曰："好其言，善其色，致饰于外，务以说人。"意即花言巧语，容色伪善。此处应释为装出和颜

悦色的样子。 ②鲜：少的意思。 ③情欲信，辞欲巧：语出《礼记·表记》。意即感情要真实，言辞要美好。 ④"仲山甫之德"句：仲山甫，一作仲山父。周太王古公亶父的后裔，虽家世显赫，但到仲山甫时，家道中落，本人却是一介平民。曾务农经商，在民间威望很高。周宣王时受举荐入王室，位居百官之首。封地为樊，以樊为姓，为樊姓始祖，又称樊仲山甫、樊仲山、樊穆仲。《诗经·大雅·烝民》赞扬道："仲山甫之德，柔嘉维则。令仪令色，小心翼翼。"意即仲山甫贤良具美德，温和善良有原则。仪态端庄好面容，小心翼翼真负责。 ⑤孙以出之：语出《卫灵公》篇。即用谦逊的言语表述。孙，同"逊"。 ⑥逞颜色，怡怡如也：语出《乡党》篇。意即面色舒展，怡然自得，亲切，有感情。逞，舒展、显露。颜色，面容。怡怡，和顺。 ⑦讦以为直：语出《阳货》篇"恶讦以为直者"。讦，攻击别人的短处或揭发他人的隐私。直，以此来表明直率。 ⑧内荏而色厉：内心虚弱，外表强硬。荏，柔弱、怯弱。厉，猛烈。 ⑨出辞气可远鄙倍：语出《泰伯》篇。意即说话的言辞谨慎小心，可以避免粗野和悖理。

1.4 曾子曰："吾日三省吾身。为人谋而不忠乎？与朋友交而不信乎？传不习乎？"

4. 谢曰：九流①皆出于圣人，其后愈传而愈失其真。如子夏②之后流为庄周③，则去圣人远矣。独曾子④之学用心于内，故传之无弊。其亲炙⑤而得之者，有子思⑥。子思之学，《中庸》⑦可见也。考《中庸》，则知曾子矣。闻而得之者，有孟子⑧。考《孟子》之书，亦可以见子思矣。盖其所学至真至正如此。惜乎其嘉言善行不尽传于世，如孟子所称曾子之事，不载于《论语》者甚多，则其泯灭者有矣。今其幸存者，可不尽心乎？如此三者，未可以浅近论也。为人谋而忠，与人交而信，传而习，非真知道无二致，人与己为一，其能如此乎？为人谋而忠，非特临事而谋，至于平居静虑，思所以处人者，一有不尽，则非忠矣。与朋友交而信，非特践言而后信也。欢然⑨有恩以相爱，粲然⑩有文以相接，一有不尽，则非信矣。传者得之于人，习者得之于我，传而不习，则道自道，我自我，终不能相合而一矣。"执柯伐柯，睨而视之，犹以为远"⑪者，以其二物故也。传而不习，他人之道，我何与焉？何以异于执柯伐柯也？惟习而熟，则道与我为一矣。凡此三者，几于无我则能之，是学之至也。[1]

【校勘】

〔1〕朱熹《集注》中谢氏曰："诸子之学，皆出于圣人，其后愈远而愈失其真。独曾子之学，专用于心内，故传之无弊，观于子思孟子可见矣。惜乎！其嘉言善行，不尽传于世也。其幸存而未泯者，学者其可不尽心乎！"

【注释】

①九流：对春秋战国时九种学术流派的称呼。《汉书》中把先秦的儒家、道家、墨家、法家、名家、阴阳家、纵横家、

杂家、农家、小说家共同称呼为十家。后人认为小说家没有实际贡献，便被移除，将其他九家并称为九流。　②子夏：卜商（前507—前400），姒姓，卜氏，名商，字子夏，卫国温邑（今河南温县）人。春秋末期思想家、教育家，名列孔门弟子七十二贤和孔门十哲之一，尊称"卜子"，开创了"西河学派"。其传人为田子方，子方之后，流为庄周。　③庄周：庄子（约前369—前286），名周，战国时宋国蒙邑人。战国中期思想家、哲学家、文学家，庄学的创立者，道家学派的代表人物，与老子并称"老庄"。作品有《庄子》，代表作有《逍遥游》《齐物论》《养生主》等。　④曾子：曾参（前505—前435），字子舆，春秋末年鲁国南武城（现山东济宁嘉祥县）人。思想家，儒学大家，孔子晚年弟子之一，儒学重要代表人物，夏禹后代。其父曾点，字皙，七十二贤之一，与子曾参同师孔子。曾参在儒学发展史上占有重要的地位，后世尊为"宗圣"，配享孔庙，地位仅次于"复圣"颜渊。　⑤亲炙：当面受到教诲或传授。《孟子·尽心下》："非圣人而能若是乎？而况于亲炙之者乎？"朱熹《集注》："亲近而熏炙之也。"　⑥子思：孔伋（前483—前402），字子思，鲁国人，孔子的嫡孙，孔子之子孔鲤的儿子。春秋时期著名的思想家，受教于孔子的高足曾参，孔子的思想学说曾参传子思，子思的门人再传孟子，在孔孟道统的传承中有重要地位。他上承孔子中庸之学，下启孟子心性论，对宋代理学产生了积极的影响，被后世尊为"述圣"。代表作有《子思子》《中庸》。　⑦《中庸》：《中庸》是中国古代论述人生修养境界的一部道德哲学专著，儒家经典之一。原属于《礼记》第三十一篇，相传为子思所作。其内容肯定"中庸"是道德行为的最高标准，认为"至诚"是人生的最高境界。并提出"博学之，审问之，慎思之，明辨之，笃行之"的学习过程和认识方法。宋代学者将《中庸》从《礼记》中抽出，与《大学》《论语》《孟子》合称"四书"。宋元以后，成为学校官定的教科书，对中国古代教育和社会产生了极大的影响。⑧孟子：名轲，字子舆（约前372—前289），邹国（今山东邹城）人。战国时期哲学家、思想家、政治家、教育家，是孔子之后、荀子之前的儒家学派的代表人物。孟子宣扬"仁政"，最早提出"民贵君轻"思想，是先秦儒家继承孔子道统的人物，元朝追封为"亚圣"。孟子的言论著作收录于《孟子》一书。　⑨欢然：融洽、交好。　⑩粲然：明白貌，笑容灿烂。此处取前者。出自《荀子·非相》"欲观圣王之迹，则于其粲然者矣，后王是也"。　⑪"执柯伐柯"句：语出《诗经·豳风·伐柯》"伐柯伐柯，其则不远"。《中庸》"执柯以伐柯，睨而视之，犹以为远"。柯，斧柄。远，差别。意即拿斧子砍木为斧柄，与其手中之柄差别不大，若斜眼去看，还会以为差异很大。谢良佐以此举例说明传与习二者的关系，传而不习则不能与道合一。对所传之道习而熟悉之，就能领悟，则道与我为一。

1.5　子曰："道千乘之国，敬事而信，节用而爱人，使民以时。"

5. 谢曰："学之为王者事"①久矣。子路②曰："有民人焉，有社稷焉，何必读书，然后为学？"③此言是也。然夫子不与④之者，特非⑤所以待子羔⑥也。子贡⑦谓："夫子之得邦家者，所谓立之斯立，道之斯行，绥之斯来，动之斯和。"⑧夫子未尝得邦家也，知其为邦家之道⑨，则可以为天下国家矣。得志行乎中国，不得志行乎家人，其为道一也，况千乘(shèng)乎？古人得百里之地而君之，皆可以一天下，朝诸侯，则千乘之国⑩亦可以用心矣。敬事⑪而信，节用而爱人⑫，使民以时⑬，虽为天下，亦何独不然。敬事而信，敬而信也；节用则能爱人；使民以时，"民事不可缓也⑭"。

【注释】

①学之为王者事：语自汉扬雄《扬子法言》，意为后人效法先王之德，先形成内圣，然后可外王，即内圣外王，代代相传。　②子路：仲由（前542—前480），字子路，又字季路，春秋末鲁国卞（今山东平邑）人。是孔子著名弟子，孔门弟子十哲之一。少孔子九岁，也是孔子弟子中侍奉孔子最久者。《二十四孝》中为亲负米的主角。性格爽直率真，有勇力才艺，敢于批评孔子。做事果断，信守承诺，勇于进取。孔子对其评价很高，认为可备大臣之数。　③"有民人焉"句：语出《先进》篇。　④不与：不赞成。子路荐子羔仕，孔子认为子羔还不够成熟，故"不与"。　⑤特非：作并非

特指、专指意。　⑥子羔：高柴（前521—前393），齐国人。字子羔，又称子皋、子高、季高、季皋、季子皋，少孔子三十岁。孔门中最长寿、最大智若愚的贤孝之才，享年一百二十八岁，有作品《子羔》。　⑦子贡：端木赐（前520—前456），复姓端木，字子贡。儒商鼻祖，春秋末卫国黎（今河南浚县）人。孔子得意门生，孔门十哲之一，善于雄辩，有干才，办事通达，曾任鲁、卫丞相。善经商，为孔门弟子中首富。子贡善货殖，其"君子爱财，取之有道"为后世商界所推崇。　⑧"夫子之得邦家者"句：语出《子张》篇。立，立身。道，引导。绥，安抚。动，动员、鼓动。和，齐心协力。　⑨道：一本作"导"，作动词用。这里是治理的意思。　⑩千乘之国：乘，意为辆。这里指古代军队的基层单位。每乘拥有四匹马拉的兵车一辆，车上甲士三人，车下步卒七十二人，后勤人员二十五人，共计一百人。千乘之国，指拥有千辆战车的国家，即诸侯国。春秋时代，战争频仍，所以国家的强弱都用车辆的数目来计算。在孔子时代，千乘之国已经不是大国了。　⑪敬事：对待所从事的事务要谨慎专一、兢兢业业。　⑫爱人：古代"人"的含义有广义与狭义的区别。广义的"人"，指一切人群；狭义的"人"，仅指士大夫以上各个阶层的人。此处的"人"与"民"相对而言，可见其用法为狭义。　⑬使民以时：时，指农时。古代百姓以农业为主，这是说役使百姓要注重农时耕作与收获，适时征发力役，以不违农时。　⑭民事不可缓也：

语出《孟子·滕文公上》。意即处理关系到百姓的切身利益的事，不能推迟。

1.6　子曰："弟子入则孝，出则弟，谨而信，泛爱众而亲仁，行有余力，则以学文。"

6. 谢曰：此言学者当知所先后也。天下之人，爱亲为易，尽孝为难；事长为易，尽弟①为难。能尽孝弟，则能明人之大伦，又能"庸言之信，庸行之谨"②，充其无欲害人之心，而亲仁③以成己，则在我者立矣。至于"行有余力，则以学文"④者，其游于艺⑤之谓乎？

【注释】

①弟：通悌，弟尊兄。　②庸言之信，庸行之谨：语出《周易·乾卦》。意即平常的言论要说到做到。平日的行动要谨慎有节。庸，平常。　③仁：仁即仁人，有仁德之人。　④"行有余力"句：这是说青少年应先学会良好的行为规范，懂得做人的基本道理，而后再去念书，不可本末倒置。余力，指有闲暇时间。文，古代文献。主要有《诗经》、《尚书》、礼、乐等文化知识。　⑤艺：六艺，即指西周教育体系中的礼、乐、射、御、书、数六种基本技能。

1.7　子夏曰："贤贤易色；事父母，能竭其力；事君，能致其身；与朋友交，言而有信。虽曰未学，吾必谓之学矣。"

7. 谢曰："贤贤易色"①，"如恶恶臭，如好好色"②，天下之诚意无易于此。此好德如好色，亦可谓好德之至也。"事父母能竭其力"，共为子职而已；"事君能致其身③"，不敢有己而已；"与朋友交言而有信"，在我者不欺矣。父子有亲，君臣有义，朋友有信，能如此，则其长幼必能有序，夫妇必能有别矣。则舜所以为舜④，其法可传于天下者，其能外是乎？圣人人伦之至也，此而曰未学，不得谓之不学也，其亦几于生而知之者乎？

【注释】

①贤贤易色：第一个"贤"字作动词用，尊重的意思。贤贤即尊重贤者。易，看轻的意思，此句即尊重贤者而轻视女色之心。或说"贤贤易色"专指对妻子应重品德而轻姿色。　②如恶恶臭，如好好色：语出《大学》。意即如同厌恶污秽的气味那样厌恶邪恶，如同喜爱美色那样喜爱善良。唐孔颖达《礼记正义》："谓臭秽之气，谓见此恶事，人嫌恶之，如人嫌臭秽之气，心实嫌之，口不可道矣。""谓见此善事而爱好之，口不可道矣。""言诚其意者，见彼好事、恶事，当须实好、恶之，不言而自见，不可外貌诈作好、恶，而内心实不好、恶也。皆须诚实矣。"　③致其身：致，意为献纳、尽力。这是说把生命奉献给君主。　④舜所以为舜：是指舜不计较亲人加害仍去孝敬父亲、后母及友爱弟弟的典故。意为舜以德治天下，故天下安泰。

1.8 子曰:"君子不重则不威,学则不固。主忠信。无友不如己者。过,则勿惮改。"

8. 谢曰:此一段当分为四事:自重、忠信、友如己、改过。学者阙①一不可也。人孰有生而知之者乎?能学而知之,困而知之亦善矣。孰有安而行之者乎?能利而行之,勉强而行之亦善矣。②此非论生知安行者也。自重、忠信、友如己者,学之事也。过而改,困之事也。"君子不重则不威,学则不固"③。《中庸》曰:"齐明盛服,非礼不动,所以修身也。"④齐明盛服,特威仪耳[1],何以见其修身乎?盖为冠所以庄其首,为履所以重其足,所以防其躁也。古之君子必佩玉,进则揖,退则扬,周旋中规,折旋中矩,所以使非僻之心⑤无自入也。夫容貌衣服之间,尚能移养如此,而况视听言动能自重哉!学如之何而不固也?则其俨然人望而畏之,亦余事耳。忠信,进德之本也。所谓"默而成之,不言而信,存乎德行"⑥者也。傥不知此而欲进德,何异"绤(chī)兮绤(xì)兮而欲温⑦,吸风饮露而欲饱",无是理矣。夫人自非上智下愚,皆可以为善,可以为不善,则其薰蒸陶冶,能无待于朋习乎?以子贡之贤,孔子犹戒以事其大夫之贤者,友其士之仁者。盖事衰世之大夫,友薄俗之士,难与并为仁矣。自非圣人,孰能无过?惟其改之为贵。"师也过"⑧,过也。蘧伯玉行年五十而知四十九之非⑨,亦过也。但小人过于行事,君子过于性情耳。夫仁义何常之有,蹈之则为君子,舍之则为小人。不仁不义亦何常之有,循之则为小人,舍之则为君子。

君子所以勿惮（dàn）⑩改者，盖知其无常也；小人所以惮改者，盖安于故常也。颜回百世师也，而曰"不贰过"⑪；季路亦百世师也，"人告之以有过则喜"；荀卿尝谓之"鄙人"⑫，盖亦有过矣，岂以尝有过而害其为百世之师乎？知此，则知君子之过，如日月之食焉，无损于明也。今人以尝有过而自弃自暴，以为终不可以为善，遂至于文且饰者，亦愚矣。

又曰：申颜自谓不可一日无侯无可⑬。或问其故，曰："无可能攻人之过，一日不见，则不得闻吾过矣。"人不可与不胜己者处，钝滞了人。

【校勘】

〔1〕特：明抄本作"持"。

【注释】

①阙：同缺。 ②"能学而知之"句："学而知之，困而知之"；"安而行之"，"利而行之，勉强而行之"，语出《中庸》。意即对天下达道（君臣、父子、夫妇、兄弟、朋友）和达德（智、仁、勇），有的人通过学习才知晓，有的人经历了困苦才知晓，只要最终知晓也就是一样的；有的人心安理得地去做，有的人因为名利去做，有的人是被迫勉强去做，只要最终做成了都是一样的。 ③君子不重则不威，学则不固：意即君子如果不庄重就不会有威严，即使学习了也不会牢固掌握。重，庄重、自持。固，牢固。 ④"齐明盛服"句：语出《中庸》。意即洁净心灵，服饰端庄，不符合礼仪的事坚决不做，是修养之法。 ⑤非僻之心：邪恶、杂念。 ⑥"默

而成之"句：语出《周易·系辞上》。意即默默不语会有成绩，不发言而受人信任，这完全是由于其人的品德。 ⑦缔兮绤兮而欲温：意为寒冷天气穿葛麻布衣是不能御寒的。缔绤：为粗的细的葛麻布。 ⑧师也过：语出《先进》篇。师，颛孙师（即子张）"师也过，高也不及"，即子张有些过分，卜商有些不及。过犹不及，同样不好。 ⑨"蘧伯玉"句：语出《淮南子·原道》。意即伯玉岁复一岁，对己过递改。意即与日俱新，与时俱进。《了凡四训》则记伯玉改过更详细。蘧伯玉，名蘧瑗，字伯玉，春秋卫国上大夫。其贤德闻名于诸侯，孔子也大为称赞。 ⑩惮：害怕、畏惧。 ⑪不贰过：语出《雍也》篇。意即不犯同样的错误。 ⑫鄙人：知识浅陋之人。用作谦词，对人称自己。 ⑬申颜、侯无可：均为北宋华州华阴人。二人皆有君子之风。侯无可经常指出申颜的不足之处让其改过。申颜从侯无可的批评中认清自己，并不断地完善自我。经过努力，终于创立了关学学派，成了著名的思想家，深受人们的尊崇，故申颜有此感慨。

1.9　曾子曰："慎终追远，民德归厚矣。"

9. 谢曰：养生①不足以当大事，惟送死②可以当大事，盖人情之至极而不可以伪也。为之棺椁衣衾，为之春秋祭祀，圣人岂以强民哉！彼有感于狐狸之食，霜露之降③，非为人而然也。以此处己，则己德归厚矣；以此教民，则民德归厚③矣。

【注释】

①养生：这里指父母在世尽赡养之责，满足物质需求及对生活提供照顾。　②送死：为父母送终。　③狐狸之食，霜露之降：意即狐狸为半冬眠动物，霜降之前备足食物，以备冬天之需。寓意为生儿育女防备老。《礼记·祭义》中说："霜露既降，君子履之，必有凄怆之心，非其寒之谓也。"霜露之感，指对父母或祖先的怀念。　④民德归厚：民德即社会风气。意即通过慎重地为父母办理丧事（慎终）以及追念死亡已久的远祖（追远），使老百姓的德行趋归敦厚。

1.10　子禽问于子贡曰："夫子至于是邦也，必闻其政。求之与？抑与之与？"子贡曰："夫子温、良、恭、俭、让以得之。夫子之求之也，其诸异乎人之求之与？"

10. 谢曰：此一节论学之既成，德性内充，必有光辉著见乎外者。盖诚之不可掩也，故以圣人仪形明之。盖粗厉感慨，则必发上冲冠；刚暴狠愎，则其容悻悻然；将有求者，必以喜随人。①如此者不可胜计也。然则德至于圣人之地者，其必有圣人之容。如"天子穆穆，诸侯皇皇"②是也。圣人之容，非訚訚，非侃侃③，非提提④，非总总⑤，柔不为物侮，刚不为物惧，其惟温良恭俭让⑥足以名之乎？盖清可为也，而难于温，温者清和之发也；和可为也，而难于良，良者易直之发也。本无侮人之心，貌如之何而不恭；本无侈泰⑦之心，用如之何而不俭；本无竞强之心，行如之何而不让。至于此，则泰然矣，俨然⑧矣。其泰然也，岂不如春；其俨然也，岂不如秋。岂不容止可观，岂不威仪可象，岂不和乐，岂不庄敬。远暴慢不足道也，远鄙倍不足道也。夫容貌如此，诸弟子岂不能学以致之乎？盖有忿懥（zhì）⑨之心者必不温，有忮（zhì）克⑩之心者必不良，有欲上⑪之心者必不恭，有骄人之意者必不俭，有物我之心者必不让。则温良恭俭让，其惟圣人能之乎？今去圣人久矣，以此五者想其形容，犹能使人兴起，而况于亲炙之者⑫乎！借令鲁、卫之君⑬，虽甚庸且鄙，观如此人也，独能不惊且疑乎！独能不亲且敬乎！欲有为于一国者，其能不就而谋之乎？虽不为当时所用，犹为当时所敬；虽不吾以，吾其与闻之⑭也。学者傥有心于圣人威仪之间，亦知所以进德矣。然则为子贡者，亦可谓善观圣人矣，亦可谓善言德行矣。于此，岂独知圣人哉，又将以知子贡矣。[1]

【校勘】

〔1〕朱熹《集注》中谢氏曰："学者观于圣人威仪之间，亦可以进德矣。若子贡亦可谓善观圣人矣，亦可谓善言德行矣。今去圣人千五百年，以此五者想见其形容，尚能使人兴起，而况于亲炙之者乎？"

【注释】

①"盖粗厉感慨"句：论无德粗鄙之人三种处世之形。粗厉感慨指粗俗暴厉，怒不可遏；刚暴狠愎指刚猛暴戾又极自负；悻悻然则指怨恨失意又愤恨难平意。以喜随人，即有

求于人而赔笑脸。　②天子穆穆，诸侯皇皇：语出《礼记·曲礼下》。是说天子诸侯的容貌举止。天子威仪庄重盛大；诸侯威仪堂堂。　③訚訚，侃侃：和悦而从容不迫。　④提提：安舒貌。　⑤总总：聚集的样子。　⑥温良恭俭让：温顺、善良、恭敬、俭朴、谦让。这是孔子的弟子对他的赞誉。　⑦侈泰：奢侈无度、骄纵。　⑧俨然：庄重威严。　⑨忿懥：怨恨发怒。　⑩忮克：猜忌好胜。　⑪欲上：高人一等，也作僭越讲，此处从前说。　⑫亲炙之者：亲炙，当面受教。此处指子贡。就上文《论语》中子贡答子禽意，子贡常随孔子左右，对孔子认识更为全面。　⑬鲁、卫之君：鲁国和卫国是姬姓封国。鲁为周公旦封地，卫为康叔封地。周公旦和康叔是同父异母兄弟。孔子之时，两国政治情况都趋于衰败。本处隐意为鲁卫之君见了孔子德行，岂有不惊疑、不亲近之理。　⑭虽不吾以，吾其与闻之：语出《子路》篇。意即不待孔子问他们的国政，他们就会主动告之。

1.11　子曰："父在，观其志；父没，观其行；三年无改于父之道，可谓孝矣。"

11. 谢曰：有父兄在，如之何其①闻斯行之？观其志可也。"立身行道，扬名于后世，孝之终也"，观其行②可也。"三年③无改于父之道④"，岂以为父之道不忍改与？盖三年之间，贤者处之，则如白驹之过隙。当是时，皇皇然如有求而弗得，望望然如有从而弗及，坐则见亲于墙，食则见亲于羹⑤。于父之道可改也，不可改也，亦遑恤⑥乎？

【注释】

①其：他的，指儿子，不是指父亲。　②行：音 xíng，指行为举止等。　③三年：一般指守孝三年。对于古人所说的数字不必过于机械地理解，只是说要经过一个较长的时间而已，不一定仅指三年的时间。　④道：有时候是一般意义上的名词，无论好坏、善恶都可以叫作道。但更多时候是积极意义的名词，表示善的、好的东西。这里表示"合理内容"的意思。　⑤墙、羹：《后汉书·李固传》："昔尧殂之后，舜仰慕三年，坐则见尧于墙，食则睹尧于羹。"后以"羹墙"为追念前辈或仰慕圣贤的意思。　⑥遑恤：无暇顾及。

1.12　有子曰："礼之用，和为贵。先王之道，斯为美，小大由之。有所不行，知和而和，不以礼节之，亦不可行也。"

12. 谢曰：礼乐①之道，异用而同体，相反以相成。阴阳也，刚柔也，动静也，仁义也，文武也，莫不如是，何独礼乐不然乎？有子知以和为贵②，盖有见于此也。知此，则知酒清而不敢饮，肉干而不敢食③，岂强勉以害饮食之性哉？一献而百拜，几设不倚，岂强勉以害安逸之性哉？天下宜之，后世安之。自唐虞至周，数千载间，无苦心刻意不与民共由离所不安之患，父子益亲，君臣益序，情性益厚，风俗益敦，得非以和为贵而致然也？先王之泽既衰，礼文不出于诚意，而出于勉强。不出于循理,而止于饰貌。从事于斯也,往往如季氏之祭④,虽有强力之容,肃钦之心,跛倚⑤以临祭者多矣。礼家使人如此之难从,殆不若夷俟(sì)倨肆⑥之愈也。至此,则和之礼丧矣。真儒既不得位,无制作之时,曲士⑦又牵于世俗之习,而莫能察其源也。或以为伪者有矣,或以为难以强世者有矣,或以为忠信之薄者有矣,要之语末流而不及先王也,岂非过我门而不入我室者欤?小大由之,有所不行,恐其无辨也。圣人于一拜一揖升降之间,犹有隆杀⑧焉,又况小大乎?则其用和于下大夫者,必有异于上大夫矣。"知和而和,不以礼节之"⑨,盖恶其渎⑩也。事君之辱,朋友之疏,岂不以数⑪乎?家人之失节,岂不以妇子嘻嘻乎?知此,则知所节矣。圣人之和所以异于人之和者,知其有反而已。小大由之,不以礼节之,故均于不可行也。

【注释】

①礼乐:礼乐制是周代文化的集中体现,它是典章制度的总汇,又是人们各种行为的准则。 ②和为贵:和,调和、和谐、协调。即以和谐为可贵。 ③"则知酒清"句:要先行祭,故不敢先饮食。当理解为祭品是祭祀天地和先人的,显示祭者以虔诚之礼感上天之德,降福于民。此处为下文做铺垫。 ④季氏之祭:当指春秋末鲁国当政的三家大夫孟孙、叔孙、季孙三家以《雍》乐作为祭祀结束的乐曲。《雍》为天子、诸侯祭祀之用,大夫用之为僭越。 ⑤跛倚:站立歪斜不正,倚靠于物。指不端庄的样子。 ⑥夷俟倨肆:夷俟,

伸开两足箕踞而坐。倨肆，傲慢放肆。 ⑦曲士：比喻孤陋寡闻之人，出自《庄子·秋水》"曲士不可以语于道者，束于教也"。 ⑧隆杀：尊卑、厚薄、高下。 ⑨"知和而和"句：为了和谐而求和谐而不用礼节加以节制。意即无原则。 ⑩渎：轻慢、不敬。 ⑪数：烦琐意，指说话絮叨。此处指没有实质而空余烦琐的形式，以此事君和友自然取其辱疏。

1.13 有子曰："信近于义，言可复也。恭近于礼，远耻辱也。因不失其亲，亦可宗也。"

13. 谢曰：复①当如复白圭之复②，言至于使人可复，亦可谓善言矣。言而信，固已善也，而况于近义③乎！信则言之必可行者是也，义则言之中伦者是也。信且近义，则可以世为天下道矣，使后世多识者，亦可以畜（xù）德④矣，言至于如此，其有不可复者乎？不侮之谓恭，中节⑤之谓礼。畏人而不敢侮人者有矣，未必中节；自爱而不敢侮人者有矣，未必中节也。何谓中节？"擎跪曲拳"⑥"过位必趋"⑦，礼也，臣道矣，何耻辱之有？见父之执⑧犹事父，年长以倍犹事父，礼也，子道也，何耻辱之有？"劳则争先，行则必后"，礼也，弟道也，何耻辱之有？何谓不中节？非所当致恭而致恭也。非所当致恭而致恭，施于在我之上者，犹妾妇之道也；施于在我之下者，是启宠纳侮⑨之道也，其招耻辱必矣。因⑩，亲也。故姻睦之姻、婚姻之姻皆从因。推吾一视同仁之心，虽四海之内皆兄弟也，此特可以谓之泛爱⑪，不可以谓之亲。何谓亲？系之以姓，缀⑫之以食，内亲也；甥舅姻媾之联，外亲也。若是者，生当有燕食之欢，死当有功衰之戚。所谓亲者，岂它人可以拟伦也？推此而达之，亦有可亲者乎？有之，其惟君乎，治我也；其惟师乎，教我也；其惟友乎，成我也。三者虽非天属⑬，亦可以亲矣。舍此三者之外，亦有可亲者乎？吾恐不免于谄贱⑭也。既谄贱矣，岂谓所尊身之道。惟亲不失其所亲，然后为可宗⑮也。信不食其言，恭以饬其身，亲以与人同，自众人观之，亦可谓美行矣，然一入于非礼非义之地，适足以招耻辱取不敬也。信乎求道非难，欲免斯者其惟学乎！盖惟学可以明善⑯。

【注释】

①复：实践、履行的意思。朱熹《集注》云："复，践言也。" ②白圭之复：指三复白圭。意即多次吟诵"白圭"之诗，也就是《诗经·大雅·抑》这首诗。语出《先进》篇"南容三复白圭，孔子以其兄之子妻之"。何晏《论语集解》引孔安国语："《诗》云：'白圭之玷，尚可磨也；斯言之玷，不可为也。'南容读《诗》至此，三反复之，是其心慎言也。"这句话的意思是白圭上的污点可以磨掉，但不谨慎而言却无法挽回。后以"三复白圭"为慎于言行之典。南容，南宫适（kuò），字容，亦称南宫括。春秋鲁国人，既是孔子的学生，又是孔子的侄婿。白圭，古代帝王、诸侯行大典时用的一种玉制礼器。 ③近义：义是儒家的伦理范畴。近义是指思想和行为符合礼的标准。 ④畜德：修积德行。《周易·大

畜》："君子以多识前贤往行，以畜其德。" ⑤中节：守节秉义，中正不变。 ⑥擎跪曲拳：手掌着地躬身下跪行跪拜礼。古时臣子拜见君王的礼仪。 ⑦过位必趋：懂礼之人经过所尊重的人面前时，一定要快走几步，以示尊敬。语出《子罕》篇"子见齐衰者"。 ⑧父之执：父亲的朋友。语本《礼记·曲礼上》："见父之执，不谓之进，不敢进。"后称父执。又《幼学琼林》："父所交游，尊为父执。" ⑨启宠纳侮：意指开宠端而招致侮慢。语出《左传·定公元年》"启宠纳侮，其此之谓也"。又《尚书·说命中》"无启宠纳侮，无耻过作非"。 ⑩因：通姻。 ⑪泛爱：博爱。朋友的代称。 ⑫缀：亲戚之间走动掂点礼物。缀，提、掂。 ⑬天属：天性相连。此处指有血缘关系的内亲、外亲。 ⑭謟（tāo）贱：超越本分讨好他人，自轻自贱。 ⑮宗：主，可靠，尊。一般解释为"尊敬"，此处有宗亲之意。 ⑯明善：树立敬与尊的观念。

1.14 子曰："君子食无求饱，居无求安，敏于事而慎于言，就有道而正焉，可谓好学也已。"

14. 谢曰：此一节不可以事求，当以情性推之。盖上世尝有茹毛食腥①者矣，及至圣人易之以烹饪，则食正欲其饱者也。尝有"陶复陶穴"②者矣，及至圣人易之以宫室，则居正欲其安也。此岂人之私智为哉？盖圣人神而化之，使民宜之者也。何独好学者无求饱无求安，口之于味，四肢之于安逸，独与人异乎？是不然。孔、孟、曾、颜，学者之师也，其事有可考者。如"疏食饮水曲肱而枕之"，与瓢饮箪食在陋巷③，可谓不求饱且安乎？是不然。此无财不可以为悦者也，有财则为之矣。前以三鼎，死且易箦（zé）④，可谓不求饱且安乎？此不得不可以为悦者也，使其从大夫之后，斯为之矣。然则圣贤所以过人者安在，谓圣贤有求安求饱之心则不可也。敏⑤非欲速之谓，圣人非欲速者也；敏非进取之谓，进取乃狂者⑥之所为。夫欲速与进取，圣人既不为，及至众人，无欲速则有迟钝不及事之累，不入于狂则有不忘其初之患，于斯两者之间，其惟敏乎！慎非简默之谓，言及之而言，岂可简邪？岂可默邪？慎非嗫嚅⑦之谓，与上大夫言而訚訚，在朝廷而便便，正欲其厉也。言及之而言，言而且厉⑧，可谓慎乎？既一出于口，何慎之有？舍是数者之外，可以求慎言之理矣。然而难言也，"就有道而正焉"⑨，非笃意于美身，为切问近思之学者，不能如此也。盖倚圣人之门墙⑩，说巽言从法言⑪者岂少哉！此未可谓就有道而正焉者。未得之，欲罢不能；及闻之，语而不惰；既得之，拳拳服膺⑫而勿失，其惟颜氏之子乎！有能从事于兹数者，盖亦考其用心，考其行事，果何求哉？非好学而何当之？舍颜氏之子，不可以语此矣。当知自孟子以后，无复仿佛⑬于此矣。

又曰：敏是得理之速，明理而行，不期而速，非是手忙脚乱。

【题解】

　　追求安饱是人类生存的本能，常人往往难却过分追求物质享受的欲望。好学、有道者则有三步：先除却物质享受的欲望；言行上敏事慎言，不断磨炼和完善自己；请益良师，倚圣人门墙，使自己走上正途。

【注释】

　　①茹毛食腥：指原始人不知用火，捕到兽类，连毛带血生吃。茹，吃。　②陶复陶穴：陶通掏，挖土。复，也作"窦"，土窟，即窑洞。掏窑洞，挖地穴。形容人类先祖居住条件简陋。语出《诗经·大雅·绵》。　③疏食饮水曲肱而枕之：语出《述而》篇。与瓢饮箪食在陋巷：语出《雍也》篇。两处皆指颜回安贫乐道，是说有理想、有志向之人要安贫乐道。　④"前以三鼎，死且易箦"句：三鼎，牲鼎、鱼鼎、腊鼎。古代祭礼，因等级而异，士用三鼎，大夫用五鼎。死且易箦：语出《礼记·檀弓上》。曾子易箦是说曾子是视礼法高于生命的人，没做过大夫，临终时无意中用了大夫专用的席子。如果死在大夫专用的席子上那就是非礼，故而换席，然后无憾而终。箦，竹席。　⑤敏：勤敏、勤快、敏锐。　⑥狂者：此处作志向高远、勇于进取的人。　⑦喑噁：吞吞吐吐，欲言又止。　⑧言及之而言，言而且厉：到一定要说话时所表达的语言既严肃又谨慎。厉，严肃、严厉。这里指前句的訚訚（正直恭敬）与便便（恭敬与不安）。　⑨就有道而正焉：意即能到有道的人那里辩证是非。或主动向志行

高尚的人请求教导指正。有道，指有道德的人。正，匡正、端正。 ⑩圣人之门墙：指老师之门。子贡把孔子的学问比作高高的宫墙，能得其门而入者很少。语出《子张》篇"夫子之墙数仞，不得其门而入，不见宗庙之美，百官之富。得其门者或寡矣"。后比喻为师门。 ⑪说巽言从法言：巽言，谓恭顺委婉的言辞。即说话谦恭而行动遵守礼法正道。语出《子罕》篇。 ⑫拳拳服膺：形容恳切地牢记不忘。拳拳，紧握不舍，引申为恳切。服膺，铭记在心中。语出《中庸》篇"回之为人也，择乎中庸，得一善，则拳拳服膺而弗失之矣"。 ⑬仿佛：意为类似、约略。

1.15 子贡曰："贫而无谄，富而无骄，何如？"子曰："可也。未若贫而乐，富而好礼者也。"

子贡曰："《诗》云，'如切如磋，如琢如磨'，其斯之谓与？"子曰："赐也！始可与言《诗》已矣，告诸往而知来者。"

15. 谢曰：此一节，论质美①者当学以成之也。贫而无谄②者，无谄于人也。富而无骄者，无骄于人也。此物我相对之称也。贫而乐，贫而自乐也；富而好礼，富而自好礼者也。人亦何与于我哉？盖"一箪食，一豆羹，得之则生，弗得则死，至于蹴尔而与之，乞人不屑"③，及其嗟来④，虽谢也有所弗食，若斯人也，何尝谄于人哉！观其狷介⑤之志，何时而能乐邪？此贫而无谄直异于贫而乐⑥也。富者怨之府⑦，傥知所以损怨之术⑧，亦何敢骄于人。"满而不溢，所以长守富也"⑨，能知所以守富之术，亦何敢骄于人。然其自爱之心，未免乎吝也，若斯人者，亦何时而中礼邪？此富而无骄与富而好礼直不同也。子贡闻一以知二者也，举一隅而能以三隅反者也，故知有"如切如磋，如琢如磨"⑩之义。"如切如磋"，问学也。"如琢如磨"，成德也。语以贫而乐，富而好礼，而知问学成德之事，善乎，子贡之达也。呜呼，其亦异高叟之为《诗》⑪矣！

【题解】

"贫而谄""富而骄"是应力避的人性缺点；"贫而无谄，富而无骄"则是做人的本分；"贫而乐道，富而好礼"则是思想境界的升华。此为成德之议。

子贡由此联想到做学问，做了个跨界思维。学《诗经》不能简单理解，应如雕玉之切磋琢磨，达到精益求精。孔子赞其举一反三，思维敏捷。谢良佐又以"问学""成德"进行了深层次剖析。

【注释】

①质美：指品德高尚之人。 ②谄：意为巴结、奉承。 ③"一箪食"句：语出《孟子·告子上》。蹴，用足踢、踏。 ④嗟来：不礼貌的招呼声。 ⑤狷介：狷，耿直。介，孤高、特出。这里指性情正直，洁身自好，不与人苟合。 ⑥贫而乐：一本作"贫而乐道"。 ⑦富者怨之府：府，府库、府藏。意思是钱财聚集的地方，就是人们怨愤汇集的地方。 ⑧损怨之术：即懂得招损和积怨的原因、道理。术，技艺、方法。 ⑨"满而不

溢"句：语出《孝经·诸侯章第三》。　⑩如切如磋，如琢如磨：此二句见《诗经·卫风·淇澳》。有两种解释：一说切磋琢磨分别指对骨、象牙、玉、石四种不同材料的加工，否则不能成器；一说加工象牙和骨，切了还要磋，加工玉石，琢了还要磨，有精益求精之意。意即通过切磋、琢磨达到精益求精，使人的学问、品德上升到一个新的高度。与人商讨是切磋，故谢良佐说"问学也"；自己思考为琢磨，故谢良佐说"成德也"。　⑪高叟之为诗：语出《孟子·告子下》"固也，高叟之为《诗》也"。原是孟子批评高叟的话。"高子曰：《小弁》，小人之《诗》也。"《诗经·小雅·小弁》是一首被逐的儿子抒发忧愤哀怨的诗篇，表现后母虐待继子女，父亲听信谗言，弃逐亲儿的题材，全诗沉痛之情从心中流出，割肠裂肝，感人至深。孟子批评高叟解诗望文生义，主观臆断。固，机械、固执。高叟，高老先生。名不详。异高叟。意即子贡思考问题通达灵动，举一反三，不像高叟那样简单而固执地讲《诗》。

1.16　子曰："不患人之不己知，患不知人也。"

16.　谢曰：天下之理，自下视高则难，自高视下则易，如七十子①知夫子则难，夫子知七十子则易。人之所以相知，何有不然者。大人②之视小人，如见肺肝③，小人而窥君子，莫见畛域④。以是观之，知人者为大乎？人知者为大乎？盍亦急于知人乎！急于人知乎，此学者之患⑤也。

【注释】

　　①七十子：泛指孔子高徒。　②大人：指在高位者；或对老者、长者的尊称。此处作德行高尚、志向高远的人。③如见肺肝：意思是就像看透肺肝一样。比喻小人心里想些什么，圣人看得清清楚楚。出自《大学》。　④畛域：指界限、范围。此处指广阔的田野望不到边际。此处作小人看君子，则看不到边际。　⑤患：忧虑、担心。此处作弊端讲。

正　编

为政篇第二

引　语

《为政》篇包括二十四章。本篇主要内容涉及孔子"为政以德"的原则，使德与政联为一体，这正是孔子政治思想的基本特征。之外，对如何谋求官职和从政为官的基本原则、学习与思考的关系、孔子本人学习和修养的过程、温故而知新的学习方法，以及对孝、悌等道德范畴作了进一步的阐述。

在《为政》篇二十四章中，谢良佐解《论语》语录有十九章。其中2.5至2.8章为"四人问孝"，谢良佐合为一讲，从不同侧面进行阐解。

之外，2.13、2.14两章"君子"之论并为一解，论君子之德。

谢良佐在本篇阐解中，对"为政以德"提出了"学以成己，政以成物""政与德为先后，刑与礼为表里"的观点；剖析孔子的学习与修养过程，从志学、而立、不惑、知天命、耳顺，到"从心所欲，不逾矩"，论述人生成长、成熟的六个阶段，从志于学、志于是到天人合德，每进一步都是人生的进取阶梯。从下学上达至离经辨志，发现各个阶段的内在联系，说明进学入德之难。归纳为"道之精粗无二，时熟与时不熟有差别";"所谓立，则物莫能摇夺而正固"；所谓不惑，则归尽物理而无疑；所谓知天命，则知理之所来，性之所自出，与之无间；所谓耳顺，则内外两忘；遇事心不加意又未尝放，故不逾矩。由此得出志学为难，入德尤难，"下学上达正如是"，不否定生而知之，尤肯定了学而知之。"四人问孝"不同，圣人语之各异，归纳为孝之要"盖亲天也，不以事天之道事其亲，不足以为孝子"。即应天顺礼，爱敬为本，内外循礼，细节如是。以上两章，为本篇之精华。如"圣人之教善答问，亲炙者言如心通，最为亲切"；温故而知新，"极高明而道中庸，致广大而尽精微"；论"君子"则"德谐顽嚚，能让千乘之国"之德，如天"不言而四时行，何害为天""如日月之光，岂择地而后照"；论"异端"为"隐于小成，暗于大理"；干禄之道为"慎言其余，多见缺殆，可以无惧"；"为天下国家之道，在于举措之间"；"敬惟庄，忠孝慈，劝使知善而善"；王朝兴替为"因革损益之理，出于穷则变而与民宜之"；"仁而不武，如公子家者，智及勇不能行"，而负弑君之骂名。不若"恂恂仁者如吴佑，而能抗跋扈之威"。从政论、引喻到取譬寓理，则自有独到见解。

2.1　子曰："为政以德,譬如北辰，居其所而众星共之。"
17. 谢曰：北辰①，天之机②也。以其居中，故谓之北极。以其所建周于十二辰③之舍，故谓之北辰。于此见无为而为矣，故为政以德者如之④。学以成己，政以成物，虽有内外之殊，及其时措之宜则一也。以德为政者，特推吾所有，与民由之⑤而已。故在我则不劳，在人则易从。苟为⑥不尔，将弊弊⑦然以物为事，而后能使民从己者，则是居陋巷积仁义之君子，一旦中天下而立，未必能为禹、稷⑧之事也。亲其亲，长其长，未必能平天下也。"不出家而成教于国"⑨，此语未必信也。

【题解】

为政以德，则民众像众星拱北辰，否则，"不出家而成教于国"就是一句空话。

【注释】

①北辰：北极星。　②机：事情变化的枢纽；有重要关系的环节。　③十二辰：用于记星次。《左传·昭公七年》："日月之会是谓辰，一岁，日月十二会于东方。"又《律吕课蕴》："古圣观北斗柄，每岁十二转，各指十二方，因分别为十二辰。谓日月星以次缠舍于其方也。"　④为政以德者如之：意即用德政来治理国家，就像北极星一样安坐在它的位置上，其他星辰环绕着它而展布。德，德政、德化。　⑤由之：由，经过。即引导人民一起走这条正道。　⑥苟为：如果、假使。《孟子·告子上》："五谷者，种之美者也；苟为不熟，不如荑（tí）稗（bài）。"　⑦弊弊：辛苦疲劳貌。意即为事务所累，不能帅民。　⑧禹、稷：夏禹、与后稷。夏禹、后稷受尧、舜命整治山川，教民耕种，称为贤臣。《孟子·离娄下》："禹、稷当平世，三过其门而不入，孔子贤之。"后稷辅助

大禹，教民稼穑，树艺五谷。被尊为农耕始祖，五谷之神。 ⑨不出家而成教于国：语出《大学》。意即君子不出家门，也能把好的德风教化推广到全国。含义为齐家也就可以治国。谢良佐此处所引，意为若不为政以德，这句话就是空话。

2.2 子曰："《诗》三百，一言以蔽之，曰：'思无邪。'"

18. 谢曰：《诗》①者，民之情性之正，出于先王之泽②。先王之泽既熄，而《诗》遂亡。其流出于楚汉，犹有屈、宋、苏、李③；魏、晋、齐、梁之间，犹有鲍、谢、曹、刘④。孰谓当春秋之时而遽亡邪？盖求其止乎礼义则无也。止乎礼义，非易其心而后语者不能，则"思无邪"⑤，可谓一言以蔽⑥之矣。君子之于《诗》，非徒诵其言，亦将以考其情性；非特以考其情性，又将以考先王之泽。盖法度礼乐虽亡，于此犹能并与其深微之意而传之。故其为言率⑦皆乐而不淫，忧而不困，怨而不怒，衰[1]（哀）⑧而不愁。如《绿衣》⑨，伤己之诗也，其言不过曰："我思古人，俾（bǐ）无訧（yóu）兮⑩。"《击鼓》，怨上之诗也，其言不过曰："土国城漕，我独南行。"⑪至军旅数起，大夫久役，止曰："自诒伊阻。"⑫役行无期度，思其危难以风⑬焉，不过曰："苟无饥渴"⑭而已。若夫言天下之事，美圣德之形容，固不待言而可知也。其与愁忧思虑之作，孰能优游不迫⑮也？孔子所以有取⑯焉。作《诗》者如此，读《诗》者可以邪心读之乎？

【校勘】

〔1〕见下注⑧。

【注释】

①《诗》：指《诗经》一书，此书实有305篇，三百只是举其整数，泛指。 ②泽：先王礼义、礼乐法度之教化。 ③屈、宋、苏、李：楚之屈原、宋玉；汉之苏武、李陵。 ④鲍、谢、曹、刘：东晋鲍照、谢灵运；魏曹植和刘桢，也泛指建安七子。 ⑤思无邪：此为《诗经·鲁颂·駉》上的一句。駉（jiōng）：描写马向前直行的勇健貌，引申为诗人直抒胸臆，所作无不出于真情。此处的"思"作思想解。无邪，纯正、直。 ⑥蔽：概括的意思。 ⑦率：顺着、沿着。 ⑧衷而不愁：衷，当为"哀"的笔误。哀而不愁，出自先秦左丘明《季札观周乐》，意思是哀伤而不忧愁。 ⑨《绿衣》：《诗经·邶风·绿衣》。古人认为是庄姜夫人因失位而伤之作，今人认为是男子悼念亡妻之作，是中国最早的悼亡诗。主人公看到妻子亲手缝制的衣裳，睹物怀人，内心充满了悲伤，表达了丈夫悼念亡妻的深厚感情。 ⑩我思古人，俾无訧兮：语出《诗经·邶风·绿衣》。意即我思亡故的贤妻，使我平时少过失。古，通故。故人、亡妻。俾，使。訧，古同尤，过失、罪过。 ⑪"《击鼓》"句：谓《诗经·邶风·击鼓》，怨上诗。主人公被迫从军南征，调停陈、宋两国关系，长期不得归家而怀念家人，表达了主人公的怨愤和无奈。土国城漕，我独南行，意即军士们挖土筑城建濠，我独随军去南方。土，挖土。城，修城。国，都城。漕，城濠。

⑫自贻伊阻：因夫妻长期不能见面而烦恼。出自《诗经·邶风·雄雉》。贻通诒，遗留。自贻：自寻烦恼。伊阻：伊，维；阻，艰难、阻隔。　⑬风：通"讽"。　⑭苟无饥渴：语出《诗经·王风·君子于役》。是妻子怀念远征丈夫的诗。苟：姑且，表示期望，但愿他不至于受饥渴。　⑮优游不迫：悠闲自得，从容闲适。　⑯取：提炼、概括。此处指孔子概括为"思无邪"。

2.3　子曰："道之以政，齐之以刑，民免而无耻。道之以德，齐之以礼，有耻且格。"

19. 谢曰：道①，所以劝②之。齐③，所以率④之。政与德为先后，刑与礼为表里。以欲善其心，故有德礼；欲以正其身，故有刑政。道之以德，齐之以礼，虽刑措⑤可也。虽无德与礼，而刑政犹存焉，故伤人伦之废；至于并与刑政而亡⑥，故哀刑政之苛⑦。人伦废，则君子至于犯义；刑政苛，则小人至于犯刑。君子犯义，是以无耻⑧而苟免⑨者多，况于小人乎？

【题解】

德礼教化善其心，主其内；政之刑罚正其身，主其外。刑政管束止于犯罪而人不知羞耻，德化礼约则使人知荣辱而步入正道。

【注释】

①道：有两种解释，一为引导，二为治理。此处谓前者。②劝：拿道理说服人使人听从，此处指勉励。　③齐：整齐、约束、整治。　④率：遵循、沿袭。　⑤刑措：置刑法而不用。

措，弃置。　⑥亡：无、没有、失去、丢失。　⑦苛：严厉、暴虐。　⑧耻：羞耻之心。　⑨免：避免、躲避。

2.4　子曰："吾十有五而志于学，三十而立，四十而不惑，五十而知天命，六十而耳顺，七十而从心所欲，不逾矩。"

20. 谢曰：此一节论道之精粗无二，特[1]熟与不熟有差别耳。虽始于学，亦可以见圣人生而知之也。生而知之，特圣人之不居①也。譬如饮食焉，始则知其可嗜，已而加烹饪焉，已而设匕箸焉，已而可于口，已而饱饫厌足，已而知嗜好与滋味，两相忘矣。虽始终不同，何尝有二物哉！志于学②，志于是③也，不逾矩④，不逾于是也，亦岂有二理哉！于其间有所谓立⑤，则物莫能摇夺⑥而正固⑦矣；有所谓不惑⑧，则规尽⑨物理而无疑矣；有所谓知天命⑩，则知理之所自来，性之所自出，与之无间矣；有所谓耳顺⑪，则内外两忘矣。至于此，则酬酢⑫事物之变，虽欲加意焉，不可得而益；虽欲不加意焉，不可得而损。心虽未尝放，而非出于收；心虽未尝思，然亦未尝无思也。未尝无思，故有所欲；未尝放，故不逾矩。圣人于成童时，己（已）[2]知有此理，有志焉者，知其学，而后可以安且乐也。若见道不明，决无志学之理；未知以学为事，决无可立之理；未能立，决无不惑之理。心且不尽，性且不知，岂有知天命⑬者乎？不知天命，则与道为二，决无耳顺之理。然则不至于学者，举废之矣。或乃以谓圣人从⑭心之妙，不学而能，益见其狂且妄也。今去圣人既远，所以知道入德为尤难，盖非知高明之难，而志乎学为难也。今天下之士，视圣人志学之事，特以为浅近，又岂知何害其为生知乎？何害其为安行乎？圣人之于生知，岂物物而知之；圣人之于安行，岂物物而安之。有所未知，亦当学而知之；有所未安，亦当学而安知之。下学而上达⑮，正如是尔。学者傥能离经辨志⑯，亲师择友，决知中道而不反，决知不为外物摇夺，决知不为异端诱怵⑰，始可以当志学之名，始可以知圣人为童子时也。是可不谓难矣乎？未能如此，虽曰志乎学，吾必谓之未也。

【校勘】

〔1〕特：原作"时"，据文意改。

〔2〕己，为已之误。

【注释】

①不居：这里指不认同。此处特指孔子对自己是生而知之不认同。《述而》篇："我非生而知之者。" ②学：指学的内容、方法与目标。 ③是：事物的内在、本质、规律。这是指礼乐的精髓。 ④不逾矩：不越过规矩。这里指遵从道德规范。 ⑤立：站得着。学习处事做人的成效，立于礼，走上正途。 ⑥摇夺：因外力影响而动摇改变心态。 ⑦正固：固守正义。 ⑧不惑：掌握了知识，不为外界的事物所迷惑。 ⑨规尽：这里作参透、穷尽讲。 ⑩天命：不能为人力所支配的事情。知天命则为领悟自己负有弘道使命，必

须设法去完成。　⑪耳顺：对此有多种解释。一般而言，指对那些于己不利的意见也能正确对待。　⑫酬酢：交际应酬，这里指迎送接待等应对。　⑬知天命：领悟自己负有上天赋予的使命并设法去完成。孔子的天命概念为：一是施行教化，使天下回归正道；二是择善而从，使自己走向至善；三是了解命运之无奈，只能尽力而为。　⑭从：遵从的意思。这里的"从心之妙"指孔子七十岁于道德礼义已达到至臻至善的境地，达到天人合德、遵从心所想所思而为，也不至于越礼。　⑮下学而上达：从开始学习人情事理，进而认识自然的法则。出自《宪问》篇。　⑯离经辨志：读断经书文句，明察圣贤志向。出自《礼记·学记》。离，指断句；经，指儒家经典；辨，明察；志，志向。　⑰诱怵：诱惑、迷惑。出自《汉书·武帝纪》颜师古注引"见诱怵于邪说也"。

2.5　孟懿子问孝。子曰："无违。"

樊迟御，子告之曰："孟孙问孝于我，我对曰无违。"樊迟曰："何谓也？"子曰："生，事之以礼；死，葬之以礼，祭之以礼。"

2.6　孟武伯问孝。子曰："父母唯其疾之忧。"

2.7　子游问孝。子曰："今之孝者，是谓能养。至于犬马，皆能有养。不敬，何以别乎？"

2.8　子夏问孝。子曰："色难。有事，弟子服其劳；有酒食，先生馔（zhuàn），曾是以为孝乎？"

21. 谢曰：四人问孝不同，圣人语之各异，要之非不同也。盖亲天也，不以事天之道事其亲者，不足以为孝子。圣人之言天也，一言不足以该遍①天理，不足以为圣言。既谓之天理矣，何浅深之有哉？樊迟、游、夏②虽不在寝③，三桓子孙④非志于圣学者，然其言有及于孝，亦不可不谓之切问也。圣人对之，舍性与天道，又乌得而言哉？何谓性与天道？则爱敬是也。生事之以礼，舍爱敬则不能也。"父母唯其疾之忧"⑤ "有事，弟子服其劳，有酒食，先生馔"⑥，爱也；不如犬马皆能有养而不敬，敬也。然则爱敬非生事之以礼乎？"生，事之以礼"，圣贤语之详矣，今不复道。"死，葬之以礼"，非谓棺椁衣衾之美也，必诚信可矣。"祭之以礼"，非谓備⑦（jiǎng）（備）[1]九州之美味也，知不以仁者之粟祀其亲必不享也。则以仁者之粟祀其亲，岂非以礼乎？何谓礼？顺理之谓也。顺理，则无违⑧矣。樊迟非茫然不知此，有问于圣人者，特欲质其目⑨而已。父母唯其疾之忧，父母之爱其子，无所不至，惟其爱之，是以忧之也。以苟訾取危，是所忧也；以苟笑取辱⑩，是所忧也；而况于好勇斗狠乎？苟不念此，则亲之不忘我者有矣，我之所以不忘亲者未之有也。岂非不孝？岂非不顺理？不顺理，岂非违也？违则岂知生事之以礼哉！"今之孝者，是谓能养。至于犬马，皆能有养，不敬，何以别乎。"⑪此言爱而不敬也。禽荒者⑫爱犬，乘肥者⑬爱马，与好好色同，亦爱之之至也。故特以犬马语之。爱其亲而不敬，犹不足以为孝，信乎事亲之犹事天也。

色难⑭，此非苟于从父之令，悦其颜色而已。至于有过，则下气怡色⑮以谏之，谏而不听，则号泣以随之，至于先意承志⑯，喻父母于道，皆恐伤其色。有事弟子服其劳，必欲躬致其劳也；"有酒食，先生馔"，欲"将彻，必请所与"⑰也。

【校勘】

〔1〕见下注⑦。

【题解】

孝父母要应天顺理，爱敬为要。大事循礼，内外存孝，细节亦如是。

【注释】

①该遍：《说文》："该，军中之约也。"引申为完备、具备，包括一切。通赅。遍，普遍、遍及。从头到尾经历一次。该遍即涵盖、统揽、包括。　②樊迟、游、夏：樊迟，姓樊名须，字子迟。孔子的弟子，比孔子小四十六岁。他曾和冉求一起帮助季康子进行革新。游，即子游，孔子学生，姓言名偃，字子游，吴人，比孔子小四十五岁。夏，即子夏，孔子弟子十哲之一，尊称卜子。　③虽不在寝：意即三人虽然没有居家侍奉在父母床前。　④三桓子孙：鲁国三卿季孙氏、叔孙氏、孟孙（仲孙）氏。本文所称"三桓子弟"专指孟懿子和孟武伯父子。孟懿子，鲁国的大夫，三家之一，姓仲孙，名何忌，"懿"是谥号。其父临终前要他向孔子学礼。孟武伯，孟懿子的儿子，名彘，武是谥号。　⑤父母唯其疾之忧：其，代词，指子女。父母不担忧子女行事，唯恐子女患病。

⑥"有事"句：弟子，晚辈、子女等。服劳即服侍。先生指长者或父母。馔，意为饮食、吃喝。　⑦偯：见。又形容不高雅。此当为"備"（繁体"备"）字笔误，作预备、配置讲。　⑧无违：不违背礼制。　⑨质其目：目，对纲而言，即从属部分。要求把孝的行为说得更具体些。　⑩苟訾取危、苟笑取辱：因为乱说话和讥笑他人而招不必要的麻烦，意即要谨言慎行。苟，姑且、随便。訾，说人坏话。笑，讥讽、嘲笑。　⑪"今之孝者"句：现在所谓孝只是能养父母而缺乏足够的尊敬，这和养犬马有何区别？强调孝顺爱敬。　⑫禽荒者：沉迷于田猎之人。　⑬乘肥者：善骑者。　⑭色难：色，脸色。指子女侍奉父母时的和颜悦色。难，不容易的意思。　⑮下气怡色：声音柔和，和颜悦色又态度恭顺。　⑯先意承志：不等父母表明意思，就能事先顺应他的心意去做。后也指揣摩人意、谄媚逢迎。语出《礼记·祭义》："君子之所为孝者，先意承志，谕父母于道。"　⑰将彻，必请所与：语出《孟子·离娄上》。曾参服侍父就餐毕，请示剩余的饭菜送给谁。彻，通撤。所与，给谁。

2.9　子曰："吾与回言终日，不违，如愚。退而省其私，亦足以发，回也不愚。"

22. 谢曰：圣人之教虽多术，然莫善于答问。孟子尝曰："而况于亲炙之者乎？"①盖言入心通②，最为亲且切也。然苟不至于不违之地，则与亡则书无以异③也，此颜子所以独为好学。所谓不违④者,盖声闻相通,虽以耳听,而实以神受也。颜子于圣学之外,无一毫私意留于视听言动之间,拳拳⑤焉,孜孜⑥焉,其好笃⑦,其心虚⑧,想其[1]观圣人之形容,犹将有得,况于闻圣人之言乎?则其不违也必矣。所谓退而省其私⑨,然后知回也不愚,圣人之意盖不如此。圣人于眉睫之间,察颜子之形容,已知其不愚矣。为此言者,特以是证圣人察颜子之详,非真实之言也。

【校勘】

〔1〕其:原作"起",据明抄本改。

【注释】

①而况于亲炙之者乎:语出《孟子·尽心下》。亲炙,亲身受到教益、亲受教育熏陶。 ②言入心通:即声入心通,意为一闻圣人之言即能领悟其微旨。语出张载《正蒙》三十:"六十尽人物之性,声入心通。"《为政》篇"六十而耳顺",朱熹《集注》:"声入心通,无所违逆,知之之至,不思而得也。" ③则与亡则书无以异:《晏子春秋·内篇杂上》:"公曰:'纪有书,何以亡也?'晏子对曰:'有以亡也,婴闻之,君子有道,悬之闾;纪有此言,注之壶,不亡何待乎?'"齐景公游纪地得一金壶,内有丹书"食鱼无反,勿乘驽马"。意即王公无竭百姓之力,不用庸碌之才。景公说:纪国有此名言,为何还会亡国?晏婴回答道:治国良策当公行天下,纪国却藏之金壶,焉能不亡?谢良佐引用此典,告诫人们大道理不应挂在嘴上,而应该亲身践行,方能"无

违"。　④不违：此处作不表示任何疑问解。　⑤拳拳：诚挚恳切。　⑥孜孜：勤勉，不懈怠。　⑦好笃：十分爱好。⑧心虚：内心空明无成见或谦虚而不自满。此处取后者。⑨退而省其私：事后察其言行。

2.10　子曰："视其所以，观其所由，察其所安，人焉廋哉？人焉廋哉？"

23. 谢曰："视其所以"，视其行事也；"观其所由"，观其动作也；"察其所安"①，察其情性也。君子小人虽行事不同，然岂有无因而然者？必有以②也。视其所以，则可以观其识。君子小人动作虽不同，然"谁能出不由户？何莫由斯道也"③。故道有君子小人，其所由则一也，于此则可以见人之德。君子而不仁者有矣，然而所安者仁；小人何尝一日不在于善，然而所安者利。要其久，则可以知其所安矣，于此可以察人之诚。"视其所以"，视[1]其变事也；"观其所由"，观其常事也；"察其所安"，要之以久也。所以，在小人犹可以思虑为，亦可以勉强至。至于所由，则动作态度之间难乎勉强也。至其所安，则颜色之间必有发见者，尤所难勉强也。曾子曰："十目所视，十手所指，其严乎！"④言必见于外也。然非有德者，不能以此道观人，故惟君子视小人如见其肺肝也。后世为九证十二流⑤之别，其源亦出于此。然岂如圣人为简且易也。

【校勘】

〔1〕原本"视"前沿"以"字,据文意改。

【注释】

①视其所以、观其所由、察其所安:即看明白他现在做的事,看清楚他过去所作所为,看仔细他的心情安乐与否。视、观、察,是看的三种方式,即明白地看其现在,清楚地看其过去,仔细地看其未来。安,指心里安乐。从"视""观""察",见古人用字之精准,不以"观察"一语带过。 ②以:引申为依据、因、由。 ③"谁能出不由户"句:语出《雍也》篇。意思是谁能出外不从门户走呀?但为何没有人肯从人生的大道而行呢?由,经由。 ④"十目所视"句:语出《大学》。指个人的言行总是在众人严厉的监督之下,是对廋而言,岂可隐瞒、藏匿?严,严厉。廋,音sōu,隐瞒、藏匿。 ⑤九证十二流:泛指各色人等。在封建社会把人在社会中的地位及各种行业、各色人等分成尊卑等级之称,譬如三教九流。三教,儒、佛、道。九流,儒家、道家、阴阳家、法家、名家、墨家、纵横家、杂家、农家。

2.11 子曰:"温故而知新,可以为师矣。"

24. 谢曰:新故之相因,特事变之不同,然自一德者观之,莫知其异也。"温故而知新"①,犹言极高明而道中庸,致广大而尽精微,则故与新非二致也。在温故不害其为知新,则知新非进取之谓;在知新不害其为温故,则温故非不忘其初之谓。能温故知新，岂徇物践迹②者之所为乎！故可以为师矣。与记问之学，岂可同日而语哉！

【注释】

①温故而知新：温习旧的知识能产生新的见解。　②徇物践迹：这里指因循守旧，没有新发现。徇物，曲从世俗。践迹，踩着前人的足迹。

2.12　子曰："君子不器。"

2.13　子贡问君子。子曰："先行其言而后从之。"

2.14　子曰："君子周而不比，小人比而不周。"

25. 谢曰：天下之善，如仁智圣贤，皆有主名，特君子不可以一端论也。君子之道四①，夫子所不居②，则谓之圣人亦可。

又曰：君子而不仁者有矣，则谓之贤人亦可。要其所存所养，盖喻于义而不怀惠，上达而非小知者也。其所存养者如此，试一想其为人，将何以目之乎？其必谓之君子可也。此等岂可以器名之乎？其所有虽不言而可喻，其所存[1]固无系吝③之私，以其不可以器名，故曰"不器"④。颜闵于圣人之一体，未必优于子夏、子游、子张，然而具体⑤也。孟子于清和，未必过于伯夷、伊尹、柳下惠⑥，然而不学三子也。知此者，可以识不器之理矣。以其不言而可喻，故曰"先行其言而后从之"⑦。先行其言，行其所言也；而后从之，言其所行也。能至于德谐顽嚚⑧，虽不言而人皆知其为孝；能让千乘之国，虽不言而人皆知其为廉。则行至而言不至，何害其为君子？如不言而四时行，亦何害其为天乎？以其无系吝之私也，故曰"周而不比"⑨。君子无私好也，无私恶也。无私恶，则何所亲？无私好，则无所不亲。如日月之光，岂择地而后照乎？故为周而后可以不比也。彼系情于濡沫⑩之间，谓惟予与汝者，乃儿女之事，壮士且不可为也，而谓君子为之乎？知此者，可以知君子不比而周也。

【校勘】

〔1〕存：原本作"行"，据明抄本改。

【注释】

①君子之道四：指恭、敬、惠、义。语出《公冶长》篇"有君子之道四焉：其行己也恭，其事上也敬，其养民也惠，其使民也义"。 ②不居：不休止。此谓夫子（圣人）不局限于道四，还要高于此，孔子与天合一，故不居。 ③系吝：有所眷恋，不能割舍。 ④不器：器指人才识狭隘不博通。指人不像器具有专门用途，才能局限于一方面，不拘泥于一。 ⑤具体：不抽象的，细节明确的。这里是说颜、闵更全面地接受孔子之道。 ⑥伯夷、伊尹、柳下惠：伯夷，帝尧时期的辅政者。伊尹，商汤时的开国元勋，辅政者。柳下惠，春秋时思想家、政治家、教育家，鲁国士师，孔子尊为"和圣"。三人被称为古之大贤。 ⑦先行其言而后从之：先去实践自己要说的话，做到以后再说出来。 ⑧德谐顽嚚：语出《尚书·尧典》"父顽，母嚚，象傲；克谐以孝，蒸蒸乂，不

格奸"。是说尧求贤以继其位，四方诸侯推举虞舜。舜是瞽叟的儿子，他的父亲很顽劣，后母又很嚣张荒谬，弟弟象又傲慢无礼。舜仍能恪尽孝道，使一家人处得很和谐。并以孝道来修身自治，而感化那些邪恶的人。德谐顽嚚，即德施于众，以至于下等人和品德粗俗之人。这里的"德谐顽嚚"和下文的"能让千乘之国"指尧让天下给舜，暗以舜和尧作喻并推及大德之人。 ⑨周而不比：指真诚相处而不为私利勾结。周，合群、团结。因忠信而亲密。比，勾结。因私利而勾结。 ⑩濡沫：同处困境相互救助。此处指夫妻之间儿女私情之琐事。

2.15 子曰："学而不思则罔，思而不学则殆。"

26. 谢曰：知崇则德益崇，下学则业益广，"崇德而广业"①，虽非二体，然自其内外不合者观之，不可以不两进也。思，知之事也，欲其崇；学，习之事也，欲其卑②。能习矣，而不能思以精之，则有习矣而不察之病。民不可使知之，正谓是也。知及之，而不能学以聚之，则有穷大而失其所居③之蔽。夫子语季路以"六言六蔽"④，正谓此矣。

【注释】

①崇德而广业：语出《周易·系辞上》"圣人所以崇德而广业也，知崇礼卑。崇效天，卑法地"。崇德，即崇尚道德修养，升华个人品德。广业，广博地拓展功业，济世利民。卑法地，即像大地一样包容一切。 ②卑：此处指谦卑、谦恭。

③穷大而失其所居：位居高位而骄奢无度，必覆灭而失所居。　④六言六蔽：蔽通弊。语出《阳货》篇"好仁不好学，其蔽也愚；好知不好学，其蔽也荡；好信不好学，其蔽也贼；好直不好学，其蔽也绞；好勇不好学，其蔽也乱；好刚不好学，其蔽也狂"。愚，受人愚弄。荡，放荡。贼，危害亲人。绞，偏激、尖刻。乱，犯上作乱。狂，狂妄自大。

2.16　子曰："攻乎异端，斯害也已。"

27.　谢曰：隐于小成，暗于大理，皆所谓异端①。然当定、哀之时，去先王犹近②，故其失亦未远，姑存之，则未甚害也。欲攻之则无征③，无征则弗信，弗信则民弗从，其为害也莫大焉。恐其不免推波助澜，纵风止燎也。故夫子于怪力乱神，特不语而已，无事于攻也。彼有一识吾之门墙④，能以善意从我，则其于异端，岂待吾言而判哉！若孟子之于杨、墨，不得不辨⑤，则异乎此。

【注释】

①异端：指不正确的学说或议论。　②"然当定、哀之时"句：先王，指鲁隐公、鲁桓公。孔子作《春秋》，对鲁隐公、鲁桓公记载多，鲁定公、鲁哀公二人因没有大的建树，对其记载得简单。　③欲攻之则无征：欲对定、哀进行批判则无过多证据。攻，批判。征，证据。　④吾之门墙：指儒学道德规范。　⑤"孟子之于杨、墨"句：指孟子辟杨墨。杨、墨，杨朱和墨翟（dí）。杨朱学说则"为我"，墨翟学说

则"兼爱""非攻"。对于儒学之道以外的异端邪说，孟子不得已才去批判。孟子有"杨墨之道不息，孔子之道不著"之说。

2.17 子曰："由，诲女知之乎！知之为知之，不知为不知，是知也。"

28. 谢曰：子路勇于学者也，彼其闲①于死生之际，盖有大过人者。然舍故态而游夫子之门，其为功不过数年之间，若是其速，则于道岂无强探力取之蔽乎？故特语之以此。"知之为知之"，可以知，不可以不知者也。"不知为不知"，不可知，不必知者也。如死生之说，鬼神之情状，在众人则以为不可知者矣，然而在学者，苟不知此，岂非阙欤？千岁之远，六合②之外，则众人有以不知为愧者矣，在学者，傥不知此，则亦何害于道？如此者，盖非可以一言尽也，傥能别识于此，亦可谓知所存心矣，亦可谓能充是非之心矣，故曰"是知也③"。

【注释】

①闲：闲置。此处作"置"解。 ②六合：上下和四方，泛指天地和宇宙。合，含有联系、关联、影响、作用的意思。 ③是知也：知同智。这才是聪明的。

2.18 子张学干禄，子曰："多闻阙疑，慎言其余，则寡尤；多见阙殆，慎行其余，则寡悔。言寡尤，行寡悔，禄在其中矣。"

29. 谢曰：此子张以干禄①之学问于夫子，而夫子语之以干禄之道也。或得之于往训，或得之于益友，皆所谓闻也，彼岂欺我哉！然未能安于吾心，皆所谓疑，疑则勿言可也。见非目见之见，乃识见之见。见之不疑，然后行之不疑，于见有所未安者，不行可也。闻疑而言，见殆而行，人虽不我罪，我独于心无慊（qiàn）②乎？尤③非人尤之，乃自尤也。"多闻阙疑④"，可以无慎。

又曰："慎言其余⑤""多见阙殆⑥"，可以无慎。

又曰："慎行其余"，此皆有深意，其惟近思者可以得之乎！能至于此，非特"言满天下无口过，行满天下无怨恶也"⑦。若汝如此，天下不用善则已，用善，则人其舍汝乎？无天理则已，有天理，则神之听之其舍汝乎？此所以有必得禄之道也。

【注释】

①子张以干禄：子张，孔子的学生，姓颛（zhuān）孙，名师，字子张。陈国人，小孔子四十八岁。干禄，求取官职。即从政做官，得到俸禄。干，求的意思。　②慊：此作歉疚、内疚讲。　③尤：过失。　④阙疑：保留有疑惑的问题，不枉作推断。　⑤慎言其余：对其余可以确定的问题则谨慎表达。其余，可以确定的、有信心、有把握的。这是相对"疑""殆"而言。　⑥多见阙殆：即多看别人行事，自己不做有疑惑的事情。殆，危险，也可以是陷入困境。阙殆即不会陷入

迷惑困境。　⑦"言满天下无口过"句：语出《孝经·卿大夫章》。

2.19　哀公问曰："何为则民服？"孔子对曰："举直错诸枉，则民服；举枉错诸直，则民不服。"

30. 谢曰：天下之道二，枉、直而已。天下之情二，好、恶而已。好直而恶枉，天下之至情。顺其所好，人之所以服也；逆其所好，人之所以去也。然则为天下国家之道，特在于举错之间而已。故举错则同，治乱则异。然自古治日少而乱日多，彼其心岂固欲举枉错直①，以拂天下之心哉？盖无道以照②之，则自以为直、自以为枉者亦多矣。〔1〕

【校勘】

〔1〕朱熹《集注》中谢氏曰："好直而恶枉，天下之至情也。顺之则服，逆之则去，必然之理也。然或无道以照之，则以直为枉，以枉为直者多矣，是以君子大居敬而贵穷理也。"

【注释】

①举枉错直：即起用奸邪而置于正直人之上，或罢黜正直。举，选拔。枉，不正直、邪曲。错，通措，放置。直，正直公平。　②照：此作统治解。无道以照之，即行无道，或者被无道之人统治着。

2.20　季康子问："使民敬忠以劝，如之何？"子曰："临之以庄，则敬；孝慈，则忠；举善而教不能，则劝。"

31. 谢曰：敬忠以劝①，虽三代之民，何以加此？如季氏②者，亦岂知此道真可以为天下国家也，彼其所问，盖故家遗俗之所传③耳。三者皆情性所有，岂可以强为乎？敬无体也，惟庄可以聚之。忠固有也，惟孝慈④可以居之。劝非强勉也，使知善之为善，盖有不待诏而从之轻⑤矣。此三者，皆不可以伪为，善学者虽以此自养可也。民虽不可使知之，其能使不出于此道乎？然则所谓成己成物⑥，有二致不可矣。后世徒以法度绳墨纠持人心者，亦多见其术之疏⑦矣。

【注释】

①敬忠以劝：意即要使百姓恭敬、忠诚。劝，勉励。 ②季氏：即季康子。姓季孙、名肥，康是他的谥号。鲁哀公时任正卿，是当时政治上最有权势的人。孔子与季康子的问答是在他晚年回到鲁国以后的事。 ③故家遗俗之所传：指季氏乃周公后代，有遗训所传之敬忠以劝。 ④孝慈：对上孝敬，对下慈爱。孝敬父母、慈爱子女、亲善兄弟姊妹，是传统道德规范，也是传统美德。 ⑤从之轻：自愿、乐意而从之，意即很轻松地接受。 ⑥成己成物：自身有所成就，也要使自身以外的一切有所成就。语出《中庸》"诚者非自成己而已也，所以成物也。成己，仁也；成物，知也。性之德也，合外内之道也，故时措之宜也"。 ⑦见其术之疏：意即驭民之术远离圣道了。

2.21 或谓孔子曰："子奚不为政？"子曰："《书》云：

'孝乎惟孝，友于兄弟，施于有政。'是亦为政，奚其为为政？"

32. 谢曰："孝乎惟孝，友于兄弟"①，犹言父父、子子、兄兄、弟弟，此一家之政也。一国能如此，一国之政也。天下能如此，天下之政也。岂有二道哉？同是道也。一人用之，不见其聚而多②，天下皆用之，不见其分而少。天下皆乱，而己独治，在独善者处之，不害为太平。天下皆治，而己未治，在任重者处之，犹以为不足。然则论政者，果有物我之限③哉？谓"孝乎惟孝，友于兄弟"未足为政，岂知道者之言乎？

【注释】

①"孝乎惟孝"句：语出《古文尚书·君陈》"孝乎惟孝，友于兄弟，施于有政"。意思是孝敬父母，友爱兄弟，把这些孝悌的道理施于政事，也就是从事政治，为何一定要做官参政。 ②不见其聚而多：没有召唤而能在周围团结很多人。同样，分而少，则是国家分裂的事就会很少发生。 ③物我之限：家政如国政，家国之治同理，没有什么区别。物，国也。我，家也。限，区别、界限。

2.22 子曰："人而无信，不知其可也。大车无輗，小车无軏，其何以行之哉？"

33. 谢曰："有诸己之谓信①"，人而无信，则无诸己矣，孔、孟论信如此。然自不学者②观之，亦莫知所谓有者有何物也，亦莫知所谓无者无何物也。今且以形性③之近论之，圣人人伦之至，虽不可以信言，然自其因性言之，亦可谓有是性；自其践形④言之，自可谓有是形。圣人固如此，然众亦岂能舍是性，亦何尝离是形。何以谓之无也？曰：视之不见，与无目同；听之不闻⑤，与无耳同，则虽谓之无是形，何不可之有？当其操欲害人之心，则几于无恻隐⑥；当其怀穿窬⑦之心，则几于无羞恶，则虽谓之无是性，亦何不可之有？天与之，而己不能有之，以至于此，求其有以异于游魂为变⑧者已希，尚可以谓之人乎？世盖有魍魉之论⑨，惟斯人者可以当之，以言其非有非无也。"大车无𫐐(ní)，小车无𫐄(yuè)"⑩，取譬实不远矣。

【注释】

①有诸己之谓信：语出《孟子·尽心下》"可欲之谓善，有诸己之谓信"。意即值得追求的是善，自己确实有善叫作信。无诸己，即自己无善何谈有信。　②不学者：不知道孔孟之道的人。　③形性：古哲学术语。形体与性质，意思是指人的身心。体现人所秉天赋的品质。出自《礼记·月令》"君子齐戒，处必掩身，身欲宁，去声色，禁耆欲，安形性"。

④践形：体现人天赋的品质。《孟子·尽心上》："形色，天性也；惟圣人然后可以践形。"　⑤视之不见，听之不闻：出自《老子》（第十四章）"视之不见名曰夷，听之不闻名曰希"。夷，无色。希，无声。无声无色，极其微观现象。用夷、希形容人的感官无法把握的道，即"大音希声，大象无形"。　⑥恻隐：见人遭遇不幸而心有所不忍。即同情、怜

悯。《孟子·告子上》："恻隐之心，人皆有之。"　⑦穿窬：穿墙打洞，指盗窃行为。　⑧游魂为变：游魂，指浮游的精魂，即消散的精气。阴阳二气聚而生万物，精气离开物形，则生变为死。　⑨魍魉之论：魍魉，古代神话传说中山川精怪，这里指奇谈怪论。　⑩"大车无輗"句：輗，古代大车车辕前与车衡相衔接的木销子，也叫木钉。軏，古代小车车辕前面与横木线衔接的木销子。没有輗和軏车子就不能走。此谓信为立身之本，舍此，则无从谈立。

2.23　子张问："十世可知也？"子曰："殷因于夏礼，所损益可知也；周因于殷礼，所损益可知也。其或继周者，虽百世，可知也。"

34. 谢曰：子张之意，以谓远必有以验乎近，亦可谓穷理之言也。然意则有尽①，故圣人不以为然，亦不以为不然，直畅之以己意而已。圣人之意如何？以谓在我之前者，既以考诸三王而不谬，在我之后者，又当百世以俟圣人而不惑也。因革损益②之理，出于穷则变③而与民宜之，不谓纂纣之余一无可因革，绍尧之后一无可损益④，视其理之所在何如耳。于此可见三王之用心矣，此圣人于因革损益之理可知也。继周者，或有以圣继圣者乎？不可得而知也。或有以暴易暴者乎？不可得而知也。其知所以损益乎？不可得而知也。不知所以损益乎？不可得而知也。其唯可以证诸庶民，可以验诸鬼神者，虽百世之远，有圣人作，其必同乎？此其可知也。

【注释】

①有尽：指有尽期。此指子张"十世可知"之问。历史是承前启后发展的，因革损益是一定的，其顺乎人心的制度自然是会长久流传可知的，没有尽期的。　②因革损益：沿袭、革除、增加、减少。即可者因之，不可者革之，不及益之，太过损之。损益即优化、扬弃。　③穷则变：语出《周易·系辞下》"穷则变，变则通，通则久"。事物发展到极点就要发生变化。道行不通时选择变化，变化之后就豁然开朗，行得通才可以恒久。　④纂、绍：纂，继承并加强修养治理。绍，接续、继承。

2.24　子曰："非其鬼而祭之，谄也。见义不为，无勇也。"

35. 谢曰：此一段立义虽异，而意则相循。阴阳交而有神，形气离而有鬼。知此者为智，事此者为仁，惟仁智之合者，可以制祀典。祀典之意，可者使人格①之，不使人致死之；不可者使人远之，不使人致生之。致生之，故其鬼神；致死之，故其鬼不神，则鬼神之情状岂不昭昭乎！若夫不知不仁者，不足以与此，亦岂知鬼有不神者乎！而又当政教失礼义废之时，则非所祭而祭之者，宜其纷如②也。圣人于此时，欲骤而语之则无证，欲秩之以礼则无位，其忧深思远之所为，以谓傥能知所祭而祭之，则鬼神之礼未为不明于天下也，祀典犹不丧也。盖鬼神之理不明于天下，原于非所祭而祭之，此其所以祈于不谄焉。知谄为可耻，而又能勇于不为，庶乎经正矣，故继之以"见义不为，无勇也"③。仁且不武，盖有如公子家④者，则知及之而勇不能行者盖有矣。然此之所谓见，亦岂真所谓见哉！使其如见所好，则岂不能如父母之爱赤子；使其如见所仇，则岂不能如鹰鹯（zhān）之逐鸟雀。谓不能为，吾不信也。恂恂仁者有如吴祐⑤，而能抗跋扈之威，此可见矣，又况于自反而缩⑥者乎？

【注释】

①格：让人遵循的典范，正确标准。如格论、格训、格尚。　②纷如：纷乱如此。纷，乱。　③见义不为，无勇也：遇见合乎道义的事你却不做，这就是没有勇气。　④公子家：郑国公子归生，字子家。《春秋》载"郑公子归生弑其君夷"。《左传·宣公四年》以此为题，阐述《春秋》纪事：公子家不能及时制止公子宋弑君，仁而不武，最终背上了弑君之名。"染指于鼎"典故出于此。　⑤恂恂仁者有如吴祐：恂恂，恭谨温顺、有儒者之风。吴祐，一作吴佑，字季英，陈留长垣人，东汉官员，曾为胶东侯相。为政仁爱，有诉讼，常闭门反省，然后断案，用道德教化百姓。后调任齐相，经大将军梁冀举荐为长史。后因梁冀诬陷太尉李固，吴祐与梁冀争辩，梁冀发怒起身进屋，吴祐也不辞而别。梁冀将吴祐调任河间相，吴祐因此辞官，终以九十八岁高龄去世。　⑥自反而缩：意思是反躬自问，正义确实在我手里。自反，自我反省。缩，有理直之意。

八佾篇第三

引　语

《八佾》篇包括二十六章。内容比较集中，论说的问题基本上与礼乐相关。主张维护礼在制度上、礼节上的种种规定。孔子提出"绘事后素"的命题，表达了他的伦理思想以及"君使臣以礼，臣事君以忠"的政治道德主张。

孔子所处的时代，周王室已极为衰微，列国争雄，大夫专权，原有的统治秩序正在急剧瓦解，礼乐制度遭遇到前所未有的挑战。孔子对这种社会现状极度不满，力图通过弘扬周礼来稳定社会秩序。但由于其政治思想不符合社会发展的内在必然，在时代潮流面前，他除了表达愤怒，很难有作为。本篇从不同侧面反映了当时的社会情势，也反映了孔子关于礼乐的认识观念。

本篇二十六章，谢良佐解《论语》语录二十三章。其中3.1、3.2两章论"三桓子弟"越礼，谢夫子并为一题论"小人无忌惮"；3.9、3.10两章论"三代之礼"传而失征以及商人尚声、周人尚臭祭祀之别等并为一论；又3.26章无解，是本无解还是遗失不得而知。这在《论语解》中不多见，原解遗失或为可能。

在本篇阐述中，论鲁三家专权，即小人"无忌惮"，故"何所不至"；论礼者践仁，为"舍表不可求影，舍源不可求委"；若"绘事后素"，则如"硕人之容其必有本，君子之礼，何以异此"；论王者三重：议礼仪，订制度，定文字。也就是思想建设、制度建设、文化自信，古今通理。《关雎》发乎情，止乎礼义，"哀而不伤"则为"哀窈窕，思贤才"；社主之木"各以其土之所宜木"，而非"使民战栗"。谈到"管仲器小"，曰"夫子于管仲何诛焉，盖欲指示学者，使先立乎大者，然后可以语道"。论乐在于和谐，社会如是。孔子之于天下，"以木铎振文教况之"，士子何必急于"进而抚世"。《韶》为仪凤之容，《武》有征诛之意，然尧舜与武王同道，其见解往往言于外而发乎内旨。

3.1　孔子谓季氏："《八佾》舞于庭，是可忍，孰不可忍也？"

3.2　三家者以《雍》彻。子曰："'相维辟公，天子穆穆'，奚取于三家之堂？"

36. 谢曰：此一节，圣人所伤①，意不在于僭礼乐，特论小人无忌惮也。无忌惮，则不仁不知，何所不至。《八佾》②舞于庭，不仁者之所为；以《雍》彻③，不知者之所为。《雍》彻义也，容有不知，《八佾》数也，岂有不察，于汝安乎，亦可谓忍矣。君子于其所不当为，不敢须臾处，如负芒刺，不忍故也。而季氏则忍矣，推此心以往，则弑父与君，何所惮而不为？故曰："孰不可忍也？"岂非不仁者之所为？乐之歌非取其声，取其义也。义与事称，则名辨而实喻④，义不称事，则亦何以歌为哉？三家⑤者盍自省其亦有穆穆之容⑥乎？其亦有相予祀事之辟公⑦乎？有此，则可以《雍》彻矣。无是事而《雍》彻，辟如猿狙⑧衣以周公之服，人不谓之周公；鸣鸠傅以冲天之翼，人不谓之焦明⑨也。故曰："奚取于三家之堂？⑩"三家傥知此理，则奚肯以《雍》彻乎？岂非不知者之所为邪？[1]

【校勘】

〔1〕朱熹《集注》中谢氏曰："君子于其所不当为不敢须臾处，不忍故也。而季氏忍此矣，则虽弑父与君，亦何所惮而不为乎？"

【注释】

①伤：悲哀、伤心、忧虑。　②《八佾》：周时天子所用舞蹈名。佾（yì）：舞者行列的意思。古时一佾八人，八佾就是六十四人。据《周礼》规定只有周天子才可以用八佾，诸侯六佾，卿大夫用四佾，士用二佾。季氏是正卿，只能用四佾。　③《雍》彻：《雍》是《诗经·周颂》中的一篇。古代天子祭宗庙完毕撤去祭品时唱这首诗。彻，通撤。　④名辨而实喻：名实相符意。即辨别名与实的关系，了解名所指的具体对象。　⑤三家：鲁国当政的三家，即孟孙氏（仲孙氏）、叔孙氏、季孙氏。他们都是鲁桓公的后代，又称"三桓"。季孙氏不仅在自家庭堂内僭用天子之乐《八佾》，还有

杀亲弑君之事。　⑥穆穆之容：庄严肃穆之容，意指天子。　⑦辟公：诸侯。　⑧猿狙：泛指猿猴。　⑨鸣鸠、焦明：斑鸠和一飞冲天的焦明鸟。　⑩奚取于三家之堂：《雍》诗"助祭者是诸侯，庄严肃穆的天子是主祭"，这两句话在孟孙、叔孙、季孙三家的庙堂（桓公庙）中怎么能用呢？

3.3　子曰："人而不仁，如礼何？人而不仁，如乐何？"

37. 谢曰：礼者，履此①者也，知此，则知礼矣。乐者，乐此者也，知此，则知乐矣。未能造次颠沛由于是，以何为此，故曰"如礼何"。未能不忧，以何为此，故曰"如乐何"。造次颠沛由于是，非仁不能也，则仁亦足以备礼矣。不忧，非仁不能也，则仁亦足以敦乐②矣。舍表不可求影，舍源不可求委，则礼乐决非不仁而能也。

【注释】

①履此：此指仁，即实践仁。　②敦乐：崇尚音乐。尤敦悦。

3.4　林放问礼之本。子曰："大哉问！礼，与其奢也，宁俭；丧，与其易也，宁戚。"

38. 谢曰：当定、哀时，文武之道未坠于地，人之目见耳闻，朝夕从事于礼者，犹不异于先王之文也，所以异者，特文至而实不至耳。文至而实不至，斯有勉强不诚之弊。林放①独能于颓波之中，习矣而察也，问礼之本，岂不曰先王之意至于如是而已乎？盖不如此。圣人之于礼，不求之人，而求之天，不稽之度数，而稽之性情；又不如老、庄之徒，徒识其末节，遂以为忠信之薄，厌弃而绝灭之。故嘉其问而语其故，"礼，与其奢也，宁俭；丧，与其易也，宁戚"②。论至理，则过犹不及；论品节，则质为近道。俭与戚去性为未远，奢与易流于情矣，此洪荒之世，所以犹愈于文灭质之时也。晏子于礼③，尝过俭矣，与难于为上之大夫所得孰多？曾子之执丧④，尝过戚矣，与朝祥而暮歌⑤所得孰多？知此，则三千三百之仪⑥，其致一也。

【注释】

①林放：鲁国人，与孔子同时代人，背景不详。　②"礼，与其奢也"句：这里指有关丧葬的礼节仪式办理得很周到，或过于繁复。易，整治。戚，心中悲哀的意思。意即礼的实行，于其奢侈宁可节俭。至于丧礼，与其仪节上过度周备，宁可感情过度悲哀。　③晏子于礼：意即晏子在齐庄公被杀后去吊唁的典故。齐庄公被崔杼所杀，晏婴听说后毅然带随从去吊唁，晏婴独自闯入崔家，抚齐庄公尸体号啕大哭一场，然后起身离去，崔杼迫于晏婴之威望不敢杀他。其意为行祭礼在于意诚不宜过繁。　④曾子之执丧：《礼记·檀弓上》："曾子谓子思曰：'伋，吾执亲之丧也，水浆不入于口者七日。'"　⑤朝祥而暮歌：祥，古丧祭名，有小祥、大祥。周年祭祀谓小祥，两年祭祀称大祥。《丧服四制》有句话："祥之日，古素琴。"鲁国有个人，早晨祥祭，晚上唱歌。子路耻

笑之,孔子认为三年之丧期太长了,暮歌可以理解。 ⑥三千三百之仪:指周代礼仪中,小礼三千,大礼三百。谢夫子于此,反对丧礼过繁。

3.5 子曰:"夷狄之有君,不如诸夏之亡也。"

39. 谢曰:天下岂有无君之国哉!夷狄①与中国一也。至于论礼乐法度,刑政之所加,财赋之所加,[1]此特其俗耳。中国定、哀之时,陪臣执国命,政在大夫,礼乐法度,"谁其尸之"②,安在其为君臣之义也。若夷狄之有君,令之必听,驱之必从,其有如是乎!以是度之,不如夷狄之有君也。

【校勘】

〔1〕本句中"刑""财""加"原文残缺,据《四库全书》本增补。

【注释】

①夷狄:古代中原地区的人对周边地区的蔑称,谓之不开化,缺乏教养,不知书达礼。 ②谁其尸之:《诗经·召南·采蘋》:"谁其尸之?有齐季女。"毛传:"尸,主。齐,同斋,敬。季,少也。"意即这次谁来做主祭?恭敬虔诚的待嫁女。尸,主持。古人祭祀用人充当神,称尸。

3.6 季氏旅于泰山,子谓冉有曰:"女弗能救与?"对曰:"不能。"子曰:"呜呼!曾谓泰山不如林放乎?"

40. 谢曰:天子祭天地,诸侯祭山川,大夫祭五祀①,士庶人祭祖考，此其礼之文，非故为等杀[1]②以别尊卑，盖有至理存焉。诸侯不得祭天地，大夫不得祭山川，亦犹士庶人不敢以他人之祖祢③而祭于己之宗庙也。而况祭则受福，非神福也，乃自福也。季氏④之旅于泰山，不过求福而已。曾不知祭所当祭，福犹不自外至，况以陪臣旅于泰山⑤乎？泰山虽欲福之，亦安得而福之？此祭祀之本意也。故曰"曾谓泰山不如林放乎"⑥？

【校勘】

〔1〕杀：明刊本作"衰"。

【注释】

①五祀：一说禘、郊、宗、祖、报五种祭祀；一说门、户、灶、土、行（路）五神，其说法不一。此处从前说。②等杀：等级差别。谓降低等级。 ③祖祢：祖庙与父庙。泛指祖先。又谓本源起始。 ④季氏：三桓子弟中季孙氏。他们的先祖周公是诸侯，三桓子弟只是大夫级别，故不能祭山川。 ⑤以陪臣旅于泰山：指孔子学生冉有。姓冉，名求，字子有，鲁国人。当时为季孙氏家臣，陪季孙氏祭泰山，却不能规劝阻止季氏。旅，俱、一同。如旅进旅退。 ⑥曾谓泰山不如林放乎：意即难道泰山之神还不如林放懂得礼吗？林放，指向孔子问"礼之本"的林放。

3.7 子曰："君子无所争。必也射乎！揖让而升，下而饮。其争也君子。"

41. 谢曰：惟君子为能通天下之志，惟无所争然后可以见君子，惟射①可以似君子。己有善，思与人同，人有善，若出诸己，每相忘于至足②之地，何所事于争乎？方射之时，揖逊而升③，揖逊而下，揖逊而饮，果何事于争乎？惟不争，故天下莫能与之争，至此，则所谓君子，其必我得之矣。故曰"其争也君子④"。

【注释】

①射：原意为射箭。此处指古代的射礼活动。 ②相忘于至足：此处指在射礼场地上，彼此相忘，全神贯注在起投线上投壶活动中。相忘，彼此忘却。至足，应该达到最适当的限度。 ③揖逊而升：揖逊即揖让，宾主相见的礼节。升，指登堂。射礼在堂上举行。 ④其争也君子：意即像举行射礼活动一样，这样的争才是君子之争。

3.8　子夏问曰："'巧笑倩兮，美目盼兮，素以为绚兮。'何谓也？"子曰："绘事后素。"

曰："礼后乎？"子曰："起予者商也，始可与言《诗》已矣。"

42. 谢曰：倩盼①，容也。素，质也。绚，饰也。容可以为饰，必曰"素以为绚兮"②，则硕人③之容其必有本矣，故绘画之事如之。君子之于礼，亦何以异此。有不忠不信之人，而欲以禹行舜趋为礼，亦误矣。"起予者商也，始可与言《诗》已矣④"。圣人于目见耳闻，无非妙道，而况论学之际，必有感于理而深发于性情者。若以子夏礼后之问⑤，谓圣人之知所未及，足以起予⑥，则非也。子夏之为《诗》，与子贡之告往知来⑦之意则一。然赐也因论学而知《诗》，商也因论《诗》而知学，故皆可与言《诗》矣。[1]

【校勘】

〔1〕朱熹《集注》中谢氏曰："子贡因论学而知《诗》，子夏因论《诗》而知学，故皆可与言《诗》。"

【注释】

①倩盼：倩，笑得好看。盼，眼睛黑白分明。　②素以为绚兮：意即白净的脸妆饰得真美丽啊。素，白底。绚，有文采。　③硕人：是古代命妇封号名。北宋政和二年（1112）置，以赐侍郎以上的官员之妻。贤德之美人。　④起予者商也，始可与言《诗》已矣：本句意即能够阐发我的意思的是子夏啊！现在可以和你谈论《诗经》了。起，阐发。商，卜商，即子夏。　⑤礼后之问：子夏有感于"绘事后素"（有良好的质地，才能锦上添花）发问：礼形成于仁义的基础之上？这是以上句"素色"喻"仁义"之质。　⑥起予：阐发我的观点。　⑦告往知来：意即举一反三，触类旁通。参见《学而篇》1.15章"如切如磋，如琢如磨"。

3.9　子曰："夏礼，吾能言之，杞不足征也；殷礼，吾能言之，宋不足征也。文献不足故也。足，则吾能征之矣。"

3.10　子曰："禘自既灌而往者，吾不欲观之矣。"

43. 谢曰：自"夏礼，吾能言之"，至"吾不欲观之"，此孔子论三代之礼。盖夏之礼在杞，商之礼在宋，周之礼在鲁①。圣人尝曰："我欲观夏道，是故之杞，而不足征②也，吾得《夏时》③焉。我欲观殷道，是故之宋，而不足征也，吾得《坤乾》④焉。"又曰："我观周道，幽厉伤之，吾舍鲁何适矣？"圣人考诸三王而不谬，于其礼何所疑，然而无征则不信，不信则民弗从也。考之杞、宋已如彼，考之当今又如此。前世之礼，则文献不足，鲁之礼，则"既灌而往吾不欲观之"⑤也。鲁之郊禘⑥非礼也，周公其衰矣，其意与此同。盖祭之礼或先求诸阳，或先求诸阴。若商人尚声，臭（xiù）味未成，乐三阕，然后出迎牲，此求诸阳也⑦。周人尚臭，故灌以圭璋⑧，用玉器，然后迎牲，此求诸阴也。然则灌者，其祭之始乎？"既灌而往不欲观"，则一祭之间，举⑨可知矣。鲁之郊禘如此，则周之礼又可见矣。[1]

【校勘】

〔1〕朱熹《集注》中谢氏曰："夫子尝曰：'我欲观夏道，是故之杞，而不足征也；我欲观殷道，是故之宋，而不足征也。'又曰：'我观周道，幽厉伤之，吾舍鲁何适矣。鲁之郊禘非礼也，周公其衰矣！'考之杞宋已如彼，考之当今又如此，孔子所以深叹也。"

【注释】

①杞、宋、鲁：杞，杞国，是夏禹的后裔封国。宋，指宋国，是殷商后裔封国；鲁，指鲁国，是周公的后裔封国。

②征：验证、证明。如信而有征。 ③《夏时》：夏代的重要文献。春秋末年，孔子由杞国得到它。 ④《坤乾》：古代研究易象的书。郑玄注："（孔子之宋）得阴阳之书也。其书存者有《归藏》。"此为"夏《连山》，商《归藏》"说的一个佐证。 ⑤既灌而往吾不欲观之：灌，祭祀开始第一次献酒。鲁国之郊禘本是祭周公，却扩大到其他方面，故"周公其衰矣"。祭祀有越礼行为，所以孔子从祭祀开始第一次献酒后，便不往下看了。 ⑥禘：古代只有天子可以举行的祭祀天神和祖先的非常隆重的典礼。 ⑦"商人尚声"句：尚声，用音乐祭祀。臭味未成，臭，香气，同"嗅"，味之总名。未成，肉没有煮熟，还没有香味。牲，牺牲。指猪、牛、羊，又叫太牢。商人用音乐感通上天（阳），商朝之"商"其本意即击磬之"商"音。周人尚臭，指的是周人祭祀的时候，崇尚芳香之气，如香薰、酒香等。 ⑧圭璋：古代贵重的两种制礼玉器。 ⑨举：行为。这里指鲁之郊祭越礼的行为。

3.11 或问禘之说，子曰："不知也。知其说者之于天下也，其如示诸斯乎！"指其掌。

44. 谢曰：此皆因论禘而立文。禘尝之义①大矣，其昭穆之序②，笾豆簠簋③（biān dòu fǔ guǐ）之列，非唯孔子知之，或人亦知之也。其问于夫子者，盖求所谓交鬼神之道。交鬼神之道，岂止禘而已，郊社④之义，从可知也。鬼神之情状，圣人以为知不可也，以为不知亦不可也。谓之不知，其犹孟子养浩然之气，而曰"难言也"。"知其说者之于天下，其如示诸斯乎？指其掌"⑤，此告之以交鬼神之道也。知其说，则知鬼神之情状矣。知鬼神之情状，则能以神道设教，而天下服矣．故曰"'之于天下也，其如示诸斯乎！'指其掌"。

【注释】

①禘尝之义：周礼，夏祭曰禘，秋祭曰尝。古代用以指天子诸侯岁祭时祭祖大典。《中庸》："明乎郊社之礼、禘尝之义，治国其如指掌乎！" ②昭穆之序：古代宗庙中神主排列次序，始祖居中，以下父子递为昭穆，左为昭，右为穆，即父为昭，子为穆。 ③笾豆簠簋：笾豆，古代食器，竹制为笾。簠簋，是两种盛五谷的祭器。泛指祭器。 ④郊社：祭祀天地。周代冬至祭天称郊，夏至祭地称社。泛指古代祭祀天地场所。 ⑤"知其说者之于天下"句：意即知道这个道理的人治理天下，犹如把东西放手掌中一样容易。

3.12 祭如在，祭神如神在。子曰："吾不与祭，如不祭。"

45. 谢曰："祭如在①"，谓无（一作"为"）尸者言。"祭神如神在"，谓见其所祭者而言。子曰："吾不与祭，如不祭。"②昔伯高③之丧，孔子之使者未至，冉有摄束帛、乘马而将之，圣人于赙赠④之礼，犹曰"徒使我不诚于伯高"⑤，而况于祭乎？故曰"吾不与祭如不祭"。

【注释】

①祭如在：祭祀祖先，好像祖先真在那里。 ②"吾不与祭"句：若我没亲自参加祭祀，就觉得像没有祭祀过一样。 ③伯高：春秋末人，因与子贡相交，与孔子也相熟。一说是孔子的学生，不确。 ④赗赠：赠送财物给办丧事的人家。 ⑤徒使我不诚于伯高：伯高之死，冉求代祭于先，孔子以为不妥。孔子派子贡去祭，因子贡与伯高相熟，派他去代祭显示对逝者的尊重与诚意。

3.13 王孙贾问曰："与其媚于奥，宁媚于灶，何谓也？"子曰："不然。获罪于天，无所祷也。"

46. 谢曰：知获罪于天为无所祷①，则知获罪于人无所媚②矣。王孙贾③之意，不过使孔子媚己耳。在圣人之意，则曰"我宁媚于奥，宁媚于灶④，直求福于天⑤也"。其言则逊而不逼，止曰"不然获罪于天无所祷也"。使王孙贾知此意，则不为无补；使王孙贾不知此意，则非以取祸。[1]

【校勘】

〔1〕朱熹《集注》中谢氏曰："圣人之言，逊而不迫。使王孙贾而知此意，不为无益；使其不知，亦非所以取祸。"

【注释】

①无所祷：意为祭什么神也都没有用处了。 ②媚：谄媚，巴结，奉承。 ③王孙贾：卫灵公的大臣，时任大夫，为卫国权臣。 ④奥、灶：奥，这里指屋内位居西南角的神。

灶，这里指灶旁管烹饪做饭的神，等级低于奥神。因灶神负责饮食，较有实用价值。这里以奥神和灶神比喻朝中近臣和权臣。一般认为，奥指卫灵公夫人南子，灶神指当权大夫弥子瑕。　⑤天：以天喻君。意即我媚于奥、灶之近臣、权臣，不如我直接上求君王。

3.14　子曰："周监于二代，郁郁乎文哉！吾从周。"

47. 谢曰：礼之文出于与时宜之。燔黍捭豚（fán shǔ bǎi tún）①与以燔以炙③，陈其牺牲备其鼎俎，污樽抔饮③与玄酒④在室，醴盏⑤在户，粢醍（zhī tí）⑥在堂，澄酒⑦在下，蒉桴土鼓⑧与列其琴瑟管磬钟鼓，文质虽不同，然有自来矣⑨。故"周监于二代"，其文为备也⑩。圣人有其德，无其位，特学之而已，于时王之礼，不敢不从也。故《中庸》曰："吾说夏礼，杞不足征也；吾学殷礼，有宋存焉；吾学周礼，今用之，吾从周。王天下有三重焉，其寡过矣乎！"⑪使孔子有其位而制作礼乐，盖将考三代之礼而损益焉。如乘殷之辂（lù）⑫，岂必从周也；如以作俑者⑬为不仁，为刍灵⑭者为善，岂必从周也。盖非天子不制度、不议礼、不考文也。

【注释】

①燔黍捭豚：上古烹饪用具出现前对食物简单加工（烧、烤）情况。捭，撕裂。这段语出自《礼记·礼运》篇。　②燔以炙：将肉烤成肉干。　③污樽抔饮：污，凿地。指掘地为坑当酒樽，以手捧酒而饮。　④玄酒：古代祭礼用于代替酒

的清水。　⑤醴盏：除去残渣的甜酒和盛在盏中葱白色的酒。　⑥粢醍：一种浅红色的酒。　⑦澄酒：带有残渣的赤红色稍清的酒。　⑧蒉桴土鼓：蒉桴：用土和草做的鼓槌。土鼓，以瓦为匡，以革为面的鼓。　⑨有自来矣：事情的发生、发展有其来由，并非偶然。　⑩"故'周监于二代'"句：周借鉴夏商两朝，其礼乐仪制相当完备。监同鉴。文，指礼乐仪制。　⑪"王天下有三重"句：治理天下要做好议礼仪、订制度、定文字这三件事，就可以减少过失。　⑫辂：古代帝王乘坐的车，此处指商朝的制度。　⑬作俑者：第一个制作人俑陪葬的人。引申为开某种恶劣风气的人。　⑭刍灵：送葬中用草扎纸糊的纸马人。

3.15　子入太庙，每事问。或曰："孰谓鄹人之子知礼乎？入太庙，每事问"。子闻之，曰："是礼也。"

48. 谢曰：孔子考三代之礼，议时王之得失，于蜡①则喟然而叹，禘则不欲观，其于礼亦自任矣，岂其入太庙②而疑之也？盖虽从大夫之后③，于礼之阙失有不得而正，欲有谋焉，其将谁可，于入太庙，姑与祝史④语之也。每事问，祝史有知其失者，其能无动乎？使其无所知，其能无疑乎？由此将以问而辩之，或以告而改之，冀有补也。或人岂知我者，子宁与之辩哉！曰"是礼也"⑤，其意犹曰慎之至也。

【注释】

①蜡：指年终蜡祭。　②太庙：此指鲁国的周公庙。太

同大。 ③从大夫之后:"从大夫之后"与前文中"鄹(zōu)人之子"皆指孔子。"从大夫之后",指孔子曾为鲁司寇,入大夫之列。鄹,鲁之邑名。孔子父亲叔梁纥曾做过邑大夫,一般均称为鄹人。 ④祝史:祭祀之官。 ⑤是礼也:辨识礼的细节,这正是礼啊。

3.16 子曰:"射不主皮,为力不同科,古之道也。"

49. 谢曰:"其容体比于礼,其节比于乐,而中多者,得与于祭。其容体不比于礼,其节不比于乐,中少者,不得与于祭。"①射而贯革,主皮也②。射而不贯革,不主皮也。虽不主皮,然无害于中,则比于礼乐,亦可见矣。主皮不主皮,以其力之不同也。

【注释】

①"容体比于礼"句:出自《礼记·射义》。容体,指仪容体态。节,射箭的节奏。比于礼、乐,是指合乎礼的要求,合乎乐曲的节奏。得与祭,是说有资格参加天子举行的祭祀大典,否则不能参与大祭。此段是说通过射箭选拔参加天子举办祭祀大典的人,比的是合乎礼乐之仪,并非力之大小。 ②射而贯革,主皮也:射,射箭。这里指仪礼中的射箭,不是军中射箭。皮,用兽皮做成的箭靶子。贯革,指穿透皮革箭靶。主皮,即箭射皮靶。

3.17 子贡欲去告朔之饩羊。子曰:"赐也!尔爱其羊,我爱其礼。"

50. 谢曰：当是时，告朔之礼①已亡，是以子贡欲去饩（xì）羊②。礼之存亡，何与于一羊，圣人以为羊存则政举，将有所考，譬犹以薪传火也。是以夏之政虽衰，禹之礼未亡，故汤得而用之；商之政虽衰，汤之礼未亡，故文武得而用之。夫子又安知不有王者作，将举而措之天下乎？是以爱③之。然而惜乎其终废也。三代之后，虽有志之士，以兴斯道为己任者，终不可得，以其文不足故也。

【注释】

①告朔之礼：朔，农历每月初一为朔日。告朔，古代制度，天子每年秋冬之际当月的初一日，把第二年的历书颁发给诸侯。当天举行个祭祀典礼，这就是告朔之礼。 ②饩羊：祭祀用的活羊。 ③爱：爱惜的意思。爱礼存羊，是说为维护根本而保留有关仪节。

3.18 子曰："事君尽礼，人以为谄也。"

51. 谢曰：观《乡党》①之所记，与"拜下"②之语，可以见夫子之尽礼于君也。鲁、卫之君，以德则事我者也，亦何可当斯礼，然圣人所以必尽礼者，以其畏天命、畏大人故也。自其不知天命不畏大人者观之，宜以为谄矣。圣人且以我为有义，不可也；且以人为无义，不可也。曰"事君尽礼，人以为谄"③云者，其言非怨非怒，直以待知者④知此道也，不期于自明也。孟子人尝以为不敬齐王矣，其言曰："我非尧舜之道，不敢以陈于王前，故齐人莫如我敬王也。"⑤道则直矣，与夫子所谓"事君尽礼，人以为谄"，其立言则异，圣贤之分固如此。

又曰：孔子曰："事君尽礼，人以为谄。"当时诸国君相，怎生当得圣人恁地礼数？是他只管行礼，又不与你计较长短，与上大夫言，便訚訚如也，与下大夫言，便侃侃如也，冕者瞽者见之便作，过之便趋。盖其德全盛，自然到此，不待勉强做出来气象，与孟子浑别。孟子"说大人则藐之，勿视其巍巍然"⑥，犹自参较彼我，未有合一⑦底气象。

【注释】

①《乡党》：《乡党》篇，本篇多谈尽礼与君与人。②拜下：《子罕》篇："拜下，礼也。"拜下，指先在堂下叩首。 ③"事君尽礼"句：意思是按照礼节侍奉君主，别人却以为这是谄媚。 ④知者：知通智。即明白事礼的人。 ⑤"我非尧舜之道"句：语出《孟子·公孙丑下》。即我的学说（如果）不是尧舜之道，我不敢拿来向齐王陈述。所以齐人没有谁比我敬重齐王。 ⑥"说大人则藐之"句：语出《孟子·尽心下》。 ⑦合一：指天人合一。"未有合一"，是说孟子还没有达到孔子那样与天道合一的最高境界。

3.19 定公问："君使臣，臣事君，如之何？"孔子对曰："君使臣以礼，臣事君以忠。"

52. 谢曰：不能使臣以礼，谓之以贵治贱则可，非为君之道。不能事君以忠，谓之以贱事贵则可，非为臣之义。观后世视之如土芥，畜之如犬马，然后知三代之君以礼使其臣也。《诗》不云乎："中心好之，曷饮食之？"①此以礼使臣也。观后世视之如国人，疾之如寇仇，然后知三代之臣以忠事其君矣。《诗》不云乎："中心藏之，何日忘之？"②此以忠事君也。

【注释】

①中心好之，曷饮食之：语出《诗经·唐风·有杕之杜》。即爱贤盼友欲倾诉，何不请来同饮酒。 ②中心藏之，何日忘之：语出《诗经·小雅·隰桑》。意即一个人在他一生中能有几个人能真正珍藏在心中，无论何时，永不相忘？谢良佐以此比喻"臣事君以忠"。

3.20 子曰："《关雎》乐而不淫，哀而不伤。"

53. 谢曰：乐得淑女，不淫其色，哀窈窕，思贤才，而无伤善之心焉，是《关雎》①之义也。孔子于此，非特论《关雎》之义，因示天下以性情之正，而淫伤非性情之正也。乐而不淫，无恶于乐也；哀而不伤②，无恶于哀也。《关雎》之义，发乎情，止乎礼义，是以圣人有取焉。能知礼乐正反之节，而善养其性情者，不过如此，与乐而淫哀而伤，非特相近而不同也。惟深于道者，可以默而识之矣。

【注释】

①《关雎》：这是《诗经》的第一篇。此篇写一君子追求淑女，思念时辗转反侧，寤寐思之的忧思，以及结婚时钟

鼓乐之琴瑟友之的欢乐。雎，音 jū。　②乐而不淫、哀而不伤：意即这首诗快乐而不放荡，悲哀而不伤情。淫，过度、没有节制。

3.21　哀公问社于宰我，宰我对曰："夏后氏以松，殷人以柏，周人以栗。曰：'使民战栗。'"子闻之，曰："成事不说，遂事不谏，既往不咎。"

54. 谢曰：各以其土之所宜木①以为主，从古以然，故宰我因哀公之问，以三代所宜不同对之。哀公不知其意，而曰"使民战栗"②，失之矣。宰我③阿其意而不能辨之也。子闻之曰："成事不说，遂事不谏，既往不咎。"④言哀公此语非成事。尚可说也；非遂事，尚可谏也；非既往，何不可咎也。

【注释】

①以其土之所宜木：祭祀中所立的神主牌位，用的是当地生长的高品质的材质坚实的树木，即就地取材，而周用栗木并非要使百姓因畏惧而战战栗栗。　②使民战栗：宰我以栗木做社主联想起使人战栗，意即暗示鲁哀公用武力解决三家大夫（三桓）专权的现状，故有"宰我阿其意而不能辨之"。而孔子的三句话意思相近，一方面提醒宰我不要自作聪明，另一方面则是不赞成用武力改变鲁国的现状。而谢良佐阐释中认为"使民战栗"一语为鲁哀公的理解，故可说、可谏、可咎。对这句话为谁所说是有争议的。　③宰我：孔子学生。姓宰，名予，字子我，鲁国人。　④"成事不说"句：

已经做好了的事情不必再说，已经完成的事不必再规劝，已经过去的事不必再追究。

3.22　子曰："管仲之器小哉！"

或曰："管仲俭乎？"曰："管氏有三归，官事不摄，焉得俭？"

"然则管仲知礼乎？"曰："邦君树塞门，管氏亦树塞门。邦君为两君之好有反坫，管氏亦有反坫。管氏而知礼，孰不知礼？"

55. 谢曰：《杨子》[1]①云："齐得夷吾而霸，仲尼曰器小②，请问大器。曰：大器其犹规矩准绳欤？先自治而后治人之谓大器。"此说非是。孔子之意，直以管仲为不可大受③也。管仲相桓公，霸诸侯，一匡天下，民受其赐，其功大矣。然君淫亦淫，君奢亦奢，则其得君而专国政，岂以天下为心哉，不过济耳目之欲④而已。曾不知有三归⑤、官事不摄⑥、树塞门⑦与反坫（diàn）⑧，于汝何加焉？甚可鄙贱，犹儿女子得意于衣服裯衾之间，谓之小器，不亦宜乎！夫子于管仲何诛⑨焉，盖欲指示学者，使知先立乎大者，然后可以语道矣。

【校勘】

〔1〕《杨子》当为《扬子》。

【注释】

①《杨子》：即《扬子法言》。汉代文学家扬雄著。"齐得夷吾而霸"一段选自《扬子法言》卷九。夷吾即管仲，

姓管名夷吾，齐国人，春秋时期的法家先驱，齐桓公的宰相，辅助齐桓公成为诸侯的霸主，公元前645年死。他有大功于齐，但是未能继续修身立德，以致终究局限于世俗的荣华富贵中。　②仲尼曰器小：管仲的见识与度量太小了。器，由见识和度量所产生的抱负。　③大受：承担重任、委以重任。此处指委以拯救天下之大任。　④济耳目之欲：满足声色享乐之欲。　⑤三归：其说甚多。主要有：其一，按常例应缴纳给公家的市租。其二，其三处府第。其三，管仲所筑台名。其四，藏钱币的府库。其五，地名，乃管仲采邑。其六，娶三个女子。今取第一说。　⑥摄：兼职。官事不摄，意即管仲下属人员都是专职，而有的可以是兼职。　⑦树塞门：树，树立。塞门，在大门口筑的一道短墙，以别内外，相当于屏风、照壁等。　⑧反坫：坫，古代君主招待别国国君时，放置献过酒的空杯子的土台。　⑨诛：即口诛、指责、责备。

3.23　子语鲁大师乐，曰："乐其可知也：始作，翕如也；从之，纯如也，皦如也，绎如也，以成。"

56. 谢曰：五音六律不具，不足以为乐。翕（xī）如①，言其合也。五音合矣，清浊高下，如五味之相济，然后和，故曰"从（zòng）之，纯如也②。"合而和矣，欲其无相夺伦，故曰"皦（jiǎo）如③也"。所谓无相夺伦者，岂宫自宫而商④自商乎，不相反而相连，如贯珠可也，故曰"绎如⑤

也,以成"。乐之声音,尽于此而已。[1]

【校勘】

〔1〕朱熹《集注》中谢氏曰:"五音六律不具,不足以为乐。翕如,言其合也。五音合矣,清浊高下,如五味之相济而后和,故曰纯如。合而和矣,欲其无相夺伦,故曰皦(jiǎo)如,然岂宫自宫而商自商乎?不相反而相连,如贯珠可也,故曰绎如也,以成。"

【注释】

①翕如:形容乐声始起的热烈。翕,意为合、聚、协调。 ②从之,纯如也:从,同"纵",放纵、展开。纯如,形容乐声之和谐纯正。 ③皦如:皦,形容音乐的高亢、清晰。 ④宫、商:指五音的前两音。 ⑤绎如:形容乐声连绵不断,悠长隽永,乐声就这样合成了。

3.24 仪封人请见,曰:"君子之至于斯也,吾未尝不得见也。"从者见之。出曰:"二三子何患于丧乎?天下之无道也久矣,天将以夫子为木铎。"

57. 谢曰:天下有道,圣人达而行有枝叶;天下无道,圣人穷而辞①有枝叶。此孔子所以鸣道于衰周之时也。以木铎②振文教况之,不亦宜乎!封人③之意,以为斯文微④夫子,则后世其如折衷⑤何?顾以道未丧于天下⑥也,何必进而抚世⑦哉!如封人可谓知夫子矣,故弟子特记之。

【注释】

①达而行、穷而辞:意即在官看其为政,在野听其言行。

②木铎：木舌的铜铃。古代天子发布政令时摇它以召集听众。这里比喻孔子将传道天下。　③封人：系仪封当地镇守边防的官。　④微：如果没有。此处意即天下大道的精深奥妙在于孔子的学说中。　⑤折衷：调节适中，此处意即要坚信儒道的思想正确，不可动摇。　⑥道未丧于天下：含义为孔子的"天之未丧斯文也"，即上天不灭儒家这种文化，孔家弟子（二三子）又何必担心没有官位呢？夫子之道为天下木铎，必大行于世。　⑦何必进而抚世：意何必要急切地出仕做官。进，作急切求进解。抚世，治理天下。

3.25　子谓《韶》："尽美矣，又尽善也。"谓《武》："尽美矣，未尽善也。"

58. 谢曰：揖逊①之事，天与之，人与之。征诛②之义，顺乎天而应乎人也，圣人岂有二心哉！如冬日则饮汤，夏日则饮水，事故如此。征诛之义，固不如仪凤之容③，然圣人岂以我所遇之时不如舜而私自己哉！尽美与尽善④，圣人之意，岂不曰舜与武王同道。

【注释】

①揖逊：宾主相见的礼仪。又指揖让、禅让。此处作尧让位于舜理解。这里指《韶》乐，是指古代歌颂虞舜的乐舞。尧让位舜，和平交替，《韶》乐充满祥和。　②征诛：讨伐。这里指《武》乐。武王伐纣而得天下，《武》乐颂扬武王的乐舞，乐中自然有肃杀之气。　③"征诛之义"句：《武》

乐表现武王伐纣而得天下，为征诛，有杀气。《韶》乐表现尧禅位于舜，和平接班，举行加冕礼，为仪凤之容。　④尽美与尽善：美得无以复加，善得无以复加。尽美指乐曲的音调、舞蹈的形式而言；尽善是指音乐的思想内容而言。

3.26　子曰："居上不宽，为礼不敬，临丧不哀，吾何以观之哉？"

（本章阐解或为遗失。）

里仁篇第四

引　语

　　本篇包括二十六章，继上篇论礼之后集中论"仁"。孔子认为"仁"是礼乐得以实施的根本。在对"仁"的论述上有开创性建树，使得"仁"成为他的思想体系的核心内容。"仁"集中体现了孔子对于人的哲学思考，是一个直接关系到他的社会理想和政治原则的重大问题。"仁"作为道德修养反映在社会生活中是孔子终身所倡导的，故曰"吾道一以贯之"。主要内容涉及义与利的关系问题、个人的道德修养问题、孝敬父母的问题以及君子与小人的区别。这一篇包括了儒家的若干重要范畴、原则和理论，对后世产生过较大影响。

　　本篇谢夫子《论语解》有二十五章。其中，《论语》4.20章本就是1.11章的再现，故略去。4.18至4.21四章中着重论述了"父母之年"和"在寝之孝"。

　　本篇论及"仁"，谢良佐说："仁者心无内外远近精粗之间，非有所存斯不亡，非有所理斯不乱。"认为"仁"是当时社会人生的方向性、规范性的标准。论"性善"，则曰"性非不可为不善，但非性之至"，"如水之就下，搏击之非不可上，但非水之性"，认为向善是人性的基本盘。"道至大至变，不可以有穷量之心取",宇宙之大,包容万物,不可穷尽。人生短暂,能够认识真理,通达事理,有所定位,有理想追求才是明智之举。"不念旧恶,怨是用希",有宽恕,则有和谐。"能以礼让治身,则为国可知"。论及才、位,则"有才而位不称,不害其有实;有位而才不称,失足以招羞,得之必失之"。无才德而位,则为害己。忠恕之论,"忠恕如形影,无忠则做恕不得,有恕则如天地变化草木蕃",所谓"德不孤,必有邻"。再如"好善之心切,故能思齐。恶不善之心切,故能内自省,谓能近思"。凡此种种,内含诸多待人处世的道理,在当今仍有积极的现实意义。

4.1 子曰:"里仁为美,择不处仁,焉得知?"

59. 谢曰:**孟子因择术**[①]**之论,尝引此矣,故继之曰:"夫仁,天之尊爵也,人之安宅也。莫之御而不仁,是不知也。"**[②]**今当以此论为证。**

【注释】

①择术:指选择、考察、辨别之道。 ②"夫仁,天之尊爵也"句:出自《孟子·公孙丑上》。意即仁是天下最尊贵的爵位,是人最安逸的住宅,是安邦定国之根本。没人阻挡你,你却不亲近仁,这是不明智的。御,抵御,阻挡。里仁为美,意即居住在民风淳厚的地方是最理想的。谢良佐引孟子语论证,意在加以强调。

4.2 子曰:"不仁者不可以久处约,不可以长处乐。仁者安仁,知者利仁。"

60. 谢曰:约①对利达,乐②对忧愁。利达穷约存乎事,忧乐发乎情,所性不存焉。彼体仁而尽性者,于此岂有二心哉!约何与我事,久处约可也;乐何与我事,长处乐可也。然则不仁者,盖未知我之为我③矣。我既丧矣,则以物为我,以物为我,能无欣厌④乎哉?有所欣,故不可以久处约;有所厌,故不可以长处乐。

又曰:仁者心无内外远近精粗之间,非有所存而自不亡⑤,非有所理⑥而自不乱,如目视而耳听,手持而足行也。知⑦者谓之有所见则可,谓之有所得则未可。有所存斯不亡,有所理斯不乱,未能无意也。安仁则一,利仁则二。安仁者,非颜、闵以上去圣人为不远,不知此味也。诸子虽有卓越之才,谓之见道不惑则可,然未免于利之也。[1]

【校勘】

[1] 朱熹《集注》中谢氏曰:"仁者心无内外远近精粗之间,非有所存而自不亡,非有所理而自不乱,如目视而耳听,手持而足行也。知者谓之有所见则可,谓之有所得则未可,有所存斯不亡,有所理斯不乱,未能无意也。安仁则一,利仁则二。安仁者,非颜、闵以上去圣人为不远,不知此味也。诸子虽有卓越之才,谓之见道不惑则可,然未免于利之也。"

【注释】

①约:穷困、困窘。朱熹曰:"约,穷困也。利,犹贪

也，盖深知笃好而必欲得之也。不仁之人，失其本心，久约必滥，久乐必淫，惟仁者则安其仁而无适不然，知者则利于仁而不易所守。盖虽深浅之不同，然皆非外物所能夺矣。"
②乐：安乐。　③我之为我：意即安仁而超然物外，我与仁一体，我即儒之仁道。　④欣厌：欣赏和厌弃，即好恶之心。　⑤亡：此处意为丧失、迷惘。　⑥理：物质本身的纹路、层次，客观事物的次序。引申为事物的规律，是非得失的标准，即道德规范。　⑦知：同智，作聪明讲。

4.3　子曰："唯仁者能好人，能恶人。"

61. 谢曰：仁者本无好恶①人之心，不因人之顺己而好之，好人之顺理也；不因人之逆己而恶之，恶人之逆理②也。故唯仁者为能好恶人③。

【注释】

①好：音hào，喜爱的意思。作动词。恶：音wù，憎恶、讨厌。作动词。　②逆理：是指违背事理，此处指违礼。　③唯仁者为能好恶人：好恶的标准是顺礼和逆理。即仁与逆理格格不入，故厌恶逆理、邪恶之人。

4.4　子曰："苟志于仁矣，无恶也。"

62. 谢曰：苟志于仁矣，虽未能安仁，然不可不谓之知仁也。惟知仁，故能通天下之志，则于人何所恶也，容众而矜不能可矣。世人见君子亦有恶，于此论不能无疑也，盖亦未之思耳。盍亦察恶己之恶与恶人之恶不同，斯知之矣。使其恶人之恶如恶己之恶，则谓之无恶①亦可也。

【注释】

①无恶：没有恶行。孔子曰："苟志于仁矣，无恶也。"意即如果立志于仁，就没有恶行了。

4.5　子曰："富与贵，是人之所欲也；不以其道得之，不处也。贫与贱，是人之所恶也；不以其道得之，不去也。君子去仁，恶乎成名？君子无终食之间违仁，造次必于是，颠沛必于是。"

63. 谢曰：有得富贵之道，有得贫贱之道。乐富贵而悲贫贱者，君子与小人同，至于不处不去①，则小人与君子异。乐富贵而悲贫贱，欲也，所性不存焉。所欲不处，所恶不去，不以富贵贫贱异其心，惟仁者能之。

又曰：惟尽仁然后有仁之名。君子者，仁之成名也。圣人特体仁之尽而得名之至。故非体仁不足以尽人道，去仁则实亡矣，故曰"恶乎成名"。②

又曰：君子于仁，非有意于不违，特身之所在，仁斯从之，如形之与影，声之于响也。观终日之间无放饭无流歠(chuò)③，则不违可知矣。岂特如此，至于造次非常处，颠沛非所安，犹且必于是④，盖欲离于是，亦不可得也。

【注释】

①不处不去：不处，若富贵不以正当的方法得之，君子

不会去享有。不去，贫贱不以正当的方法而脱离，君子不会去摆脱。 ②恶乎成名：意即君子丧失了仁德又怎能成就仁德之名声？恶（wù），疑问代词。何，又怎么、凭什么。③放饭流歠：大口喝汤而汤水从口角流下来。古人认为大口吃饭和喝汤，是对尊长不敬的行为。语出《孟子·尽心上》："放饭流歠，而问无齿决，是之谓不知务。"歠，羹汤。④是：此指仁德。

4.6 子曰："我未见好仁者，恶不仁者。好仁者，无以尚之；恶不仁者，其为仁矣，不使不仁者加乎其身。有能一日用其力于仁矣乎？我未见力不足者。盖有之矣，我未之见也。"

64. 谢曰：如好好色，好仁者也；如恶恶臭，恶不仁者也。好恶如此，始可谓真好恶矣。使其出于天资，可不谓生而知之者乎！使其出于学问，可不谓行著习察①之至乎！故未见其人也。好仁者，不出于所欲，而无所待于恶不仁也，则其于不仁，不待恶而不加诸其身矣，故曰"无以尚之"②。恶不仁者，爱身之人也。爱身之人，出于愧耻，不仁惟恐其浼(měi)③我也。恐不仁之浼我，则其于仁犹待于择，固与好仁者有间矣，故止于不使不仁者加乎其身也。志至焉，气次焉，使其操此心以往，则将天下之仁皆归焉，故曰"我未见力不足者"。此道甚易行，圣人不敢以难待天下之人也，故曰"盖有之④矣"。然天下莫能行，圣人不敢以易待天下之人也，故曰"我未之见也"。

【注释】

①行著习察：好仁之人，要在行事中践行仁，在研习中自省。语出《孟子·尽心上》"行之而不著焉，习矣而不察焉，终身由之而不知其道者，众也"。　②无以尚之：意即喜好仁的人，认为没有任何事物能高于仁。尚，超过。　③浼：沾染，意即污染。　④盖有之：或许有这样的人。

4.7　子曰："人之过也，各于其党。观过，斯知仁矣。"

65. 谢曰：仁之道不易知，圣人于此，语以知仁①之方。党，偏蔽②也，君子小人之注心处也。君子注心于义，小人注心于利，自其过中，皆可谓之过③。既曰过，安可谓之仁，然于此特可以见仁矣。

又曰：孟子论性善④，论之至也。性非不可为不善，但非性之至。如水之就下，搏击之非不可上，但非水之性。人虽可以为不善，然善者依旧在。如"观过，斯知仁"⑤，既是过，那得仁，然仁亦自在。

【注释】

①知仁：即知人。仁通人。　②偏蔽：偏执而有所蔽，偏执不明。此处指各执一端，各归其类。　③过：过失。　④孟子论性善：此特指《孟子·告子上》"性无善无不善也"章。　⑤观过，斯知仁：只要审察那人的过失，就能知道他是哪一种人了。

4.8　子曰:"朝闻道,夕死可矣。"

66.　谢曰:死生,命也。何可不可之有?然不闻道①,则以死生为在我;闻道,则以死生为在道。与其不闻道而生,孰若闻道而死。

【注释】

①道:应行之道,此处作仁道。闻道而死即死守善道,杀身以成仁,死而无憾。

4.9　子曰:"士志于道,而耻恶衣恶食者,未足与议也。"

67.　谢曰:道①至大至变②,不可以有穷量③之心取也。耻恶衣恶食,未可以言大过,独不可以入道,盖其心与道直不相似耳。

【注释】

①道:真理。亦可以理解为所追求的理想。　②至变:变化是一切事物的运动规律,宇宙唯一不变的就是变,至变即变化无穷。　③穷量:穷尽,洞彻一切,完全彻底。

4.10　子曰:"君子之于天下也,无适也,无莫也,义之与比。"

68.　谢曰:适(dí)①,可也。莫,不可也。无可无不可,苟无道以主之,不几于猖狂自恣乎?此佛老之学,所以自谓心无所住②而能应变，卒得罪于圣人者，此也。圣人之学不然，于无可无不可之间，有义③存焉。则君子之心，果有所倚乎！[1]

【校勘】

[1] 朱熹《集注》中谢氏曰："适，可也。莫，不可也。无可无不可，苟无道以主之，不几于猖狂自恣乎？此佛老之学，所以自谓心无所住而能应变，而卒得罪于圣人也。圣人之学不然，于无可无不可之间，有义存焉。然则君子之心，果有所倚乎！"

【注释】

①适：意为专注、依从。莫：不肯。孔子曰："无适也，无莫也。"即做事无所贪慕，也无所排拒。 ②心无所住：佛教用语，也作"无所住心"，意思是不论处何境，此心皆能无所执着，而自然生起。 ③义：原义是适宜、妥当，引申为道义。即应行之事。"义之与比"，即所做之事唯求与道义比肩而行。比，附从，合。

4.11 子曰："君子怀德，小人怀土；君子怀刑，小人怀惠。"

69. 谢曰：德与土①，刑②与惠，皆上③所以得民心之道也。怀④德怀土，怀刑怀惠，此亲其上之心不同也。乐善故怀德，恶不善故怀刑，怀安故怀土，务苟得⑤故怀惠。君子小人，所向于此分矣，学者不可不察也。

【注释】

①土：乡土。　②刑：法度。　③上：统治者。　④怀：思念、惦记。　⑤苟得：不当得而得。

4.12　子曰："放于利而行，多怨。"

70. 谢曰：此一节非教人以远利之道，盖教人以远怨①之道也。怨之道，惟女子与小人则有之。至于君子，舍君亲之外，则无怨也。其所以待小人者，或恶怒之，或诛绝之，则可无所怨也。或待之以妄人②，或谈笑而道之，则可无所怨也。然则有怨心者，果何小哉！圣人于此特矜（jīn）③之，故教之以起怨之端出于"放（fǎng）于利而行"④也。求仁而得仁，又何怨？不念旧恶，怨是用希；"躬自厚而薄责于人，则远怨矣"⑤。皆教之以远怨之道也。

【注释】

①怨：别人的怨恨。　②妄人：无知妄为之人。　③矜：警惧、谨慎。　④放于利而行：意即依照个人的利益行事，必定招致很多怨恨。放，同仿，依据、效法，引申为追求。

⑤"躬自厚而薄责于人"句：语出《卫灵公》篇。意即责己厚，责人薄，可以远离别人的怨恨。躬，反躬自省。怨，埋怨、怨恨。

4.13　子曰："能以礼让为国乎？何有？不能以礼让为国，如礼何？"

71. 谢曰：在畎（quǎn）亩①之中，事之可以与民共由者，以其成己成物②无二道也。能成己必能成物，不能成物，其不能成己可知矣。言能以礼让治身，推此以往，则为国可知也。"不能以礼让为国"，则一身之礼可知矣，故曰"如礼何③？"

【注释】

①畎亩：田野，引申为民间。《庄子·让王》："后之为人也，居于畎亩之中，而游尧之门。" ②成己成物：自身有所成就，也要使自身以外的一切有所成就。语出《中庸》"诚者，非自成己而已也，所以成物也。成己，仁也；成物，知也。性之德也，合外内之道也，故时措之宜也"。 ③"不能以礼让为国"句：意即不能以礼让的原则治国，则可知仅是自身之礼让修为不足，所以说，那对礼怎么办呢？或用礼作什么呢？礼让，守礼谦让。

4.14 子曰："不患无位，患所以立。不患莫己知，求为可知也。"

72. 谢曰：有才而位不称，不害其为有实；有位而才不称，适足以招羞，又况于虽得之必失之者乎？故君子患所以立①，而不患无位也。名不难得也，有实者必畏②；名不易得也，无实者必喜。然而畏名者无逃名之理，喜名者无得名之理，故君子"求为可知"，"不患莫己知"③也。虽然，此论犹有求位求可知之道在，至论则不然矣。才愈大而世愈难用，宜其无位也；道愈高而世愈难知，宜其莫我知也。难用而莫我知，斯我贵矣，夫复何求？至于此，不惟求位，实不患乎无位；不惟求可知，实不患乎莫己知也。

【注释】

①立：立身处世。立通位。而本文位指官位。　②有实者必畏：意即有真才实学才能让人敬畏。实，里面饱满。引申为有实力、有才干。　③"求为可知"二句：意即要成就自己，值得让别人了解；不担心没有人了解自己。求，求己，成就自己。

4.15　子曰："参乎，吾道一以贯之。"曾子曰："唯。"

子出，门人问曰："何谓也？"曾子曰："夫子之道，忠恕而已矣。"

73. 谢曰：夫子明于庶物，察于人伦，无所成名。①仁者见之，知其无不爱也；智者见之，知其无不知也。虽"乘田""委吏"之贱，"会计当"，"牛羊茁壮长"②，非特克勤小物，抑亦见圣人多才多艺，盖其道③出于生而知之，亦能敏以求之也。群弟子既不能遍观而博识，虽竭其聪明才力，仅得其一体，有志于学，将以此入道，不亦难乎？宜其圣人语一以贯之④之理与参与赐也。盖曾子之学，其本出于守约，夫子之意，谓惟斯人可以语此，故曾子闻之，不复致疑于其间。何以见曾子得之而不疑？于忠恕之论可见也。忠恕⑤之论，不难以训诂解，特恐学者愈不识也。且当以天地之理观之，忠譬则流而不息，恕譬则万物散殊⑥，知此，则可以知一贯之理矣。

或问曰：孟子言"尽其心者，知其性"⑦，如何是尽其心？谢子曰：昔有人问明道先生曰："如何斯可谓之恕心？"明道曰："扩充⑧得去，则为恕心。""如何是充扩得去底气象？"曰："天地变化，草木蕃。""充扩不去时如何？"曰："天地闭，贤人隐。"⑨察此，可以见尽不尽矣。又问忠恕之别。曰：犹形影也，无忠做恕不出来，恕，如心而已。

【注释】

①"夫子明于庶物"句：意即夫子洞悉自然界和人间之理，知识渊博，因而不能以某一方面专长来称道他。　②"虽'乘田''委吏'之贱"句：乘田，管畜牧的小吏。委吏，管理粮仓的小官。《孟子·万章下》记载，孔子年轻时曾被贵族季氏聘为委吏和乘田之职，都很能令东家满意。会计当，核算得当、账目清楚。　③道：本文中道包括行事作风、人生理想、基本学说等，可概括为人生三观。　④一以贯之：完整系统地贯彻思想体系或主题思想。这是人的理性发展与实践心得达到一定程度时都会向往的境界，而自古以来只有极少数大仁大智者尚能如愿以偿。　⑤忠恕：忠，尽心待人。恕，仁爱，推己及人。这是曾参这一阶段的个人心得，而未必完全等于孔子思想的全部。曾参后来谈到任重道远，指出仁与死的关系，则又显然肯定仁才是孔子的一贯之道。　⑥万物散殊：语出《礼记·乐记》第十九"天地高下，万物散殊

而礼制行矣。流而不息，合同而化，而乐兴焉"。天地之间，万物各不相同，礼就是因为有差异而制定的规范。天地之气流动不停，调和万物一同进化，乐就是依据这种规律兴起的。散殊，各不相类、各有区别。　⑦尽其心者，知其性：语出《孟子·尽心上》"尽其心者，知其性也。知其性，则知天矣"。意即人如果竭尽心力，就会知道本性。知道了本性就会知道天了。尽心知性即尽心悟道，可知万物本性，知道知天，心胸透彻明亮，则如春之欣欣向荣；不尽心知性，则万籁俱寂如混沌世界。　⑧扩充：范围放大，数量增加，内容充实。引申为格局大。语出《孟子·公孙丑上》"知皆扩而充之矣"。朱熹《由义斋铭》："羞恶尔汝，勉扩充分；遵彼大路，行无穷分。"明道，即程颢。　⑨"天地变化"句：语出《周易·坤卦》，蕃，茂盛。此句意即天地运行，变生万物，那么草木繁盛；天地闭合，阴阳不通，那么贤达人士隐蔽不出。这里隐喻为天下大治与大乱时。用"恕"的宽容，充扩形容仁者广纳万物之心。

4.16　子曰："君子喻于义，小人喻于利。"

74. 谢曰：以天下为心者，虽有不善，亦义心也。求济一身之欲者，虽有善，亦利心也，盖其平日处心积虑如此。然喻①于义则大，喻于利则小，此君子小人所以分也。

【注释】

①喻：知晓、领悟。

4.17 子曰:"见贤思齐焉,见不贤而内自省也。"

75. 谢曰:以明善之心观道则难,以好恶之心观贤不贤则易。审①于知人,昧②于自知,于贤不贤虽审,于我何加焉。故必当思齐而内自省③也。好善之心切,故能思齐;恶不善之心切,故能内自省,亦可谓能近思④矣。

【注释】

①审:清楚、明白、详细、周密。 ②昧:糊涂、不明白。 ③思齐而内自省:思齐,看见贤者,就想着向他看齐。内自省,见不贤者,反省自己做得怎么样?反省自己是否也犯同样的毛病。 ④近思:就习知易见者思之。三国魏何晏《论语集解》:"近思者,近思己所能及之事。"

4.18 子曰:"事父母几谏,见志不从,又敬不违,劳而不怨。"

76. 谢曰:以敬孝易,以爱孝难,以养口体易,以养志难。"事父母几谏,见志不从,又敬不违,劳而不怨"①,以爱孝而养志之谓。几谏,谏于其微也,则志不拂而易从。又敬不违,此非从父之令,盖必非得罪于乡党州闾者也。劳而不怨,竭其力而无以有己之谓。

【注释】

①"事父母几谏"句:孔子这句话意即侍奉父母,若父母有过错应委婉地劝阻,看到自己的意思不被听从,仍然恭

恭敬敬而不冒犯他们，只是内心忧愁，但不怨恨。几，轻微、隐微、婉转的意思。劳，忧愁、烦劳的意思。

4.19　子曰："父母在，不远游，游必有方。"

77. 谢曰：远游①与游无方②，虽其未足以贻亲之忧，然亲之思念不忘也。盖不以亲之心为心③，非孝子也。

【注释】

①游：指游学、游宦、经商等外出活动。　②方：一定的地方。　③以亲之心为心：以父母担忧思念其远游之子之心为前提。

4.20　子曰："三年无改于父之道，可谓孝矣。"

4.21　子曰："父母之年，不可不知也。一则以喜，一则以惧。"

78. 谢曰：孝子之事亲，虽于衣服饮食寝处，一日之间，犹在视其早晏寒煖①（xuān）之节，而况于年乎？则视年而为供养之齐量者，不可不知②也。于此因以察其气之强弱焉，使其年已老而气则强，安得不喜？使其年未老而气先衰，安得不惧③？

【注释】

①早晏寒煖：即早晚嘘寒问暖。晏、煖：晏，迟、晚。煖，同煊，温暖。　②知：记住。　③喜、惧：一喜一惧，为高寿而欢喜，为衰老而忧惧。

4.22　子曰："古者言之不出，耻躬之不逮也。"

79. 谢曰：此非言顾行之意。善言不出，必为善行，恶言不出，必为恶行。盖积于中者既深，则发于外者不掩，言之不出，躬必逮①矣。

【注释】

①言之不出，躬必逮：意即古人不轻易把话说出，而是用自身的行动先践行自己的思想。孔子曰"耻躬之不逮"，意即羞于言出而行不果。躬，自身。逮，及、追上。

4.23　子曰："以约失之者鲜矣。"

80. 谢曰：不侈然以自放之谓约①，故无外驰②之意。此虽未必中道，然于道不远也。[1]

【校勘】

〔1〕朱熹《集注》中谢氏曰："不侈然以自放之谓约。"

【注释】

①约：约束、收敛、节制，是指对自己的要求而言。这里指约之以礼。孔子曰"以约失之者鲜矣"。即以仁德标准严格要求自己而犯过失的情况是很少的。　②外驰：表面上放松。如外驰内张，同外弛内张。驰，通弛。

4.24　子曰："君子欲讷于言而敏于行。"

81. 谢曰：礼主于减，养德者常以进为文。①乐主于盈，养德者常以反为文。考于性情，亦可谓在道不在物矣。放言易，故言欲讷②；力行难，故行欲敏③。果能从事于斯，心亦可谓之不放④矣。[1]

【校勘】

〔1〕朱熹《集注》中谢氏曰："放言易，故欲讷；力行难，故欲敏。"

【注释】

①"礼主于减"句：语出《礼记·祭义》"故礼主其减，乐主其盈。礼减而进，以进为文；乐盈而反，以反为文"。此句意即礼长于减损克制，就需要自我勉励进取；乐长于充盈而要加以抑制。　②讷：迟钝。这里指说话要谨慎。　③敏：敏捷、快速的意思。　④放：放纵。

4.25　子曰："德不孤，必有邻。"

82. 谢曰：敬义立①，则"易简而天下之理得"②，故能成己，又能成物。成己德也，成物业也。君子之德，以其简易，故不孤。君子之业，以其易知易从，故必有邻。③有邻，有亲之谓。

【注释】

①敬义立：敬慎和道义并立共存。语出《周易·文言》"敬义立而德不孤"。　②易简而天下之理得：语出《周易·系辞》，意即天地间的规律，因归纳而简便，就是让人容易理解，并易于接受，因为规律就是纲。了解了纲，纲举目张。

③ "君子之德""君子之业"二句：有德行的人因为他的简易，是不会孤单的。他行事明白易从，必定得到人们的亲近与支持。人性向善，故有德者必有邻。

4.26　子游曰："事君数，斯辱矣；朋友数，斯疏矣。"

83. 谢曰：君子之处世接物，岂特直情径行①而已，而况君臣朋友之际乎？故事君者必量而后入②，全交者不尽人之欢，盖恐其数也。谏行言听，无不可也，而期于功之必成。事君数③也，此不几于冯妇④之所为乎？忠告善道，无不可也，而惟予与汝以求助。朋友数也，此不几于窦灌⑤之所为乎？两者其理则一也，故相制也必取辱，相逼⑥也必取疏。

【注释】

①直情径行：直接凭性情。意即想怎么干就怎么干。径，径直。行，行动、做。《礼记·檀弓下》："有直情而径行者，戎狄之道也。"　②事君者必量而后入：语出《礼记·少仪》"事君者量而后入，不入而后量。……故上无怨，而下远罪也"。意即向君王提建议，考虑好再提。唯其如此，才可以既不招致君王怪罪，自己也不会得罪他人。　③数：屡次、多次，引申为烦琐、令人厌烦的意思。　④冯妇：即冯妇搏虎，比喻重操旧业。　⑤窦灌：汉武帝时窦婴、灌夫。史书有"窦灌笞蚡"的典故。　⑥相制、相逼：相制，意思为互相制约。相逼，逼，迫近、靠近。相逼，指过分接触、靠近。

公冶长篇第五

引 语

本篇共二十八章,内容以讨论古今人物仁德为主。通过孔子对弟子和他人的评价等方面来探讨仁德的特征。评价人才,崇尚仁智、忠信、为学和力行。子产的"行己恭、事上敬、养民惠、使民义"被孔子誉为君子四道,给予充分肯定,而刚勇、好胜、巧言令色则很难得到孔子的青睐。谈志向,孔子自谓"老者安之,朋友信之,少者怀之",体现了礼与仁的本质。

谢夫子在本部分解《论语》语录共二十八章。其中首章总论全篇内容,可谓总纲。本篇5.1与5.2两章合为一讲,评公冶长、南容之智,能于危境中智卫自身。5.3至5.28章均有讲解。

谢夫子谈君子,则说"不敢侮鳏寡,有事君之小心,惠鲜鳏寡,不替义德。有是四者,盖可以为君子矣"。谈交友,评"晏平仲善与人交,久而敬之",分析其原因说"盖非有意于久交也,而德盛有常者,自不狎侮矣"。论道,着重于力行,"盖唯力行,然后可以知道。譬如目之于色,必待见而后知"。论智愚,则说"邦有道则知,知也;邦无道则愚,大智也"。揭示生存智慧，大智若愚。讲人才多以孔子门生为例，如说漆雕开"其材可以仕，其器不安于小成，则它日所就，虽圣人其可量乎"，等等。言简意赅，见解精辟。

84. 谢曰：此一篇大概多语当时之善士，及尚①论古之人。然为君子者，当求诸己而已，何汲汲②于斯③乎？盖知④不足以知人，言不足以命物⑤，则在我者可知⑥矣。是故识此者为识道，语此者为语道，则于师弟子之间，其可以已乎？

【题解】

本篇圣人论人及自论，近三十人次，其中心在于为后学立范，举范立鉴。谢夫子论解之要在于圣人与君子之别，能否知人命物，故君子当求诸己以悟道。

【注释】

①尚：尊崇、崇尚。《阳货》篇："君子尚勇乎？"　②汲汲：急切貌。《礼记·问丧》："其往送也，望望然，汲汲然，如有追而弗及也。"后引申为追求。《汉书·扬雄传》："少嗜欲，不汲汲于富贵，不戚戚于贫贱。"　③斯：代指前之善士及论古之人。　④知：同智，智慧、才能。　⑤命物：即以名命物。语出《鬼谷子》"圣人之在天地间也，为众生之先。观阴阳之开阖以命物"。命物即观察认识世间万物，掌握其运行规律，并为之定名。　⑥在我者可知：意即仁德修为尚且不到位。我，指儒家之仁、礼之道，为"大我"概念化的指代。

5.1 子谓公冶长："可妻也。虽在缧绁（léi xiè）之中，非其罪也。"以其子妻之。

5.2 子谓南容："邦有道，不废；邦无道，免于刑戮。"以其兄之子妻之。

85. 谢曰：以智帅①人之谓夫，公冶长②、南容③智矣。圣人非私其子④，以为可托也，特以其人之行，可以行道于家人矣。然则公冶长在缧绁⑤之中，而可谓之智乎？非其罪而陷于刑戮，虽圣人有所不免，至于不为桎梏⑥而死，可以知长之贤矣。南容其言足以兴，所以不废，其默足以容⑦，故免于刑戮，与知不如葵者⑧异矣。

【注释】

①帅：通率，表率。　②公冶长：孔子弟子。齐人，复姓公冶，字子长。传说因识鸟音，而误系缧绁。孔子把女儿嫁给了他。　③南容：孔子弟子，鲁人。《史记·仲尼弟子传》作南宫适（kuò），通称南容，娶孔子兄女为妻。　④私其子：秦汉之前，子女无论儿子、女儿，通称为子。这里不是说圣人对女儿、侄女的偏爱，而是说公冶长和南容可以托付。　⑤缧绁：捆绑罪人的绳索，这里指牢狱。　⑥桎梏：刑具，脚镣手铐。《周易·蒙卦》："利用刑人，用说桎梏。"疏："在足曰桎，在手曰梏。"后引申为束缚人的事物。　⑦兴、容：兴，邦有道，不废，可以入仕；容，邦无道，可以容身，免于刑戮。　⑧知不如葵者：语出《左传·成公十七

年》"仲尼曰：鲍庄子之知不如葵，葵犹能卫其足"。春秋时，齐国大夫鲍庄子因揭发庆克与齐灵公夫人声孟子私通，反遭削足之刑。故孔子谓鲍庄子的智慧不如葵的叶子，葵叶还能保护其根。卫足，指葵叶可以为根须蔽阳。

5.3 子谓子贱："君子哉若人！鲁无君子者，斯焉取斯？"

86. 谢曰：语君子之名虽不一，然论其大体①，皆具体而小成者②也。当世衰道微③之时，区区小国，乃有此人，岂非见闻熏陶④渐渍之使然也？又岂天之降才，独多于此地耶？故曰"鲁无君子者，斯焉取斯？⑤"以言其多助也。当是时，使天下皆如鲁，虽王者不作，文武之道其坠乎？⑥此夫子之力也。使其得邦家⑦者，其作人才当如何哉？

【注释】

①大体：重要的义理、原则、要点，常与小节相对。《淮南子·泛论训》："由此观之，见者可以论未发也，而观小节可以知大体矣。" ②具体而小成者：指大体具备君子的素质，并取得初步成就的人。 ③世衰道微：指世风王道微弱、衰败，由强盛趋于没落。 ④熏陶：熏炙、陶冶，指人的思想、行为、爱好等逐渐受到好的影响。 ⑤鲁无君子者，斯焉取斯：此句意为假如鲁国没有君子，此人从哪里学得这样的品德呢。斯，此。前"斯"指子贱。后"斯"指其德。子贱，孔子弟子，姓宓（mi），名不齐，字子贱，鲁国人，曾做

单父宰，有德政。生于前521年，小孔子四十九岁。子贱能尊贤取友以成其德，故孔子有此叹。　⑥"当是时"句：是说当时鲁国王德积累深厚，即使清明王者治国无有出现，文武之道也不至于全废。坠，丧失。《国语·晋语二》："知礼可使，敬不坠命。"　⑦邦家：邦，诸侯封国；家，大夫封邑。得邦家，能领导一个地方。

5.4　子贡问曰："赐也何如？"子曰："女，器也。"曰："何器也？"曰："瑚琏也。"

87. 谢曰：器者成材之谓，学者充实，时也。^①使其能辉光，何害其为不器，何害其为形而上者^②。子贡，圣门之达者^③，于道体^④无不窥见，设未能从容而安之，亦可不谓之小成乎？孔子以器许之，犹后世以通达事[1]体者，谓之国器^⑤，未可执方论^⑥也。

【校勘】

〔1〕事：明抄本作"治"。

【注释】

①"器者成材之谓"句：意为器就是成材，需要学得充实，需要一定的时间进行自我完善。　②形而上者：此指掌握了法则、精神、道统的一代宗师、贤者。《周易·系辞上》："形而上者谓之道，形而下者谓之器。"　③达者：明智达理知命之人。　④道体：这里指儒学的规范。　⑤国器：指具有治国才能的人。《荀子·大略》："口不能言，心能行之，国

器也。"《史记·晋世家》:"晋公子贤而困于外久,从者皆国器。" ⑥未可执方论:即不能按常人对待。执方,按常规办事。隋王通《中说·周公》:"子曰:'通变之道,执方之谓器。'"

5.5 或曰:"雍也仁而不佞。"子曰:"焉用佞?御人以口给,屡憎于人,不知其仁。焉用佞?"

88. 谢曰:夫子尝谓仲弓①可使南面②,想见其为人,宜简重③矣。简重则多默④,故或人以为仁而不佞⑤,疑其不足也。然不知默而识之,不言而信,存乎德行,则焉用佞?

【注释】

①仲弓:孔子弟子,姓冉,名雍,字仲弓,生于公元前522年。 ②南面:即坐北面南,古代以之为尊位。 ③简重:少说话而保持稳重。简,简单、简要。重,稳妥、持重。 ④默:不语。《周易·系辞上》:"君子之道,或出或处,或默或语。"默而识之,即用心记和领悟。 ⑤佞:这里指有口才,巧言善辩。

5.6 子使漆雕开仕。对曰:"吾斯之未能信。"子说。

89. 谢曰:漆雕开①之学,它无可考,然圣人许其可以仕,必其材之已成者也。材或出于天资,圣人不敢以未信疑也,至于心术之微,则一毫不自得,不害其为未信②,此圣人之所不能知,而漆雕开其自知之矣。其曰此之未信,其用心岂博而无统③乎？其材可以仕，其器不安于小成，则它日所就，虽圣人其可量乎？不得不说④也。[1]

【校勘】

[1] 朱熹《集注》中谢氏曰："开之学无可考。然圣人使之仕，必其材可以仕矣。至于心术之微，则一毫不自得，不害其为未信。此圣人所不能知，而开自知之。其材可以仕，而其器不安于小成，他日所就，其可量乎？夫子所以说之也。"

【注释】

①漆雕开（前540—前489）：字子开，又字子若。春秋蔡（河南上蔡）人，孔子弟子，少孔子十一岁。在孔门中以德行著称。著有《漆雕子》十三篇，孔子厄蔡，漆雕开在城北洪隙湖为孔子采藕而死。唐、宋先后追封为"漆伯""平舆侯"，明嘉靖时改称"先贤漆雕子。"　②未信：没有足够的信心。此指漆雕开不乐仕，或认为做官时机不够成熟。③博而无统：指学识广博庞杂但不能统一。　④说：同悦。

5.7　子曰："道不行，乘桴浮于海。从我者，其由与？"子路闻之喜。子曰："由也好勇过我，无所取材。"

90. 谢曰：子路①在圣门，最为可与共患难者，故孔子称之，谓我若为愤世过中②之行，若人犹将从我而游也。然圣人岂终乘桴③（fū）浮于海者。子路不知其意，直以为然，此其好勇宁不过也。④

【注释】

①子路：即仲由（前542—前480），字子路，又字季路，春秋鲁国卞人，孔子弟子七十二贤之一。性情刚直，好勇尚武。曾随孔子周游列国，后为卫国大夫孔悝的蒲邑宰，政绩突出。周敬王四十年卫国内乱，因不愿跟从孔悝迎立蒉聩为卫公，被杀。　②愤世过中：因愤世嫉俗而避世，不合中道而行。　③桴：用来过河的木筏子。　④"子路不知其意"句：子路不解师意，真以为老师赞他能从师乘桴浮于海而自喜。这里可看出子路的刚勇有些过头。

5.8　孟武伯问："子路仁乎？"子曰："不知也。"又问。子曰："由也，千乘之国，可使治其赋也，不知其仁也。"

"求也何如？"子曰："求也，千室之邑，百乘之家，可使为之宰也。不知其仁也。"

"赤也何如？"子曰："赤也，束带立于朝，可使与宾客言也。不知其仁也。"

91. 谢曰：仁之为道，自其一体论之，三子①不容无也，由全体观之，三子不能当也。夫子既称其材，而又曰不知其仁，非以三子为不仁，特于此未可以观仁也。使孟武伯②能如子贡问管仲伯诸侯之事③，则于仁不仁可易以断矣。然千乘之国，百乘之家④，可使治赋与为宰，与束带立于朝与宾客言，非仁者不能也。然而不以仁许之者，圣人之语道，非若诸子之漫无统约⑤也。

【注释】

①三子：这里指孔子的三位弟子，即子路、冉求、公西赤。　②孟武伯：称仲孙彘（zhì），姬姓，是鲁国孟孙氏第十代宗主，名彘，"武"为谥号，孟子五世祖，孟懿子之子。　③子贡问管仲伯诸侯之事：语见《宪问》篇。子贡曰："管仲非仁者与？桓公杀公子纠，不能死，又相之。"子曰："管仲相桓公，霸诸侯，一匡天下，民到于今受其赐。微管仲，吾其被发左衽矣。岂若匹夫匹妇之为谅也，自经于沟渎而莫之知也。"伯通霸。　④千乘之国，百乘之家：千乘之国指诸侯国，拥有一千辆兵车的国家。百乘之家指古代士大夫之家，拥有兵车百辆。千乘之国治赋指的是子路可帅兵，百乘之家为宰指的是冉求，束带立于朝与宾客言指公西赤。赋，指代兵车武器、军队。　⑤漫无统约：指理论漫无边际，缺少完整的思想体系。

5.9　子谓子贡曰："女与回也孰愈？"对曰："赐也何敢望回？回也闻一以知十，赐也闻一以知二。"子曰："弗如也，吾与女弗如也。"

92. 谢曰：闻一以知十①，知明而好笃②者能之，此颜子之才也，非语其造道成德③之谓。在夫子之门，惟赐于此为近。然如柴之愚，参之鲁④，盖不害于入德。如赐之达⑤，未为优于入德。回虽闻一知十，而亦未肯以此自多于其间⑥也。然则圣人于此以谓不如回，何疑之有？若以此较有余不足⑦，则误矣。

【注释】

①闻一以知十：知，推知。听到一点就可以推知很多，形容人才思敏捷，能举一反三，融会贯通。 ②知明而好笃：指学习有明确的目标、坚定的意志、坚持不懈的态度。 ③造道成德：提高道德修养，成就大德之人。 ④柴之愚，参之鲁：柴，高柴，字子羔，孔子弟子。愚，愚笨，过于实在。参，即曾参。鲁，迟钝，不聪明。意为高柴、曾参虽都不够聪明但不影响其品德。 ⑤达：通达事理。《雍也》："赐也达，于从政乎何有？" ⑥自多于其间：自认为在闻和知方面能够闻一知多，触类旁通，因此而自得。 ⑦较有余不足：比较颜回与子贡谁高谁低。

5.10 宰予昼寝。子曰："朽木不可雕也，粪土之墙不可杇（wū）也。于予与何诛？"子曰："始吾于人也，听其言而信其行；今吾于人也，听其言而观其行。于予与改是。"

93. 谢曰：刚为近仁①，"养心莫善于寡欲"②。予也圣门之高弟③，则聪明过人者，语其淫溺④，盖以志昏而气丧⑤，尚可与入道乎⑥？与成汤不迩声色⑦异矣。圣人始信之，终疑之。盖圣人之道，虽得于生知，至材全而知益明，犹有待于更事之多也⑧，而况于学者？

【注释】

①刚为近仁：刚正、刚强虽然并非就是仁，却接近于仁

德。语出《子路》篇："子曰：'刚、毅、木、讷，近仁。'"　　②养心莫善于寡欲：意思是修养内心的方法没有比减少欲望更好的了。语出《孟子·尽心下》："孟子曰：'养心莫善于寡欲。其为人也寡欲，虽有不存焉者，寡矣……'"　　③予也圣门之高弟：予指孔子的弟子宰予，字子我，鲁国人，"孔门十哲"之一。高弟，即才优而品第高。宰予是个聪明而刁钻古怪的学生。孔子曾多次斥责他。第一次是宰予说守孝时间三年太长，一年为宜，孔子斥他对父母不孝。第二次是宰予说假如一个"仁人"掉进井里，按照夫子趋"仁"的思想，另一个人也应该跟着跳下去吗？孔子意识到宰予编圈套演他，斥道：君子"可欺也，不可罔也"。第三次是宰予白天睡觉，孔子斥他"朽木不可雕也，粪土之墙不可圬也"。尽管如此，孔子在回顾追随他于陈蔡的门人中，还把宰予排在能言会道的第一位，充分肯定其优点。　　④淫溺：淫、溺都有过分之意。文中指胡乱说话。　　⑤志昏而气丧：指没有明确的目标，气质也不足。志，志向；气，精神、气质。　　⑥尚可与入道乎：还可以参与进入正道吗？尚，还。与，参与。　　⑦成汤不迩声色：成汤，商开国之君，即商汤，契的后代。子姓，名履，又称天乙。夏桀无道，汤伐之，遂有天下，国号商，都于亳（今河南商丘市一带）。《尚书·仲虺之诰》："惟王（指商汤）不迩声色，不殖货利……"迩：近。　　⑧"盖圣人之道"句：圣人的道德素质，虽说得于天生，但达到材全和智慧更加明达，还需要后天的学习和实践。更事，经历世事。

5.11 子曰:"吾未见刚者。"或对曰:"申枨。"子曰:"枨也欲,焉得刚?"

94. 谢曰:刚与欲正相反也,能胜物之谓刚,故常伸于万物之上;为物掩之谓欲,故常屈于万物之下。① 自古有志者少,无志者多,不屈于名势②,则屈于货色③,不屈于威武,则屈于物我④,要之有意则有欲,有欲则不刚,宜乎夫子之未见也。枨⑤(chéng)也其所欲不可知,其为人得非幸幸⑥自好者乎?故或以刚疑之,然不知兹所以为欲乎![1]

【校勘】

〔1〕朱熹《集注》中谢氏曰:"刚与欲正相反也,能胜物之谓刚,故常伸于万物之上;为物掩之谓欲,故常屈于万物之下。自古有志者少,无志者多,宜夫子之未见也。枨之欲不可知,其为人得非幸幸自好者乎?故或者疑以为刚,然不知此其所以为欲尔。"

【注释】

①常伸于万物之上、常屈于万物之下:前者指不为物欲所动摇,后者指为物欲所驱使。"伸……上",超脱。物掩,为外物所诱使。 ②名势:声名、权势。 ③货色:财货与女色。也指货物种类与质地。 ④物我:同"物掩"意。 ⑤枨:姓申名枨,字周,孔子的学生。 ⑥幸幸:扬扬得意于非分所得。

5.12 子贡曰:"我不欲人之加诸我也,吾亦欲无加诸人。"子曰:"赐也,非尔所及也。"

95. 谢曰:孔氏①注,言不能止人,使不加非义于己也②。

【注释】

①孔氏:指孔国安,字子国,汉代鲁国人,孔子十世孙。西汉官吏,经学家。著有《古文尚书》《古文孝经传》《论语训解》等作品。 ②"言不能止人"句:意为自己不说别人的坏话,但不能阻止别人不说自己的坏话。

5.13 子贡曰:"夫子之文章,可得而闻也。夫子之言性与天道,不可得而闻也。"

96. 谢曰:夫子之文章①,异乎人之所谓文章;夫子之言性②与天道③,异乎人之言性与天道;子贡之听言,异乎人之听言也。他人闻夫子之文章,止于文章而已。子贡闻夫子之文章,于其间知所谓性与天道。性与天道,夫子虽欲言之,又安得而言之,所以不可得而闻也。性与天道,使子贡智不足以知之,则安能语此。则夫子可不谓善言乎?子贡可不谓善听乎!后世诸子,言性与天道多矣,其言纷纷,使人弥④不识者,亦异乎夫子之言矣。后世学者,观书于章句之外,毫发无所得也,亦异乎子贡之闻矣。

【注释】

①文章:这里指孔子传授的诗书礼乐等。 ②性:人性。 ③天道:天命。 ④弥:这里作副词"更加"讲。

5.14 子路有闻，未之能行，唯恐有闻。

97. 谢曰：未能行而恐有闻，盖以闻为余事矣。夫勇于有行，岂必以迁善改过①为美行[1]欤！盖道不如是，不足以有知也。盖唯力行，然后可以知道，譬如目之于色，必待见而后知，口之于味，必待食而后知。未之能行，而曰吾知之矣，此闻也，非知也。

【校勘】

〔1〕行：原文脱此字据明抄本补。

【注释】

①迁善改过：即改恶从善之意，此处指子路闻过则喜。

5.15 子贡问曰："孔文子何以谓之'文'也？"子曰："敏而好学，不耻下问，是以谓之'文'也。"

98. 谢曰：谥法①固非一端，知孔文子②之得名，岂非勤学好问者乎？故与经天纬地之文异③矣。

【注释】

①谥法：是指追谥的准则。即帝王、诸侯、卿大夫、大臣等死后，朝廷据其生前事迹及品德，给予一个评定性的称号。始于西周中叶稍后。唐宋有考功上行状，太常博士作谥议，其有名实不符者，给事中得驳奏再议。明清定谥属礼部。士大夫死后由亲族门生故吏为立谥者称私谥。 ②孔文子：卫国大夫孔圉（yǔ），"文"是谥号，"子"是尊称。 ③与经天纬地之文异：经天纬地，本指以天地为法度。引申为经

营天下、拨乱反正。《周礼·谥法》中"文"有六类，其中有经天纬地、道德博厚、学勤好问等。孔文子谥"文"，当属第三类。

5.16　子谓子产："有君子之道四焉：其行己也恭，其事上也敬，其养民也惠，其使民也义。"

99. 谢曰：子产①，古之成人②也，其端己接物③故有本末。行己恭，事上敬，养民惠，使民义④，难以一事语之，要⑤之至理当如此。以文王之至圣，不过于不敢侮鳏（guān）寡⑥，有事君之小心，惠鲜鳏寡⑦，不替义德。有是四者，盖可以为君子矣。

【注释】

①子产：姓公孙名侨，字子产，郑国大夫，做过正卿，是郑穆公的孙子，为春秋时郑国的贤相，食邑管城，即今郑州。　②成人：德才兼备的人。《宪问》篇："子路问成人。子曰：'若臧武仲之知，公绰之不欲，卞庄子之勇，冉求之艺，文之以礼乐，亦可以为成人矣。'"　③端己接物：这里指端正自己，恰当地处理国事。　④行己恭，事上敬，养民惠，使民义：此指子产虽身居高位，然上对君主恭敬有礼，下对黎民惠及万千，是个很有君子之德的政治家。　⑤要：求取、追求。《孟子·告子上》："今之人修其天爵以要人爵。"　⑥"以文王之至圣"句：语见《尚书·康诰》"惟乃丕显考文王，克明德慎罚，不敢侮鳏寡"。意为希望你（康叔

封）光大你失去的父亲文王的功德，能彰显仁德，慎用刑罚，不能欺侮孤老、寡母。鳏寡，老而无妻或无夫。 ⑦惠鲜鳏寡：施恩于年老而穷困无靠的人。语出《尚书·无逸》"惠鲜鳏寡，不替义德"。鲜，通献，施于。不替，不废。

5.17 子曰："晏平仲善与人交，久而敬之。"

100. 谢曰：晏平仲①当周衰时，亦可谓贤大夫，其善固多矣，圣人于此，特论其与人交一节而已。所谓久而敬之，必德盛而有常②者能之。盖非有意于久交也，而德盛有常者，自不狎侮③矣。

【注释】

①晏平仲：即晏婴（公元前？—前500），又称晏子。春秋齐夷维（今山东高密市）人，字平仲，一说谥平仲，又说平为谥号，仲是字。继其父弱（桓子）为齐卿，后相景公，以节俭力行，名显诸侯。 ②德盛而有常：指的是既有崇高道德，又遵守社会公德，行动合乎规范。常，恒久不变的常规、法则。《荀子·天论篇》："天行有常，不为尧存，不为桀亡。" ③狎侮：轻慢侮弄。《尚书·旅獒》："德盛不狎侮。狎侮君子，罔以尽人心；狎侮小人，罔以尽其力。"

5.18 子曰："臧文仲居蔡，山节藻棁，何如其知也！"

101. 谢曰：臧文仲①当时必以智称，然不知为僭上害礼②之事，于我何益焉。盖夫子开当时之惑，以为智者不如是也。

【注释】

①臧文仲：鲁国大夫，姓臧孙氏，名辰。"文"是他的谥号。因僭越礼法，孔子指责他"不智"。　②僭上害礼：僭，越礼犯分。这里指臧文仲建龟室并在斗拱上雕刻山岳和在短柱上图画藻草等越礼之事。斗拱雕刻山岳和短柱上图画藻草是天子祖庙的装饰。

5.19　子张问曰："令尹子文三仕为令尹，无喜色；三已之，无愠色。旧令尹之政，必以告新令尹。何如？"子曰："忠矣。"曰："仁矣乎？"曰："未知，焉得仁？"

"崔子弑齐君，陈子文有马十乘，弃而违之。至于他邦，则曰：'犹吾大夫崔子也。'违之。之一邦，则又曰：'犹吾大夫崔子也。'违之，何如？"子曰："清矣。"曰："仁矣乎？"曰："未知，焉得仁？"

102.　谢曰：文武①之泽入人也深，养人也久，故"小子有造"②。人有士君子之行，则其遗风未熄之时，盖有不待学问而入德者矣，况于令尹子文③、陈文子④一时之善士也。三仕无喜色，三已⑤无愠色，旧政告新令尹，与弃马十乘⑥(shèng)违⑦而之他邦，其立心高矣，故子张以仁疑之。然容有质厚⑧者亦能之，是以夫子于仁不仁未可断也。其曰"未知，焉得仁"。非以二子为不仁，特恐子张识清忠⑨而不识仁也。使子张知清忠之非仁，其于知仁也何有？

【注释】

①文武：周文王、武王的合称。　②小子有造：指年轻人取得了成就。《诗经·大雅·思齐》："肆成人有德，小子有造。"　③令尹子文：令尹，楚国的官名，相当于宰相。子文是楚国的著名宰相。　④陈文子：陈国的大夫，名须无。　⑤三已：三，指多次。已，罢免。　⑥乘：作量词，古时一车四马叫"乘"。马十乘即四十匹马。　⑦违：离开。《里仁》篇："君子无终食之间违仁。"　⑧质厚：质朴敦厚。　⑨清忠：清高明洁，竭尽忠诚。

5.20　季文子三思而后行。子闻之，曰："再，斯可矣。"

103. 谢曰：天下之事，有是非利害，君子不能无择也，是以再思。以为可也，徐思①之，有未可焉，则止；以为不可也，徐思之，有可为，则行，此之谓再思。再思之外，犹有思焉，恐不免于妄也，必无中伦②之理。有人闻季子③之风，能不悦乎？夫子所以解其惑，而曰"再，斯可矣"。

【注释】

①徐思：慢慢地仔细思量。　②中伦：符合道德伦理准则。　③季子：即季孙行父，又称季文子，鲁国大夫。鲁成公、鲁襄公时任正卿，"文"是他的谥号。

5.21　子曰："宁武子，邦有道，则知；邦无道，则愚。其知可及也，其愚不可及也。"

104. 谢曰：邦有道则知，知也。邦无道则愚①，大知也。邦无道而不愚，以陨身失族②者，不绝于春秋之时，优游卒岁③，惟叔向④而已。至于此，然后知武子⑤之愚不可及也。原其初心，岂欲先公后私欤？盖才有所长，知有所短也。如武子者，庄子所谓才全而德不形者⑥乎！观其无道而愚，则有道而知，亦不得已矣。

【注释】

①愚：这里是装傻、难得糊涂之意。 ②陨身失族：自己被杀祸及族人。陨，通殒，死。 ③优游卒岁：悠闲地度过岁月。《诗经·小雅·白驹》："慎尔优游，勉尔遁思。"卒，结束。 ④叔向：春秋晋国大夫羊舌肸（xī），字叔向。博学多识，善言辞，曾参与主持晋国外交。在哲学上，强调退让，务德，认为柔能克刚。 ⑤武子：姓宁名俞，卫国大夫，"武"是他的谥号。 ⑥才全而德不形者：意为一个人才智完备而德行不显露。语出《庄子·德充符》中一个寓言故事，说的是卫国有一个奇丑之人叫哀骀它（āi dài tuó），男女与之相处，都喜欢他，鲁哀公与之相处也喜欢他并传国于他。未几，离哀公而去，哀公不乐，问孔子："是何人者也？"子曰："今哀骀它，未言而信，未功而亲，使人授己国，唯恐其不受也，是必才全而德不形者也。"

5.22 子在陈曰："归与！归与！吾党之小子狂简，斐然成章，不知所以裁之。"

105. 谢曰：夫子尝曰："如有用我者，吾其为东周乎？"①则其传于门人②，非夫子初心也。当是时，虽"得天下英才而教育之"，所乐不存焉，而况狂狷③（juàn）乎？及其"凤鸟不至"④，知其卒不用也，不复梦见周公也，将以其道传之门人，岂不曰吾舍此其如来世何？此欲反鲁时心也。当是时，虽不得中行⑤，犹欲成就之，而况英才乎？此孟子所谓"狂者又不可得"，又思其次也⑥。

【注释】

①"如有用我者"句：语出《阳货》篇。意为孔子说，如果有人任用我，我难道只想维持东周这种衰弱的局势吗？

②门人：指学生。古代弟子门人无别。自后汉公卿多设帐授徒，亲业者为弟子，转相传授者为门人。 ③狂狷：激进与保守。《子路》篇："不得中行而与之，必也狂狷乎？狂者进取，狷者有所不为也。"狂狷皆偏于一面，泛指偏激。 ④凤鸟不至：语出《子罕》篇："子曰：'凤鸟不至，河不出图，吾已矣乎！'"传说舜和周文王时，都曾有凤凰飞来，所以古人认为凤凰出现就是昭示天下太平。 ⑤中行：中庸之道。这里指言行合乎中庸之道的人。《子路》篇："不得中行而与之，必也狂狷乎？"不偏，不倚，行于中道，是谓中行。 ⑥孟子所谓"狂者又不可得"：语出《孟子·尽心下》"狂者又不可得，欲得不屑不洁之士而与之，是獧（juàn，同狷）也，是又其次也"。

5.23 子曰:"伯夷、叔齐不念旧恶,怨是用希。"

106. 谢曰:君子于所亲,当怨也,然犹不宿怨①焉,而况于疏②者乎?"越人弯弓而射,我则谈笑而道之"③,"其待我以横逆④",曰此亦妄人⑤也已矣。盖于攻人之恶,有所不暇,而况于念旧恶乎?能不念旧恶,则怨何自而生?

【注释】

①宿怨:指过去的嫌怨。《管子·轻重》:"发民,则下疾上怨,边竟有兵,则怀宿怨而不战。" ②疏:疏远。与亲对。《礼记·曲礼上》:"夫礼者,所以定亲疏,决嫌疑,别同异,明是非也。" ③越人弯弓而射,我则谈笑而道之:语见《孟子·告子下》"有人于此,越人关弓而射之,则己谈笑而道之,无他,疏之也"。意为越人拿箭射我,我过后还谈笑风生地向别人讲述这件事。没有别的原因,是因为自己和越人关系疏远,所以并无怨恨的意思。 ④横逆:蛮横无理。《孟子·离娄下》:"有人于此,其待我以横逆,则君子必自反也。" ⑤妄人:无知妄为的人。

5.24 子曰:"孰谓微生高直?或乞醯焉,乞诸其邻而与之。"

107. 谢曰:"或乞醯(xī)焉,乞诸其邻而与之。"①不害②其与人交也,若以周济急难,亦何害其为直?然在当时之事,其设心恐不如是也。答问之间,亲见其事,故语止于如此,而意已传矣。今未可以乞醯认为不直也。

【注释】

①或乞醯焉，乞诸其邻而与之：有人到微生高家借醋，高没有，就到邻居家借醋送给那人。或，有人。醯：醋。乞，求、借。微生高，复姓微生，名高，鲁人。　②害：妨害、妨碍。

5.25　子曰："巧言、令色、足恭，左丘明耻之，丘亦耻之。匿怨而友其人，左丘明耻之，丘亦耻之。"

108. 谢曰："巧言、令色、足恭①"，"匿怨②而友其人"，推其类，其可耻有甚于穿窬③（yú）也。左丘明④耻之，则其所养可知矣。知耻在夫子何足言，欲使学者知立心以直而已。[1]

【校勘】

〔1〕朱熹《集注》中谢氏曰："二者之可耻，有甚于穿窬也。左丘明耻之，其所养可知矣。夫子自言'丘亦耻之'，盖窃比老彭之意。又以深戒学者，使察乎此而立心以直也。"

【注释】

①足恭：过度谦恭，以取媚于人。朱熹"集注"："过也。"过分谦恭。便僻之意。　②匿怨：对人怀恨在心，面上不表现出来。　③穿窬：窬，门边小洞。穿壁翻墙，指偷窃行为。　④左丘明：春秋鲁人，左氏名丘明。一说左丘为复姓。相传曾任鲁太史，为《春秋》作传，成《春秋左氏传》，简称《左传》；又作《国语》。

5.26　颜渊、季路侍。子曰:"盍各言尔志。"

子路曰:"愿车马衣轻裘,与朋友共,敝之而无憾。"

颜渊曰:"愿无伐善,无施劳。"

子路曰:"愿闻子之志。"

子曰:"老者安之,朋友信之,少者怀之。"

109. 谢曰:门弟子所存,夫子盖得于眉睫①之间,不待问而可知。今于由与回而问之,非问之也,盖教之也,欲省其切问近思者如何,又从而振德之也。志可以为善,亦不害其未化,故在学者则为切,论至道则为病。由与回中人以上者也,夫子姑使之笃志②乎?不可也;使之捐志乎?不可也。其曰"盍各言尔志",则二人者于此可以省发矣,又安知两人者不由是大有以启迪其心与?"愿车马衣轻裘,与朋友共,敝之而无憾③",此笃志者也;"愿无伐④善,无施劳⑤",笃志不足以言之也;"老者安之,朋友信之,少者怀之"⑥,此非志也,聊以答季路之问而已。使季路闻此言也,则"愿车马衣轻裘,与朋友共,敝之而无憾"之语,能无自小乎?使颜子闻此言也,则"愿无伐善,无施劳"之语,能无乐其庶几乎?又曰:子路"愿车马衣轻裘,与朋友共,敝之无憾",亦是要做好事底心,颜子早是参彼己⑦。孔子便不然,老者合当养的,便安之;少者不能立者,便怀之。君君臣臣,父父子子,自然合做的道理,便是天之所为,更不作用。

【注释】

①眉睫：眉和睫毛。比喻切近。《韩非子·用人》："不去眉睫之祸，而慕贲、育之死，不谨萧墙之患，而固金城于远境。"宋王安石诗云："定林瞰土山，近乃在眉睫。" ②笃志：专心致意。《子张》篇："博学而笃志，切问而近思，仁在其中矣。" ③"愿车马衣轻裘"句：我愿拿出自己的车马皮袍与朋友共同享用，用坏了也没有什么遗憾。敝，破旧、破烂。 ④伐：夸耀。 ⑤施劳：夸耀自己的功劳。施，表白、夸张。 ⑥老者安之，朋友信之，少者怀之：（我的志向是）使老年人能够安乐，使朋友相互信任，让少年能得到关怀。 ⑦参彼己：参照比较彼此双方的高低、长短、优劣等，以作出正确结论或进一步完善自身。

5.27 子曰："已矣乎！吾未见能见其过而内自讼者也。"

110. 谢曰：推恶恶①之心以自攻其恶，则过不可胜②改也，其惟能推好己之心好人者，能之乎③！

【注释】

①恶恶：前恶读 wù，讨厌。后恶读 è，坏、丑。 ②胜：尽。《孟子·梁惠王上》："不违农时，谷不可胜食也。" ③其惟能推好己之心好人者，能之乎：大概只有能够把自己好转移到让别人好的人，能做到这些吧？"其惟"用在句首表推测，相当于"大概（或许）只有……"

5.28 子曰:"十室之邑,必有忠信如丘者焉,不如丘之好学也。"

111. 谢曰:父父、子子、兄兄、弟弟,夏葛而冬裘①,渴饮而饥食,皆所谓忠信也,其敢厚诬②十室③乎?然不明乎善,不诚其身矣。欲诚其身者,其惟好学乎?

【注释】

①夏葛而冬裘:葛为多年生蔓草,块根可食可入药,茎可制葛布。裘是皮衣。这里指夏穿单衣,冬穿皮衣(棉衣),夏单冬棉。 ②厚诬:深加毁谤。《左传·成公三年》:"贾人曰:'吾无其功,敢有其实乎?吾小人,不可以厚诬君子。'" ③十室:朱熹《集注》:"小邑。"指十户人家的小村庄。

雍也篇第六

引　语

本篇共三十章，主要记载孔子与弟子的言行，内容涉及博文约礼、博施济众、文质彬彬、智仁义利中庸之道等诸方面。孔子称"中庸之为德也，其至矣乎"，表明了他对"中庸"的高度肯定。本篇有数章谈到颜回，孔子从道德修养和自觉归仁等方面，高度评价了颜回，为门生学人立范。

谢夫子对本篇的讲解共有二十九章，除将6.4与6.5两章合为一讲外，其余各章均有一讲。

本部分重点谈及施政治民、仁义礼智、做人做事、辞受取舍之道等方面。谈治民，"简以临之，庄以莅之"，"居敬而行简"。论"智者乐水，仁者乐山"，则说"以其动，是以周行而不殆；以其静，是以独立而不改"。论做人做事，则说"磨而不磷，涅而不缁"，意志坚定的人不会受外物影响。谈礼义则说"则非礼之礼，非义之义，虽礼非礼也，虽义非义也"。他评讲"己欲立而立人，己欲达而达人"，则说"仁之方所而已。知方所，斯可以知人"。谈辞受取舍之道，阐发了君子周急不继富的观点。等等。

6.1 子曰:"雍也可使南面。"

112. 谢曰:简以临之①,庄以莅之②,为人上③之道也。仁而不佞,其才宜如此,故曰"可使南面"。

【注释】

①简以临之:语出《雍也》篇"居敬而行简,以临其民,不亦可乎"。意为郑重其事而施政简要,用来治理百姓。 ②庄以莅之:语出《卫灵公》篇,意为能以庄重的态度对待百姓。莅,到、临。 ③人上:犹上人,职位高的人。此处指主政一方的人。

6.2 仲弓问子桑伯子。子曰:"可也,简。"仲弓曰:"居敬而行简,以临其民,不亦可乎?居简而行简,无乃大简乎?"子曰:"雍之言然。"

113. 谢曰:此仲弓闻夫子可使南面之语,因以问子桑伯子①可不可也,与夫子与曾点因问三子之言如之何②之意同也。子曰"可也,简",其所以可,以其简故也。居敬而行简③,以临④其民,举其大而略其细者也。居简而行简,不事事⑤者也。仲弓所知如此,其不可以南面乎?

【注释】

①子桑伯子:鲁人。复姓子桑。有人说子桑伯子与孔子同时代人,隐士,孔子曾拜访过他。 ②夫子与曾点因问三子之言如之何:典见《先进》篇,子路、曾晳、冉有、公西华侍坐章。与,称赞、赞许。 ③居敬:为人严肃认真,依

礼严格要求自己。行简：指推行政事简而不繁。 ④临：面临、面对。此处有"治理"的意思。 ⑤事事：意为事必躬亲。

6.3 哀公问："弟子孰为好学？"孔子对曰："有颜回者好学，不迁怒，不贰过，不幸短命死矣。今也则亡，未闻好学者也。"

114. 谢曰：移此而之彼，谓之迁，继而副之谓之贰。古之人不贵不怒，盖怒未必不中节，至于迁怒①，则必不中矣；不患有过，盖过不害其为改，至于贰过②，则必不改矣。颜子不迁怒，不贰过，则其所好乃克己之学也。圣人之所以为圣，以其得天理③而忘人欲；众人之所以为众人，以其灭天理而穷人欲。颜子之克己，其于圣人孰御④焉？是以谓之好学。"今也则亡⑤，未闻好学者也。"岂其所学，止于见闻而已乎？

【注释】

①迁怒：把自己的怒气或对某人的怒气发泄到另一个人身上。 ②贰过："贰"是重复、一再的意思。这是说犯同样的错误。 ③天理：即天道。《庄子·天运》："夫至乐者，先应之以人事，顺之以天理。" ④御：这里指并驾齐驱、比肩讲。 ⑤亡：通无。

6.4 子华使于齐，冉子为其母请粟。子曰："与之釜。"请益。曰："与之庾。"

冉子与之粟五秉。

子曰："赤之适齐也，乘肥马，衣轻裘。吾闻之也：君子周急不济富。"

6.5 原思为之宰，与之粟九百，辞。子曰："毋！以与尔邻里乡党乎！"

115. 谢曰：此圣人示人以辞受取舍①之道也。君子之于辞受取舍之际，岂欲悦人之耳目哉！文称其情而已。故富有所不继，岂以一己之私分，害天下之公义哉！故禄②有所不辞，与之釜③，与之庾④意其禄秩所当得者如此，至于与之粟五秉⑤，则继富⑥矣。继富于肥马轻裘之家，则其于所识穷乏者得我，当如何也？此可以为侈观⑦，而不可以为惠也。宰而受粟，义也，辞粟于为宰⑧，则舜禹之于天下，何敢受也？此可以为自洁，而不可以为义。要之二者皆未免乎有意，至于无意者，则非所当与而不与，非啬，非所当辞而不辞，非贪。⑨

【注释】

①辞受取舍：就是怎样推辞或接纳、取得或舍弃的人际交往之道。　②禄：俸禄，官吏的俸给。《左传·僖公二十四年》："介之推不言禄，禄以弗及。"　③釜：古容量名，约合今四升八合（gě）。又注：六斗四升曰釜。　④庾：量词名，十六斗为一庾。《左传·昭公二十六年》："粟五千庾。"
⑤秉：古容量名。汉孔鲋《小尔雅·广量》："釜二有半谓薮（sǒu）。"《仪礼·聘礼》："十斗曰斛，十六斗曰薮，十薮曰

秉。" ⑥继富：使富上加富。 ⑦侈观：即侈人观听，谓加强人们在观感听觉上的印象。 ⑧宰：家臣、管家。 ⑨"则非所当与而不与"句：不应当给予的不给予，不为吝啬；不应当推辞的不推辞，不为贪婪。啬：悭吝。《战国策·韩策一》："公仲啬于财。"

6.6 子谓仲弓，曰："犁牛为之骍且角。虽欲勿用，山川其舍诸？"

116. 谢曰：此言人不系其类也。牛色系于气禀①如何，几有不可变者。然犁牛之子有骍（xīn）且角，虽欲勿用，不可得者，可以人而不如乎？②盖人性异于是，圣与愚无定也，在念与不念③耳。

【注释】

①气禀：指与生俱有的生理气质和禀性。 ②"然犁牛之子有骍且角"句：耕牛不可用来祭祀，但它生的牛犊毛色通红，角长得饱满端正，符合祭祀用牛的标准，虽想不用它作祭祀，但山川之神是不会舍弃享用它的。同理，为政者谁能舍弃优秀人才而不用呢？骍且角：骍，红色。祭祀用的牛，毛色为红，角长得端正。 ③念与不念：佛家用语，就是执念与不执念，引申为在现实中执着进取与不执着进取。

6.7 子曰："回也，其心三月不违仁，其余则日月至焉而已矣。"

117. 谢曰：回之为人，语其所知，虽出于学，然邻①于生知矣；语其成功，虽未至于从容②，亦不可为勉强③矣。三月④不违仁，仁熟⑤矣，特未足以语圣也，亦未达一间⑥之称尔。三月，特以其久故也。古人"三月无君则吊"⑦，去国三月则复⑧，诗人以"一日不见如三月兮"⑨，夫子闻《韶》"三月不知肉味"⑩，皆久之意。

【注释】

①邻：近、接近。《管子·水地》："邻以理者，知也。" ②从容：安逸舒适，不慌不忙。此处是至真至善意。 ③勉强：本意为能力不够还尽力而为。或凑合，不充足。 ④三月：指时间较长。 ⑤仁熟：指对仁的理解精通，用仁修身周至完美，与仁融为一体。 ⑥未达一间：指未能通达，只差一点。出自汉扬雄《扬子法言·问神》："颜渊亦潜心于仲尼矣，未达一间耳。" ⑦古人"三月无君则吊"：意为古人长时间不得仕而事君，就感到忧伤、怀念。语出《孟子·滕文公下》。周霄问曰："古之君子仕乎？"孟子曰："仕。《传》曰：'孔子三月无君，则皇皇如也，出疆必载质。'公明仪曰：'古之人三月无君则吊。'" ⑧复：原路返回意。《说文》："复，行故道也。" ⑨一日不见如三月兮：指一日不见，却像过了三个月那么久，以夸张之词形容对亲友的殷切思念。出自《诗经·郑风·子衿》："挑兮达兮，在城阙兮。一日不见如三月兮。" ⑩夫子闻《韶》"三月不知肉味"：韶，传说是舜所作乐曲名，声调高雅和谐，耐人寻味，以致"《箫韶》九成，凤皇来仪"。（《尚书·益稷》）所

以孔子在齐国听到这种音乐后，长时间都不知道肉的滋味，一心止于美妙音乐的回味上，别的事都不放在心上了。

6.8 季康子问："仲由可使从政也与？"子曰："由也果，于从政乎何有？"

曰："赐也可使从政也与？"曰："赐也达，于从政乎何有？"

曰："求也可使从政也与？"曰："求也艺，于从政乎何有？"

118. 谢曰：夫子尝谓："诵《诗》三百，授之以政，不达，虽多，亦奚以为？①"学者岂徒诵说云乎！故将事事②而见于民物之间也，此岂优游不断③无智不才者能之乎？果达艺④，有一于此，然后足以从政也。三子圣门学者，其性行或侃侃⑤，或行行⑥（hàng hàng），于克己独善，虽季氏⑦犹知其有余也，而特以从政问于夫子，盖陋儒⑧之所短正在乎此。

【注释】

①"诵《诗》三百，授之以政"句：语见《子路》篇，意为熟读了《诗经》三百篇，交给他政事，却办不通；出使到外国，却不能独立应对，（像这样）即使读得再多，又有什么用呢？　②事事：各事，非一事。《尚书·说命中》："惟事事乃有其备，有备无患。"又《汉书·王莽传》："事事谦退，动而固辞。"　③优游不断：临事犹豫，不能决断。《汉书·元帝赞》："而上牵制文义，优游不断，孝宣之业衰焉。"　④果

达艺：意为果敢决断，通达事理，多才多艺。　⑤侃侃：孔安国注"侃侃"为和乐貌。朱熹《集注》据《说文》释"侃侃"为刚直貌。　⑥行行：刚强貌。《先进》篇："子路（侍侧）行行如也，……子乐。'若由也，不得其死然！'"　⑦季氏：指季康子，鲁国贵族，曾做鲁国正卿。季氏之问在于选人才前的考察；之后，三人先后为其所用。　⑧陋儒：指知行浅陋的书生。《荀子·劝学》："上不能好其人，下不能隆礼，……则末世穷年，不免为陋儒而已。"

6.9　季氏使闵子骞为费宰，闵子骞曰："善为我辞焉！如有复我者，则吾必在汶上矣。"

119. 谢曰：学者能少知内外之分①，皆可以乐道而忘人之势②。况闵子骞③得圣人为之依归④，彼其视季氏⑤不义之富贵，不啻（chì）如犬彘（zhì）。又从而臣之，岂其心哉！在圣人有不然者，公山弗扰⑥、佛肸⑦（bì xī），乱人也。召夫子，夫子欲应之。季氏虽不臣，夫岂不知我，而欲以为宰也，闵子辞之何也？盖居乱邦，见恶人，在圣人则可，在他人则不可。所谓磨而不磷，涅而不缁⑧（zī），盖其变化莫测，人虽欲杀之，亦不可得也，况得而污之乎？自圣人而下，刚则必取祸，柔则必取辱，闵子岂不能早见而豫⑨待之乎？如由也不得其死于卫，求也为季氏附益⑩，夫岂二子本心哉！盖既无先见之智，又无克乱之才故也。则闵子其贤矣乎！[1]

【校勘】

〔1〕朱熹《集注》中谢氏曰："学者能少知内外之分，皆可以乐道而忘人之势。况闵子得圣人为之依归，彼其视季氏不义之富贵，不啻犬彘。又从而臣之，岂其心哉？在圣人则有不然者，盖居乱邦，见恶人，在圣人则可；自圣人而下，刚则必取祸，柔则必取辱，闵子岂不能早见而豫待之乎？如由也不得其死，求也为季氏附益，夫岂其本心哉？盖既无先见之知，又无克乱之才故也。然则闵子其贤乎？"

【注释】

①内外之分：自我与外物的分际。语出《庄子·逍遥游》"定乎内外之分，辨乎荣辱之境，斯已矣"。　②乐道而忘人之势：乐于向道，潜心学问，不把权势和地位放在心上。语出《孟子·尽心上》。　③闵子骞（前536—前487）：名损，字子骞，鲁人，孔子弟子，少孔子十五岁。　④依归：依靠，有所寄托。《尚书·金縢》："无坠天之降宝命，我先王亦永有依归。"　⑤季氏：春秋鲁桓公子季友的后裔，又称季孙氏。自文公以后，季孙行文、季孙宿等世为大夫，专擅国政，权势日重。　⑥公山弗扰：复姓公山，又称公山不狃（niǔ），字子泄，季氏家臣。曾伙同阳虎（即阳货）在费邑背叛季氏，拉孔子装门面，孔子表面答应，但并未应召。　⑦佛肸：春秋末年晋大夫赵氏之中牟宰，同公山弗扰一样都是乱臣贼子。　⑧磨而不磷，涅而不缁：语出《阳货》篇。意为坚硬的东西磨也不会薄，洁白的东西是染不黑的，比喻意志坚定的人不受外物影响。磷，薄。

涅，黑泥，黑色染料。这里作动词讲。缁，黑色。　⑨豫：同预。　⑩附益：增益、增加。

6.10　伯牛有疾，子问之，自牖执其手，曰："亡之，命矣夫，斯人也而有斯疾也！斯人也而有斯疾也！"

120.　谢曰：疾者卧于牖（yǒu）下①，属纩②（zhǔ kuàng）以候气绝之时。故赵简子③誓其众曰："毕万匹夫也，七战皆获，死于牖下。"④自牖执其手，曰"亡之"。盖夫子与之永诀之意。说者以为恶疾不欲人见，恐不然。善人之死，不必夭折然后谓之不幸，故曰："亡之，命矣夫！斯人也而有斯疾也⑤！"

【注释】

①牖下：牖，窗户。朱熹《集注》曰：牖，南牖也。礼，病者居北牖下，君视之，则迁于南牖下，使君得以南面视己。时伯牛家以此礼尊孔子，孔子不敢当，故不入其室，而自牖执其手，与其诀别。　②属纩：纩，新丝绵，质轻，遇气即动。人将死，在其口鼻上放丝绵以观察有无气息，叫属纩。后称有病将死为属纩。南朝宋鲍照《松柏篇》："属纩生望尽，阖棺世业埋。"　③赵简子：赵鞅（？—前476），又名志父，亦称赵孟，春秋晋国赵氏领袖，军事家、外交家、改革家，先秦法家思想的实践者与郡县制改革的积极推动者。赵国基业的开创者，与其子赵无恤（赵襄子）并称"简襄之烈。"　④"毕万匹夫也"句：语见《左传·哀公二年》。毕万：春秋晋国人，周文

王子毕公高后裔，家道中落后事晋献公，以灭霍、耿、魏三国之功，封于魏，为大夫。其后世与韩、赵三家分晋而成为"七雄"之一。"死于牖下"谓得善终。　⑤亡之，命矣夫！斯人也而有斯疾也：意为将要死了，这都是命啊！这么好的人怎么会得这样的病呢！

6.11　子曰："贤哉，回也！一箪食，一瓢饮，在陋巷，人不堪其忧，回也不改其乐。贤哉，回也！"

121.　谢曰：有所欲，不得所欲则不乐。回也心不与物交，故无所欲，无不得其所欲，此所谓天下之至乐①。于此将以求颜子之用心果何所在，且不可得，而况改其乐欤？

【注释】

①至乐：语出《庄子·天运》"夫至乐者，先应之以人事，顺之以天理"。意为最大的快乐。

6.12　冉求曰："非不说子之道，力不足也。"子曰："力不足者，中道而废。今女画。"

122.　谢曰：欲为而不能为，是之谓力不足。能为而不欲为，是之谓画①。以画为力不足，其亦未知用力与？使其知所以用力，岂有不足者，其亦未知夫子之道与？使其知说②夫子之道，岂肯画也？

【注释】

①画：截止、停止。画地自限。《列子·天瑞》："终者不

得不终，亦如生者之不得不生。而欲恒其生，画其终，惑于数也。"②说：通悦，喜欢。

6.13　子谓子夏曰："女为君子儒，无为小人儒！"

123.　谢曰：志于义则大，是以谓之君子。志于利则小，是以谓之小人。君子、小人之分，义与利之间也。然所谓利者，岂必殖货财①之谓，以私灭公，适己自便，凡可以害天理者，皆利也。子夏文学②虽有余，而意其远者大者或昧③焉，是以夫子语之以此。〔1〕

【校勘】

〔1〕朱熹《集注》中谢氏曰："君子小人之分，义与利之间而已。然所谓利者，岂必殖货财之谓？以私灭公，适己自便，凡可以害天理者皆利也。子夏文学虽有余，然意其远者大者或昧焉，故夫子语之以此。"

【注释】

①殖货财：居积财货，经营生利。殖，生也。　②文学：指文章学问。为孔门德行、政事、文学、语言等四科之一。③昧：糊涂、暗昧。《庄子·大宗师》："昧者不知也。"

6.14　子游为武城宰。子曰："女得人焉尔乎?"曰："有澹台灭明者，行不由径，非公事，未尝至于偃之室也。"

124.　谢曰：观善人者，于小事犹足以知之，如观水之澜，可以知其有源也。行不由径①，"非公事，未尝至于偃之室"②，亦可以知灭明③之贤矣。"行不由径"，盖其意无欲速；"非公事，未尝至于偃之室"，盖其意不为煦（xǔ）濡④以媚悦人。观此，则澹台灭明简易正大⑤之情可见矣。

【注释】

①行不由径：规范行为不从捷径出发。指不走歪门邪道。②非公事，未尝至于偃之室：如果不是公事，灭明不曾到我的屋里套近乎。偃：即言偃（前506—前?），字子游，春秋吴人（一说鲁人），孔子弟子，长于文学，仕鲁，曾为武城宰。 ③灭明：复姓澹（tán）台，名灭明，字子羽，春秋武城人，以貌丑不为孔子所重。退而修行，南游至江，有弟子三百人，名闻诸侯。孔子闻之，曰："以貌取人，失之子羽。"事见《史记·仲尼弟子传》。 ④煦濡：用唾沫互相湿润，比喻接触频繁，互套亲近，以求帮助。 ⑤简易正大：简易，性情平易，不拘礼节；正大，端正大气，公正无私。

6.15 子曰："孟之反不伐，奔而殿，将入门，策其马，曰：'非敢后也，马不进也。'"

125. 谢曰：人能操无欲上人①心，人欲自灭，天理自明，大道其必得之矣。然不知学者，欲上人之心无时而忘，盖亦未知所以择术②也。择术之要，莫大于不伐③，久之，则凡可以矜己夸人④者，皆为余事矣。"奔而殿，将入门，策其马，曰'非敢后也，马不进也'。"⑤则其于不伐亦诚矣。后之学者，无志于学则已，有志于学，师孟之反可也。[1]

【校勘】

〔1〕朱熹《集注》中谢氏曰："人能操无欲上人之心，则人欲日消、天理日明，而凡夸耀矜己夸人者，皆无足道矣。然不知学者欲上人之心无时而忘也，若孟之反，可以为法矣。"

【注释】

①上人：超越别人、欲凌驾于别人之上。 ②择术：选择方式方法。 ③伐：夸耀。《史记·游侠列传》："而不矜其能，羞伐其德。" ④矜己夸人：炫耀自己，夸奖于别人。 ⑤"奔而殿"句：军队败退时，孟之反殿后掩护，将入城门时，（故意）鞭打马说："不是我敢在最后面走，是马不肯往前跑。"朱熹《集注》曰："奔，败走也；军后曰殿；策，鞭也。"孟之反，名侧，鲁大夫。哀公十一年与齐战，败还，孟子反殿后，以全其师，不以此为功，反说是自己战马跑得慢。

6.16 子曰："不有祝鮀（tuó）之佞，而有宋朝之美，难乎免于今之世矣。"

126. 谢曰：盖恶直丑正，衰世之风，善观世之治乱者如此。①

【注释】

①全句意为：丑恶的东西被人视为好的，这是世风衰败的象征，善于观察社会治乱等现状的人才能够这样认识。（指孔子看到祝鮀谀君，宋朝淫乱却受到宠信的现象，认为真正的贤者在当世很难得到重用。祝鮀，卫国大夫，字子鱼，有

口才，以能言善辩受到卫灵公重用。宋朝，宋国的公子朝，以美貌著称。曾与卫灵公夫人南子淫乱。)

6.17　子曰："谁能出不由户，何莫由斯道也？"

127.　谢曰：道之得名，以其人由之①而不可离也。近在父子夫妇之间，视听食息之际，果可以离人乎哉？自异端②起，或捶（chuí）提③仁义，或绝灭伦类④，然后人始疑道为虚无寂寞矣。

【注释】

①由之：一起走这条正道。《孟子·滕文公下》："居天下之广居，立天下之正位，行天下之大道。得志，与民由之；不得志，独行其道。"　②异端：古代儒家称其他持不同见解的学派为异端。《为政》篇："攻乎异端，斯害也已。"后泛指不合正统者为异端。　③捶提：抛弃。汉扬雄《扬子法言·问道》："老子之言道德，吾有取焉耳；及捶提仁义，绝灭礼学，吾无取焉耳。"　④伦类：人伦，人类道德规范。《荀子·劝学》："伦类不通，仁义不一，不足谓善学。"

6.18　子曰："质胜文则野，文胜质则史。文质彬彬，然后君子。"

128.　谢曰："礼不下庶人"①，故其容②多僬僬③（jiào jiào）；君子摄以威仪④，故其容多济济⑤（jǐ jǐ）。如曰质犹文也，则其容僬僬可以为君子矣；如曰文犹质也，则其容济济可以为君子矣。然而皆不君子者,盖德不足,必无文质相称之理。欲直情则不免于野⑥,欲修容则不免于史⑦,其惟君子然后能文质彬彬⑧乎!此发于自然,"见于面,盎于背,施于四体者也"⑨。此观人之大要⑩。

【注释】

①礼不下庶人:语出《礼记·曲礼》,意为对老百姓不苛求有完备礼节。庶人:泛指无官爵的平民、百姓。《国语·周上》:"庶人工商,各守其业。" ②容:容貌、仪容。 ③僬僬:行走急促貌。《礼记·曲礼下》:"庶人僬僬。" ④摄以威仪:摄,帮助,指帮助祭礼。威仪,原意为容貌举止,此指烘托了典礼的仪式。众多宾客来参加祭典,把大典仪式烘托得更加隆重。《诗经·大雅·既醉》:"朋友攸摄,摄以威仪。"这里指君子文质相称表现出威武严肃的仪容。 ⑤济济:盛仪貌。《诗经·大雅·公刘》:"跄跄济济,俾筵俾几。"也作美好貌。《诗经·齐风·载驱》:"四骊济济,垂辔濔濔。" ⑥野:粗俗、粗野。 ⑦史:言辞华丽,含有浮夸虚伪的贬义。朱熹《集注》:史掌文书,多闻习事,而诚或不足也。 ⑧文质彬彬:指人文质配合恰当,举止文雅大方得体。文,文采,修饰过的。质,朴实、自然,无修饰的。彬彬,文质兼备之貌。 ⑨"见于面"句:语出《孟子·尽心上》:"君子所性,仁义礼智根于心,其生色也,睟(suì)然见于面,盎于背,施于四体,四体不言而喻。"睟面盎背,意思指德性表现于外,而有温润之貌,敦厚之态,此为有德者的仪

态。　⑩大要：概要、旨。《汉书·陈万年传〈附陈咸〉》："咸叩头谢曰：'具晓所言，大要教咸谄也。'"咸，陈万年之子。

6.19　子曰："人之生也直，罔之生也幸而免。"

129. 谢曰：顺理为直，天地神人之所共好也。人无一不慊①（qiè）于理义，则仰不愧俯不怍②（zuò），不见非于明，不见责于幽③，其血气亦将安佚④恬愉⑤，此其所以能生。罔⑥则不直，不直者，不惟内焦劳⑦于血气，亦天地神人之所共恶也，此其不死亦幸矣。

【注释】

①慊：满足、满意。　②仰不愧俯不怍：语出《孟子·尽心上》："仰不愧于天，俯不怍于人"。怍，惭愧。　③不见非于明，不见责于幽：在白天或明处不被人非议，在幽暗不明处也不受指责，形容做事问心无愧。　④安佚：安闲逸乐。《孟子·尽心下》："四肢之于安佚也，性也。"佚，同逸。　⑤恬愉：安逸快乐。《庄子·盗跖》："惨怛之疾，恬愉之安，不监于体。"　⑥罔：诬罔不直的人。　⑦焦劳：焦躁烦劳。汉焦延寿《易林·恒之大壮》："病在心腹，日以焦劳。"

6.20　子曰："知之者不如好之者，好之者不如乐之者。"

130. 谢曰：知有是理，未必为，故不如好之者。好之者未必无所厌，故不如乐之者。至于乐，则无欣厌取舍，性于是矣①。

【注释】

①"至于乐"句：意为不分欣厌取舍，全身心地专注于此，乐在其中，理性、德行使然。

6.21 子曰："中人以上，可以语上也；中人以下，不可以语上也。"

131. 谢曰：此论上下之分①，非不移②之品，特语③(yù)其操术浅深④。盖未足以及之⑤者，语之无益。

【注释】

①上下之分：指人的智商有高低区别。 ②不移：不能移动、不可改变。 ③语：告诉、讲说。 ④操术浅深：这里应指教学方法有高低之分。正确的方法是因材施教。 ⑤及之：达到某种程度。

6.22 樊迟问知，子曰："务民之义，敬鬼神而远之，可谓知矣。"问仁，曰："仁者先难而后获，可谓仁矣。"

132. 谢曰：务民之义①，知以义为利者也。敬鬼神而远之，知鬼神之情状也。两者皆非浅近者所可窥，是以谓之知。难如射②之有志，若跂③之视地，若临深，若履薄，皆其心不易④之谓。其心不易，其必有获矣，于此时，可以见仁焉。

【注释】

①务民之义：致力于与人道相适宜的事。务，致力于、从事。义，人道之所宜。合宜，适宜。 ②射：用弓放箭。

《孟子·告子上》："羿之教人射，必志于彀（音gòu。箭能射及的范围）。"　③跣：光脚。《尚书·说命上》："若跣弗视地厥足用伤。"《国语·晋语七》："公跣而出。"　④不易：信念坚定，专注于一。易，改变。

6.23　子曰："知者乐水，仁者乐山；知者动，仁者静；知者乐，仁者寿。"

133.　谢曰：仁知①合谓之圣，自非圣人，仁知必有所偏，故其趋向各异，则其成功亦不同也。内有所感，斯外有所乐，此乐山乐水②所以不同也。以其动，是以周行③而不殆；以其静，是以独立而不改。以其成物，是以动，以其成己，是以静。以得其用，故乐；以尽其性，故寿④。若夫无乐也，无所不乐也，动亦静，静亦动，仁知不足以名之，盖其所乐有不存焉者矣，况寿乎？

【注释】

①知：同"智"，智慧、才能。　②乐山乐水：即孔子说的"知者乐水，仁者乐山"。朱熹《集注》："乐，喜好也。智者达于事理，而周流无滞，有似于水，故乐水；仁者安于义理，而厚重不迁，有似于山，故乐山。"　③周行：周流无滞，运行不止，无所不至。《老子》："周行而不殆，可以为天地母。"　④寿：长寿。

6.24　子曰："齐一变，至于鲁；鲁一变，至于道。"

134. 谢曰：齐鲁①之异，非周公②太公③遗化不同。齐自管仲之后，与晋楚争霸，而不法先王隆④礼义者多矣。至于鲁，独以弱守国，故其气骨⑤有近于王道⑥，而况周公之典籍犹在，人存而政举，一变可以至于道矣。

【注释】

①齐鲁：齐，指齐国。周初封姜太公于齐国，春秋初齐桓公为五霸之首，而教化水准犹待改善。鲁，指鲁国。周初封周公之子伯禽于鲁国，鲁在各国中以重教化为名。　②周公：姬旦，周文王子，辅助武王灭纣，建周王朝，封于鲁，武王死，成王年幼，周公摄政。管蔡挟殷后武庚叛乱，周公东征平定叛乱。又制礼作乐，为西周典章制度的主要创制者，主张"明德慎罚"，以礼治国，奠定了成康之治的基础。③太公：太公望，姜姓，吕氏，名尚，俗称姜太公。相传钓于渭滨，文王出猎相遇，与语大悦，同载而归，说："吾太公望子久矣。"时尚年高，故自称太公，因号太公望，立为师。武王继位，尊为师尚父，佐武王灭殷。　④隆：尊崇。《荀子·劝学》："学之经，莫速乎好其人，隆礼次之。"　⑤气骨：风格骨气。宋黄庭坚《豫章集·颜鲁公帖》："观鲁公（真卿）此帖，奇伟秀拔，奄有魏晋隋唐以来风流气骨。"　⑥王道：此指周初之王道。即以仁政治国，以礼来规范伦理秩序。

6.25　子曰："觚不觚，觚哉！觚哉！"

135. 谢曰：觚①（gū）之所以为觚者，以其合度也，器不合度，尚何觚之可名哉！犹学者一不中节，虽贤者犹为过之。则非礼之礼，非义之义，虽礼非礼也，虽义非义也。②

【注释】

①觚：古代酒器，长身侈口，口部与底部呈喇叭状，盛行于商代和西周初期。据唐孔颖达《疏五经异义》："古《周礼》说：爵一升，觚二升，献以爵，酬以觚。"大意为孔子见到的觚已不合觚的形制了。　②"则非礼之礼"句：意为不合礼制的礼，不合礼义的义，虽称为礼也不是真正的礼，虽称为义也不是真正的义。

6.26　宰我问曰："仁者，虽告之曰'井有仁焉'，其从之也？"子曰："何为其然也？君子可逝也，不可陷也；可欺也，不可罔也。"

136. 谢曰：不可逝①不可欺，则是逆诈②亿③不信也；可陷可罔④，则是不知也。仁者之所为，正不如是。宰我亲炙⑤于圣人，尚疑仁者之用心，则信⑥乎仁者之难知也。

【注释】

①逝：流去、往、过去。这里指到井边去看并设法救人。　②逆诈：事先即猜疑别人存心欺诈。逆，预先、预测。见《宪问》篇。　③亿：同臆。主观推测、猜想。　④可陷可罔：指跳入井中而受人愚弄。　⑤亲炙：谓亲承教化，亲受教育熏陶。《孟子·尽心下》："奋乎百世之上，百世之下，闻者莫不兴起也。非圣人而能若是乎？而况于亲炙之者乎？"

⑥信：确实、的确。

6.27 子曰："君子博学于文，约之以礼，亦可以弗畔矣夫。"

137. 谢曰：知博①而不知约②，则失于无统③；知约而不知博，则失于无征④。由博而知约，犹知四旁而识中央也，故可以弗畔⑤。盖此道举而措之天下，则有不可穷之事业；反而求之一身，则有不可二⑥之理义。由事业故有文，由理义故有礼，其礼虽一，然不由博而径⑦欲取约者，恐不免于邪遁⑧也。
【注释】

①博：众多、丰富。 ②约：约束，这里指受礼的约束规范。 ③统：指头绪。引申为统领。 ④征：寻求、征引。《史记·货殖列传》："故物贱之征贵，贵之征贱，各劝其业，乐其事。"索隐："征者，求也。"又成语：旁征博引。 ⑤弗畔：不违背君子之道。畔，同叛，违背。 ⑥不可二：二对一言，别无选择。 ⑦径：直接、径直。 ⑧邪遁：谓言辞不合正道而隐伏诡谲。《孟子·公孙丑上》："邪辞知其所离，遁辞知其所穷。"

6.28 子见南子，子路不说。夫子矢之曰："予所否者，天厌之！天厌之！"

138. 谢曰：见南子①，在当时君臣宣淫②，岂以为非礼。在子路之意独不然，直以为浼③（měi）夫子，是以不说。孟子尝谓夫子"于卫灵公有际可之仕"④，至于此，则行道之意其亦已矣。故于子路不悦也，直其理而语之曰，我之所否者，非人也，天之所厌者，胡为不悦哉？⑤乐天而已矣。

【注释】

①南子：卫灵公夫人，宋女。当时左右卫国政事，淫乱宫廷。与宋公子朝私通，太子蒯聩（kuì）恶之，欲杀南子，不果，出奔。　②宣淫：公然做出淫猥行为。《左传·宣公九年》："陈灵公与孔宁，仪行父通于夏姬，皆衷其衵（rì）服，以戏于朝。泄冶谏曰：'公卿宣淫，民无效焉。'"　③浼：污染、玷污。《孟子·公孙丑上》："尔为尔，我为我，虽袒裼（xī）裸裎于我侧，尔焉能浼我哉！"　④夫子"于卫灵公有际可之仕"：孔子在卫灵公当政的时候有做官的机会。有际，有机会。　⑤"我之所否者"句：孔子大致是说，我若是做了不正当的事，就不是人，让天来厌弃我，你有什么不高兴呢？

6.29　子曰："中庸之为德也，其至矣乎！民鲜久矣。"

139. 谢曰：中①不可过，是以谓之至德②。过可为也，中不可为，是以民鲜③能久矣。

【注释】

①中：中庸，谓之无过无不及，天下正道。庸，平常，天下之定理。二者合称"中庸"。　②至德：至，极也。最高尚的道德。《泰伯》篇："泰伯之可谓至德也矣。三以天下让，

民无得而称焉。" ③鲜：缺少、缺乏。

6.30 子贡曰："如有博施于民而能济众，何如？可谓仁乎？"子曰："何事于仁！必也圣乎！尧舜其犹病诸！夫仁者，己欲立而立人，己欲达而达人。能近取譬，可谓仁之方也已。"

140. 谢曰：博施济众①，亦仁之功用，然仁之名不于此得也。子贡直以圣为仁，则非特不识仁，并于圣而不识也。故夫子语之曰："必也圣乎！"又举仁之方也。己欲立而立人，己欲达而达人②，亦非仁也，仁之方所③而已。知方所，斯可以知仁，犹观天地变化草木蕃鲜，可以知天地之心矣。④

【注释】

①博施济众：普遍施与，救助众生。 ②己欲立而立人，己欲达而达人：意为所谓仁，就是自己想要站立得住，也要使别人站立得住；自己想要前途通达，也要使别人前途通达。 ③方所：意为方向处所、范围。 ④"观天地变化草木蕃鲜"句：观察天地变化草木繁茂和稀疏衰败的情况，就可以知道天地运行的法则了。鲜，少。

述而篇第七

引　语

本篇共三十八章，多记圣人谦己诲人之辞及其容貌行事之实。他以信而好古、择善而从、学而不厌、诲人不倦为志趣，以"德之不修，学之不讲，闻义不能徙，不善不能改"为忧愁。同时孔子在教育方面的实践和总结堪称宝贵财富。他提出的有教无类、因材施教、不愤不启、不悱不发、举一反三等一系列教学原则和方法，至今仍有重要的指导价值。

谢夫子对本篇的讲解共三十七章。除7.9与7.10两章合为一讲谈圣人哀乐中节外，其余各章，均有一讲。

谢夫子论教育谈学习，则说："学不厌，教不倦，则圣且仁矣。""默而识之，神与道契，譬犹以水投水。"谈仁德论修养："志道譬则戴天，举目无不在；据德譬履地，有方所矣。""求仁在我，其得之无所德，其不得无所怨。"比喻精当，论述精辟。谈为人做事，则"盖人有洁己之心以进，亦可与也"；"临事而惧，好谋而成……不谋不成，不惧必败"；等等。侃侃而谈，开人心扉。

7.1　子曰："述而不作，信而好古，窃比于我老彭。"

141. 谢曰：事有述有作，至于道则无述作①之殊。时有古有今，至于道则无古今之变。夫子谓二三子之意，以为我既圣矣，恐其矜己而造异②也。其义若曰：我何以异于人哉？亦述而不作，信而好古③，窃④自比于老彭⑤耳。彭之为人，不可考其谁何，要之必其则古昔称先王以名世者。

【注释】

①述作：述，传述、记述。作，创作、创新。无述作，道之高深不可以简言而概括。 ②矜己而造异：即夸耀自己，造出与儒家学说有差异的言论。汉王充《论衡·书虚》："凡世间传书诸子之语，多欲立奇异，作惊目之论，以骇世俗之人。" ③信而好古：相信并喜爱古代文化。 ④窃：自谦之词。私自、下。 ⑤老彭：人名，但究竟指谁，学术界说法不一。有的说是殷商时代一位"好述古事"的"贤大夫"；有的说是老子和彭祖两个人，有的说是殷商时代的彭祖。此从老子、彭祖说。

7.2 子曰："默而识之，学而不厌，诲人不倦，何有于我哉？"

142. 谢曰：识非知识之识，乃志识之识。默而识（zhì）之①，犹曰默而不忘也。盖人之于道，有所见所闻或终身诵之者，可谓好矣，非默而识之；有书诸绅②者矣，非默而识之；盖己与道未免为二物也。至于默而识之，神与道契③，譬犹以水投水，方且满意自得，何暇发于言语之间哉！此道听涂说，圣人不罪其掠美攘善④，特哀其德之弃之也⑤。学不厌，诲不倦，子贡常论之矣。

【注释】

①默而识之：犹言不声不响，记在心里。　②绅：束在腰间，一头垂下的大带。宋邢昺《论语注疏》："以带束腰，垂之余为饰，谓之绅。"古代有身份的人才能束绅。　③神与道契：自己的思想认识与道相一致。契，融洽、相符、投合。　④掠美攘善：掠他人之美以窃取善名。掠、攘都有夺取意。　⑤德之弃之也：指无根据的传言，为道德所唾弃。

7.3　子曰："德之不修，学之不讲，闻义不能徙，不善不能改，是吾忧也。"

143. 谢曰：见道易，惟修德然后可以得道。言道易，惟讲学①然后可以明道。闻义不能徙②，与不闻同。不善不能改，则安于自弃矣。此四者，自众人观之，亦岂为显过③哉！圣人则以为终于此④而已，此非圣人之忧也⑤，与孟子所谓"饱食暖衣，佚居而无教，则近于禽兽，圣人有忧之"⑥，其意同。

【注释】

①讲学：研习、学习。《左传·昭公七年》："孟僖子病不能相礼，乃讲学之，苟能礼者从之。"　②闻义不能徙：听了符合道义的事不能照着去做。徙，迁移，这里有"照着……做"的意思。　③显过：明显的过错。　④终于此：去掉德

之不修、学之不讲、闻义不能徙、不善不能改四者，最终达到修德、讲学、徙义、迁善。　⑤此非圣人之忧也：这不是圣人忧己，而是忧人，忧这种社会现象。　⑥"饱食暖衣"句：见《孟子·滕文公上》，意为人吃饱穿暖，住得安逸，但是没有教育，也和禽兽差不多，圣人忧虑这种情况。佚居：佚，通逸，安居。

7.4　子之燕居，申申如也；夭夭如也。

144. 谢曰：善观圣人者，可以得之于仪形①。盖周旋中礼者，必其盛德之至②，是以二三子无时不观省于斯焉。燕居③非鞠躬如不容之时，是以其容申申④；非踧踖⑤（chū jí）屏气之时，是以其色夭夭⑥。此之谓中节⑦。

【注释】

①仪形：指一个人的容止仪表。　②周旋中礼、盛德之至：语出《孟子·尽心下》"动容周旋中礼者，盛德之至也"。意思是举止、仪容和进退揖让都合乎礼的要求，乃是道德的最高境界。　③燕居：退朝而处，闲居。　④申申：自便，随和舒展貌。　⑤踧踖：恭敬不安的样子。　⑥夭夭：体貌和舒状。　⑦中节：合乎礼义法度。意谓无过无不及。《中庸》："喜怒哀乐之未发，谓之中；发而皆中节，谓之和。"

7.5　子曰："甚矣吾衰也！久矣吾不复梦见周公！"

145. 谢曰：圣人开物成务①，诚不厌，健不息，不以爱身而自佚也。故孔子于东周之事，梦寐以之。及"凤鸟不至，河不出图"②，然后无意于经世，则其不复梦见周公③，不亦宜乎！然非圣人之私意④，盖天之无意于斯文⑤也。何以知天之无意于斯文，观圣人可也。岂惟以此知天心，圣人亦自考也。故于吾道之衰，不必言明王不兴，特曰"吾不复梦见周公"。

【注释】

①开物成务：指通晓各种事物的道理，按理行事，就能得到成功。《周易·系辞上》："夫《易》，开物成务，冒天下之道，如斯而已者也。"东晋韩康伯注："言《易》通万物之志，成天下之务，其道可以覆冒天下也。" ②凤鸟不至，河不出图：语出《论语·子罕》"子曰：'凤鸟不至，河不出图，吾已矣夫'"。 ③梦见周公：孔子志在学习周公，梦想像周公那样匡正天下，礼乐治国，使社会和谐安定。周公，姬旦。乃文王之子，武王之弟，辅助武王之子成王奠定周朝基业。 ④私意：己意。宋姜夔《续书谱·真》："魏晋书法之高，良由各尽学之真态，不以私意参之耳。" ⑤斯文：文，这里指礼乐制度。后来以斯文指儒者或文人。也用来指人儒雅、书生气。

7.6 子曰："志于道，据于德，依于仁，游于艺。"

146. 谢曰：志于道，志犹言趋向。趋，向也。君子有时不善，然趋向在道；小人非尽不善，然趋向非道。志道譬则戴天,举目无不在。据德譬履地,有方所矣。①依于仁,犹鱼之依水,颠沛造次不离也②。艺,无之不害为君子,有之不害为小人,故时出而习之。游如羁游③之游。

【注释】

①"志道譬则戴天"句:趋向道如同头顶青天,举目无不是青天;依从德如同脚踩大地,有广阔的立身之所。 ②"依于仁"句:比喻君子与仁的关系如同鱼和水的关系,那样密切,时刻不离分,甚至在困境中也不能离开。语见《里仁》篇"君子无终食之间违仁,造次必于是,颠沛必于是"。造次,仓促、紧迫。颠沛,困顿挫折。 ③羁游:羁则客居,游则无定。也即羁旅无定。唐元稹《诲侄等书》:"吾窃见吾兄自二十年来,以下士之禄。持窘绝之家,其间半是乞丐羁游,以相给足。"

7.7 子曰:"自行束脩以上,吾未尝无诲焉。"

147. 谢曰:束脩①不必用于见师,古人相见之礼皆然。言及我门者苟以是心至,未尝不教之。

【注释】

①束脩:也作束修。十条干肉。脩,即脯。古代上下亲友之间相互赠献的一种礼物。后多指送教师的酬礼。《北史·冯伟传》:"门徒束脩一毫不受。"

7.8 子曰:"不愤不启,不悱不发。举一隅不以三隅反,则不复也。"

148. 谢曰：非不欲启也，要之不愤①则不能启；非不欲发也，要之不悱（fěi）则不能发②，以其心不在焉故也。识一隅③，必无不识三隅之理，不以三隅反，岂惟不能推类④，盖虽一隅亦不识矣，语之无益，复如有复于王之复⑤。

【注释】

①启：开导、陈述。常与发合。指开发人心，使之对事物能有新的领悟。愤：本为憋闷、郁积意。思考问题有疑难之处，苦思冥想而仍然没想通，仍然领会不了的样子。　②不悱则不能发：不到他心里明白却不能完善表达出来的程度不要去启发他。悱，想说而不能恰当说出的样子。三国魏何晏《论语集解》引郑玄："孔子与人言，必待其人心愤愤，口悱悱，乃后启发为说之。"　③隅：角落。物有四隅，故举一隅，则应知还有三隅，即举一反三。　④推类：即类推。由某一事物而推度其他相类事物。《汉书·终军传》："夫明暗之征，上乱飞鸟，下动渊鱼，各以类推。"　⑤复如有复于王之复：要宣讲就宣讲王道。典出《孟子·梁惠王上》齐桓晋文之事章中。齐宣王向孟子问霸道，孟子不与回答，而向其讲以王道。复，报告、讲述。

7.9　子食于有丧者之侧，未尝饱也。

7.10　子于是日哭，则不歌。

149. 谢曰：于此可以见圣人情性①之正也。能识圣人之情性，然后可以学道。"未尝饱"，临丧哀也。"是日哭则不歌"，哭非谓生者故也。圣人哀乐中节，未有终日之间其哀不变者，若其终日之间其哀不变，亦过而不化②矣，盖其他感物而乐亦有之，特不歌耳。[1]

【校勘】

〔1〕朱熹《集注》中谢氏曰："学者于此二者，可见圣人情性之正也。能识圣人之情性，然后可以学道。"

【注释】

①情性：情义、本性。《荀子·性恶》："故顺情性则不辞让矣，辞让则悖于情性矣。" ②过而不化：指做事太呆板，不知道变化。

7.11　子谓颜渊曰："用之则行，舍之则藏，惟我与尔有是夫。"

子路曰："子行三军，则谁与？"

子曰："暴虎冯河，死而无悔者，吾不与也。必也临事而惧，好谋而成者也。"

150. 谢曰：圣人于行藏之间①，无意无必②，其行非贪位，其藏非独善，始可谓真知物我之分者也。至有欲心者，不用而求行，舍之而不藏，是以惟回可与于此。子路虽非贪夫位慕夫禄而有利心也，然勇也能无固必乎？至谓"子行三军则谁与"③，其论益卑④矣。夫子言"临事而惧，好谋而成"⑤，特因其失而救之，不谋不成，不惧必败，虽小事尚然，况于行三军乎？心有所恐惧，则不得其正，在圣人岂有不正乎？盖惧特慎而不忽之谓。[1]

【校勘】

〔1〕朱熹《集注》中谢氏曰："圣人于行藏之间，无意无必，其行非贪位，其藏非独善也。若有欲心，则不用而求行，舍之而不藏矣，是以惟颜子为可与于此。子路虽非有欲心者，然未能无固必也。以至行三军为问，则其论益卑矣。夫子之言，盖因其失而救之。夫不谋无成，不惧必败，小事尚然，而况于行三军乎？"

【注释】

①行藏之间：行藏是对用舍而言。所谓行，即实行，发挥个人才能，行其道；藏则是退隐避世，"天下有道则见，无道则隐"。用，任用。舍，则是不用、舍弃。　②无意无必：无意不凭空臆测；无必，不做必然论断，即不搞绝对化。语出《子罕》篇："子绝四：毋意，毋必，毋固，毋我。"　③子行三军则谁与：若您统领军队，那么找谁和您一起共事？三军，古一军万二千五百人，大国三军。《周礼·夏官·司马》："凡治军，万有二千五百人为军。王六军，大国三军，次国二军，小国一军。"具体作战时，军阵又分上、中、下三军，或左、中、右，或前、中、后三军。这里统称军队。　④卑：浅陋。　⑤临事而惧，好谋而成：遇事警惧、谨慎，善于谋划以求功成。临，面对。惧，具有谨慎、警惕意。

7.12　子曰："富而可求也，虽执鞭之士，吾亦为之。如不可求,从吾所好。"

151. 谢曰:天下之人,徒能言富不可求,惟夫子真知其不可求也,是以从吾所好。①

【注释】

①此章的意思是:天下人谈富贵只能到不可求为止,而圣人思想则高人一等,若富贵不可求,就去从事个人喜好的事情。

7.13 子之所慎:齐,战,疾。

152. 谢曰:以诚敬①维持②之谓慎③。齐④所以交鬼神,诚则有,不诚则无。战与疾⑤如临深履薄,如何不慎。

【注释】

①诚敬:真诚恭敬。 ②维持:维系、保持。汉徐干《中论·民数》:"是以先王制六乡六遂法,所以维持其民而为之纲目也。" ③慎:谨慎小心。《尚书·益稷》:"禹曰:'都!帝,慎乃在位。'" ④齐:同斋,斋戒。古人在祭祀前要沐浴更衣,不吃荤,不饮酒,不与妻妾同寝,整洁身心,表示虔诚之心,这叫作斋戒。 ⑤战与疾:朱熹《集注》:"战则众之死生,国之存亡系焉;疾则吾身之死生存亡者,皆不可以不谨也。"意为战争与疾病都是国家存亡,生灵涂炭的大事,让人如临深渊履薄冰一样,能不小心吗?

7.14 子在齐闻《韶》,三月不知肉味,曰:"不图为乐之至于斯也。"

153. 谢曰：三月不知肉味①，以意逆志②读之。方其感时，不知肉味也则宜，然三月之间，无一日之忘，则以几于固③矣。盖志于累月之久，尚时有感于心者，不忘至于逾时，则泊然④矣。程侍讲以三月为音字⑤。

【注释】

①三月不知肉味：意为舜之《韶》乐，尽善尽美到无以复加的程度。孔子心一于乐，故长时间连吃肉都觉得无味，叹美之情，至诚感深。三月，泛指时间长。 ②以意逆志：用自己的心思去揣度别人的意思。 ③固：此处有凝滞、停止不动之意。 ④泊然：恬淡、静默无为的样子。 ⑤程侍讲：指程颐。宋人有呼官职名衔的习惯，以示尊敬。崇政殿说书低于侍讲。程颐仅在元祐初做过崇政殿说书，终身未尝任侍讲之职，而当时人抬高尊之，故以"程侍讲"称之。"以三月为音字"，因为古代文章是竖排版，"音"字仿佛"三月"二字，"三月"疑为"音"字之误。圣人闻《韶》音不知肉味，似合情理。

7.15 冉有曰："夫子为卫君乎？"子贡曰："诺，吾将问之。"

入，曰："伯夷、叔齐何人也？"曰："古之贤人也。"曰："怨乎？"曰："求仁而得仁，又何怨？"

出，曰："夫子不为也。"

154. 谢曰：介甫①曰："涂之人②小者知有财利，大者知有权势，其上乃知有名而已。"知有财利也，夺之则怨；知有权势也，黜③之则怨；知有名也，毁之则怨。伯夷④不知有此三者，知求仁而已。求仁在我，其得之无所德⑤，其不得之无所怨，故孔子曰："求仁而得仁，又何怨乎？"夫财利权势声名，固民之欲也，先王因民之欲，而节文之以礼乐，欲民之仁也。然后世知财利之可以为侈⑥，知权势之可以为骄，知声名之可以为夸，而莫知仁之可以安且乐也。自子贡之徒，于天下之理晰矣，尚疑伯夷之用心，则曹曹⑦者岂足悲乎？大意知察言而观色，则当如此，非机巧⑧也，与赵广汉⑨欲问马先问牛意异。辞欲巧，亦学者穷理⑩一事也。

【题解】

端木赐大智慧。以贤者问之，以"求仁得仁"答之，断知孔子不会介入父子争国的混乱之中。子路则不及，终为卫之争而"不得其死"。

【注释】

①介甫：王安石（1021—1086）。宋抚州临川人。字介甫，号半仙，庆历二年（1042）进士。曾两度拜相，仁宗嘉祐中上万言书，主张变法革新，神宗元丰中封荆国公，世称荆公。　②涂之人：路人、普通人。《荀子·性恶》："涂之人可以为禹。"涂，通途。　③黜：贬、废免。《国语·晋语一》："（晋献）公将黜太子申生而立奚齐。"　④伯夷：商代孤竹君的儿子。相传孤竹君遗命由次子叔齐为继承人。孤竹君死

后，叔齐让位给伯夷，伯夷不受，叔齐也不愿继位。他们先后逃到周。武王伐纣，二人叩马谏阻。纣亡后，二人耻食周粟，逃到首阳山采薇而食，饿死山中。封建时代把他们视为高尚守节的典型。　⑤德：感激。《左传·成公三年》："然则德我乎？"　⑥侈：浪费、奢侈。　⑦瞢瞢：昏晦、暗昧。汉扬雄《太玄经·瞢》："物失明，贞莫不瞢瞢。"　⑧机巧：机智、灵巧。这里指诡诈。《庄子·天地》："功利机巧，勿忘夫人之心。"　⑨赵广汉：汉蠡吾（今河北博野县）人，字子都。宣帝时任颍川太守，治理地方军政事务有一套办法。诛杀豪强原氏、褚氏等，迁京兆尹，执法不避权贵，治事廉明，有声于时。以治丞相魏相夫人杀婢事，以摧辱大臣罪腰斩。他叫家仆到牲口市场去买马，并告诉他先问狗、羊、牛价，然后再问马价，把价格进行比较就能够以合适的价钱购买了。

⑩穷理：穷极深究万物深妙之义理。

7.16　子曰："饭疏食饮水，曲肱而枕之，乐亦在其中矣。不义而富且贵，于我如浮云。"

155. 谢曰：非乐疏食饮水①也，盖疏食饮水不足以害其乐。然则夫子盖无所乐也，无所乐，天下之至乐也。如此，则视义富义贵，亦如浮云，而况不义乎②？

【注释】

①疏食饮水：意思是指粗饭淡汤，饮食简单。　②"则视义富义贵"句：意为靠礼义（走正道）得来的富贵尚如浮

云，不为人动心，那不义（采用不正当手段）攫取到的富贵更像浮云一样。(与自己毫不相干)。

7.17　子曰："加我数年，五十以学《易》，可以无大过矣。"

156. 谢曰：因是知正①六艺②非夫子初心，删《诗》③定《书》④赞《易》⑤道以黜《八索》⑥，皆其自卫反鲁之后乎？然昔之说《易》，其觳乱⑦如《八索》者盖多，待夫子赞而黜之，然后其道可以大明。"可以无大过"，指《易》《书》之害正者言也。⑧

【注释】

①正：整饬、纠正。《尧曰》篇："君子正其衣冠。" ②六艺：这里指儒家六经"诗、书、礼、乐、易、春秋"为六艺。礼、乐、射、御、书、数六种科目也称六艺。《周礼·地官·保民》：保氏掌谏王恶，而养国子以道，乃教之六艺：一曰五礼，二曰六乐，三曰五射，四曰五驭，五曰六书，六曰九数。　③删《诗》：孔子删诗之说。《史记·孔子世家》："古者诗三千余篇，及至孔子，去其重。取可施于礼义……三百五篇。"后世学者争议颇多，未有定论。　④定《书》：定，订正；《书》，《尚书》(《书经》)。指孔子订正《尚书》及《春秋》。　⑤赞《易》：选取《周易》之易理精华。赞，选拔、选取。《礼记·月令》孟夏之月："命太尉赞桀俊，遂贤良，举长大。"　⑥《八索》：传说为商代帝王之书。因内容

混乱错讹多悖于礼义，孔子黜之。　⑦殽乱：错杂混乱。《庄子·齐物论》："仁义之端，是非之涂，樊然殽乱，吾恶能知其辩。"　⑧"可以无大过"句：指《周易》《尚书》等文化典籍在没经孔子整理前有错谬的地方，后经孔子整理，避免了大的过错。另外"可以无大过"可作双关解，亦含有潜心研究而悟"道"，可无大过。

7.18　子所雅言，《诗》、《书》、执礼，皆雅言也。

157. 谢曰：《诗》、《书》、执礼①，乃圣人之常言②也。因记夫子谈《易》之语，而以类记之。[1]

【校勘】

〔1〕朱熹《集注》中谢氏曰："此因学《易》之语而类记之。"

【注释】

①执礼：执导礼仪。朱熹《集注》："礼独言执者，以人所执守而言，非徒诵说而已也。"相当后之司仪。　②常言：平素最通用的语言。这里指雅言。所谓雅言就是官方的标准语，即官话。周王朝建都镐京，关中之地（今陕西一带）属王畿，所以关中话就成了标准官方话。孔子诵读《诗经》、《尚书》、赞礼都用关中话。因而当时的雅言就相当今之普通话。

7.19　叶公问孔子于子路，子路不对。

子曰："女奚不曰：'其为人也，发愤忘食，乐以忘忧，不知老之将至云尔。'"

158. 谢曰："发愤①忘食"，非济②欲者；"乐以忘忧"，非累物③者；"不知老之将至云尔④"，不知年数之不足也。要其极亦无我之事⑤。

【注释】

①发愤：发奋振作、勤奋、努力。唐李白《白马篇》："发愤去函谷，从军向临洮。"　②济：补益、充足。成语有"刚柔并济"。　③累物：为物欲所拖累。魏晋玄学家王弼曰："应物而勿累于物。"　④云尔：语末助词，相当于如此、罢了。　⑤要其极亦无我之事：总评孔子做事极其投入，达到忘我境界。

7.20 子曰："我非生而知之者，好古，敏以求之者也。"

159. 谢曰：至于入圣域，则不论生知与学知之异。言我非生而知之云尔，其言则不居圣①，其意则不让②矣。

【注释】

①不居圣：不以圣人自居。　②不让：不逊让、不推辞。《诗经·小雅·角弓》："受爵不让，至于己斯亡。"

7.21　子不语怪、力、乱、神。

160. 谢曰：介甫云：怪①，非常也。盖圣人语②（yù）常而不语怪，语德而不语力，语治而不语乱，语人而不语神。[1]

【校勘】

〔1〕朱熹《集注》中谢氏曰："圣人语常而不语怪，语德而不语力，语治而不语乱，语人而不语神。"

【注释】

①怪：怪异，与常对。怪则离经叛道；常，正常，中规合矩。下文中德，仁德；力，暴力；治，治理；乱，悖乱。都是相对而言。　②语：谈论讲说。自言为言，与人谈论为语。《乡党》篇："食不语，寝不言。"

7.22　子曰："三人行，必有我师焉。择其善者而从之，其不善者而改之。"

161. 谢曰：善，吾师也。不善，亦吾师也。①

【注释】

①朱熹《集注》："三人同行，其一我也。彼二人者，一善一恶，则我从其善而改其恶焉，是二人者皆我师也。"见贤思齐，见不贤而内自省。

7.23　子曰："天生德于予，桓魋其如予何？"

162. 谢曰："天生德于予"①**，是夫子与天合德矣，与天合德，则天且不违，况桓魋**②（tuí）**乎？然圣人不敢必其不我能害也，使其能为我害，亦天也，故曰："其如予何？"**

【注释】

①天生德于予：上天把这样美好的品德赋予我（指孔

子)。 ②桓魋：宋国大司马（主管军事行政的官员），向魋，是宋桓公的后代，故称桓氏。

7.24 子曰："二三子以我为隐乎？吾无隐乎尔。吾无行而不与二三子者，是丘也。"

163. 谢曰：道在八荒①之外，近在父子夫妇之间，视听食息之际，虽圣人何得而隐哉？仰观俯察，无往而不与二三子②共之也，二三子特习矣③而不察耳，故曰："吾无隐乎尔。"若不与二三子共之，岂所谓天下之达道乎？

【注释】

①八荒：八方荒远的地方。汉刘向《说苑·辨物》："八荒之内有四海，四海之内有九州。" ②二三子：指孔子弟子门人。 ③习矣：常见，熟悉。

7.25 子以四教：文、行、忠、信。

164. 谢曰：教止于此四事，其实三事耳；文①也，行②也，忠信③也。

【注释】

①文：文献、古籍等。 ②行：指德行，也指社会实践方面的内容。 ③忠信：竭尽全力，以诚实之心对人。

7.26 子曰："圣人，吾不得而见之矣；得见君子者，斯可矣。"

子曰:"善人,吾不得而见之矣;得见有恒者,斯可矣。亡而为有,虚而为盈,约而为泰,难乎有恒矣。"

165. 谢曰:圣人大而且化①,君子得圣人之体而未化,所以不见圣人,思见君子。善人不践迹②,可以制行③。有恒者不越循④法度,而不敢以亡而为有,虚而为盈,约而为泰⑤耳。所以不见善人,思见有恒者。

【注释】

①大而且化:指大行其道,使天下化之。化,变化、改变。《老子》第五十七章:"我无为而民自化。" ②践迹:踩着前人的足迹,依循旧规。《先进》篇:"不践迹,亦不入于室。"朱熹《集注》:"践迹如言循途守辙,善人虽不践旧迹,自不为恶,然亦不入于圣人之室也。" ③制行:指规定道德和行为准则。《礼记·表记》:"圣人之制行也,不制以己。"孔颖达疏:"圣人之制法立行不造制以己之所能,谓不将己之所能以为法,恐凡人不能行也。" ④越循:逾越、超出。《周易·系辞下》:"其称名也,杂而不越。" ⑤亡而为有,虚而为盈,约而为泰:没有却假装有,空虚却假装充实。穷困却装作奢华。泰,奢侈、豪华。《国语·晋语》:"(郤至)恃其富宠,以泰于国。"

7.27 子钓而不纲,弋不射宿。

166. 谢曰:袁思正①说,不纲②者,恶其取物之多;不射宿③者,不欲阴中物④。

【注释】

①袁思正：北宋人，生平不详。　②纲：大绳。这里作动词用。在水面上拉一根大绳，在大绳上系许多鱼钩来钓鱼，叫纲。　③射宿：指猎取歇宿的禽兽。　④不欲阴中物：喻不想暗箭伤生。阴，指暗中做事。

7.28　子曰："盖有不知而作之者，我无是也。多闻，择其善者而从之，多见而识之，知之次也。"

167. 谢曰：知者，心有所觉也，非闻见之所及。只于闻见能择而从之识①之，与心知殊异，故曰"知之次也②"。

【注释】

①识：志、记也。　②知之次也：意为通过多闻多见择善而从学来的知识，在智能上（比生而知之）是仅次一等的了。

7.29　互乡难与言，童子见，门人惑。子曰："与其进也，不与其退也，唯何甚？人洁己以进，与其洁也，不保其往也。"

168. 谢曰：童子委贽①（zhì）而退，盖本无与先生长者抗礼②之意，此门人所以惑也。然先生与之进则进，不与之进则退③，庸何伤？盖人苟有洁己④之心以进，亦可与⑤也，岂保其异日弗畔⑥哉！

【注释】

①委贽：古人初次相见，必执贽以为礼，卿羔、大夫雁等，叫委贽。贽，初次拜见长辈所送的礼物。　②抗礼：行对等之礼。古时宾主相见，分别站在庭院两边相对行礼，以平等地位相待。后比喻平起平坐、相互抗衡或互相对立搞分裂。《史记·刺客列传》："举座客皆惊，下与抗礼，以为上客。"　③进、退：进步、退步；一说进见请教、退出以后的作为。　④洁己：洁身自好，努力修养，成为有德之人。⑤与：赞许。　⑥畔：违背、背叛。《阳货》篇："公山弗扰以费畔。"

7.30　子曰："仁远乎哉？我欲仁，斯仁至矣。"

169. 谢曰："我未见力不足者，我欲仁，仁自至矣。"①

【注释】

①"我未见力不足者"句：语出《里仁》篇，意即我还没见过自身能力不能达到仁的。我想践行仁，仁就到了。如果一个人真想成为仁者，只要其内在自觉朝这个方向努力，就一定能够做到，因为仁就在我们身边。

7.31　陈司败问："昭公知礼乎？"孔子曰："知礼。"

孔子退，揖巫马期而进之曰："吾闻君子不党，君子亦党乎？君取于吴，为同姓，谓之吴孟子。君而知礼，孰不知礼？"

巫马期以告。子曰："丘也幸，苟有过，人必知之。"

170. 谢曰：陈司败①泛问昭公②知礼与不知礼，与沈同问燕③可伐与不可伐于孟子同也，孔子岂敢对以不知礼？若复问取同姓④为知礼与不知礼，则孔子当别有论。陈司败不复问，直以为党⑤，圣人岂复辨以我为无过也。

【注释】

①陈司败：陈，指陈国；司败，主管刑法的官，即司寇。

②昭公：鲁国的国君，名裯（chóu），前541年—前510年在位。"昭"是谥号。　③沈同问燕：语出《孟子·公孙丑下》沈同问伐燕典。沈同，齐臣。　④取同姓：取，同娶。周礼规定：同姓不婚。鲁昭公（姬姓鲁氏）娶吴国（姬姓国）吴孟子为婚，是违礼行为。　⑤党：阿附、偏私、包庇。《尚书·洪范》："无偏无党，王道荡荡；无党无偏，王道平平。"

7.32　子与人歌而善，必使反之，而后和之。

171. 谢曰：记圣人与人尽欢，非貌①亲也。

【注释】

①貌：外观、外表。《逸周书·芮良夫解》："王貌受之终弗获用。"注：貌谓外相悦而无实也。

7.33　子曰："文，莫吾犹人也。躬行君子，则吾未之有得。"

172. 谢曰：文①虽圣人无不与人同，故不让。能躬行②君子斯可以入圣，故不居。犹言君子道者三③，我无能焉。[1]

【校勘】

[1] 朱熹《集注》中谢氏曰："文虽圣人无不与人同，故不逊；能躬行君子，斯可以入圣，故不居；犹言君子道者三，我无能焉。"

【注释】

①文：这里指学问、典籍或文献。 ②躬行：身体力行，付诸行动。 ③君子道者三：仁者不忧，智者不惑，勇者不惧。见《宪问》篇。

7.34 子曰："若圣与仁，则吾岂敢？抑为之不厌，诲人不倦，则可谓云尔已矣。"公西华曰："正唯弟子不能学也。"

173. 谢曰：学不厌，教不倦，则圣且仁矣。故曰："正唯弟子不能学也。"①

【注释】

①此章言孔子"学而不厌，诲人不倦"，圣明而仁道。因此公西华才有"正唯弟子不能学也"之叹，不是不能学，是学不及此也，达不到孔子那么高的境界。

7.35 子疾病，子路请祷。子曰："有诸？"子路对曰："有之。《诔》曰：'祷尔于上下神祇。'"子曰："丘之祷久矣。"

174. 谢曰：此非夫子不祷①，语子路以祷于鬼神之理也。鬼神可以诚意交，则祷之理有也；不可以诚意交，则祷之理无也。使其无，不祷可也；使其有，则夫子之诚意亦足矣。故曰："丘之祷久矣。"②

【注释】

①祷：向鬼神请求和祷告，即祈祷。 ②丘之祷久矣：意为圣人对神祇的诚意很充足很长久了，已经用实际行动祷告天地神灵了。

7.36 子曰："奢则不孙，俭则固。与其不孙也，宁固。"

175. 谢曰：俭特①不可谓之中道，犯禁②陵③上之过则亡也。至于奢，则岂特过中④而已，故曰不孙⑤。

【注释】

①特：这里是仅、只、不过的意思。与本条语录中"则岂特过中而已"之"特"意同。《史记·魏其武安侯列传》："丞相特前戏许灌夫，殊无意往。" ②犯禁：违犯禁令。《韩非子·五蠹》："儒以文乱法，侠以武犯禁，而人主兼礼之，此所以乱也。" ③陵：通凌。侵侮、欺凌。《中庸》："在上位，不凌下。" ④过中：行事过头，不合中庸，不是恰到好处。 ⑤孙：同逊，恭顺。不孙，即为不顺，这里的意思是越礼。

7.37 子曰："君子坦荡荡，小人长戚戚。"

176. 谢曰：不忧不惧，所以坦荡荡①；怀得失之心，所以长戚戚②。

【注释】

①坦荡荡：心胸宽广、开阔、容忍。 ②长戚戚：经常忧愁、烦恼的样子。

7.38 子温而厉，威而不猛，恭而安。

177. 谢曰：三事皆圣人之仁义礼智充溢于中，而睟(suì)面盎背①而然。在他人，温则不厉，厉则不温，威则猛，不猛则不威，恭则不安，安则不恭。如伯夷、柳下惠②之气象，犹在两偏。若下惠则温胜厉，若伯夷则厉胜温，其唯圣人之时然后温而厉乎？威非作威，盖德威也。心慢而貌恭，则虽恭而不安。(又《语录》③曰："横渠④尝言吾十五年学个恭而安⑤不成。"明道⑥曰："可知是学不成，有多少病在。"谢子曰："凡恭谨必勉强不安肆⑦，安肆必放纵不恭，恭如勿忘，安如勿助长，正当勿忘勿助长⑧之间，须子[1]细体认取⑨。")

【校勘】

〔1〕"子"应为"仔"。

【注释】

①睟面盎背：谓有德者容貌温和润泽，形体丰厚盈溢。喻君子内在道德的光彩自然流露在脸上、身上。《孟子·尽心上》："君子所性，仁义礼智根于心。其生色也，睟然见于面，

盎于背，施于四体，四体不言而喻。"睟，润泽。　②柳下惠：即春秋鲁大夫展禽，鲁僖公时人，又字季。因食邑柳下，谥惠，故称柳下惠。任士师时，三次被黜，与伯夷并称夷惠。

③《语录》：指《上蔡先生语录》。　④横渠：张载（1020—1077），字子厚，大梁（开封）人，后迁凤翔眉县（今宝鸡市眉县）横渠镇，世称横渠先生。嘉祐二年（1057）进士，宋代理学创始人之一，反对"理"为万物本源，承认物质先于精神而存在，具有朴素的唯物主义因素。　⑤恭而安：谦恭礼让而又自然安详，亦不失庄重严肃。　⑥明道：程颢（1032—1085），字伯淳，号明道。世称"明道先生"。河南洛阳人。北宋理学家、教育家，理学奠基者。　⑦安肆：安乐放纵。肆，纵恣、放肆。《礼记·表记》："君子庄敬日强，安肆日偷。"孔颖达疏："言小人安乐则其性情日为苟且。"
⑧勿忘勿助长：儒家认为，在道德涵养中，心不要忘记，也不要助长私心杂念，做事要把心放平，不要刻意追求什么。
⑨体认取：即体察、认识，还包括认可、认同的意思。

泰伯篇第八

引　语

本篇共二十一章，有两个比较集中的内容：其一记录了孔子及其学生对尧舜禹古代先王的评价。孔子一再称颂古代圣君，实质上是表达了对现实政治的期待。又指出"不在其位，不谋其政"。换言之，就是"在其位，谋其政，谋好政"，政由君出，造福亿民。其二是连续数章记录了曾参的言论。内容涉及：志士应弘毅，因仁以为己任，任重道远。君子应贵守三道：动容貌，正颜色，出辞气。君子无时而不戒慎恐惧，"战战兢兢，如临深渊，如履薄冰"等。

谢夫子对本篇二十一章均有讲解，或言简意赅，或深辩详析。

评价尧，"有内圣之德，必有外王之业，故有成功，有文章"。称舜与周武王之事，而叹天下之才难。赞文王之至德，"不蕲得民，而民自归之。其势可取，而不取。……故有君民之大德，有事君之小心"。谈道德修养，则"身可死，志不可移，守死善道者也。爱其身，危邦不入。洁其身，乱邦不居"。"笃于心则仁心自兴，故旧不遗则德自厚"。讲曾子所谓"动容貌，正颜色，出辞气"，强调要皆出于自然，"若夫大而化之,合于自然,则正、动、出不足言矣"。讲学习要如饥似渴,坚持不懈,"如追寇雠,如此之急,犹恐不及",等等。

8.1 子曰:"泰伯,其可谓至德也已矣。三以天下让,民无得而称焉。"

178. 谢曰:王元泽①曰:"'三以天下让'②好名者能之,唯'民无得而称焉'③,是以为至德。"周未有天下,而曰"三以天下让",以彼其德,当文王与纣之事,亦可以朝诸侯有天下④矣。

【注释】

①王元泽:王雱(pāng)(1044—1076),字元泽,宋著名政治家、改革家、文学家,王安石之子。 ②三以天下让:泰伯是周朝祖先周太王的长子,是个乐于谦让的贤者。为了遵从父愿,他放弃王位继承权,离国出走,此为一让。父死回国奔丧,又主动禅让本属于长子的王位继承权给三弟季历,此为二让。季历被害后,又把王位继承权让给季历子姬昌,即后来的周文王,此为三让。 ③民无得而称焉:老百姓找不到恰当的话语来称颂他。 ④朝诸侯有天下:言明王以至德服天下,使天下诸侯朝拜归向。

8.2 子曰:"恭而无礼则劳,慎而无礼则葸(xǐ),勇而无礼则乱,直而无礼则绞。君子笃于亲,则民兴于仁;故旧不遗,则民不偷。"

179. 谢曰：性有所偏①，才有所长，未免有我②，则不止于当③。不止于当，则为无礼，不就理故也。故有劳葸乱绞④之弊。又曰：在己养德亦如是，笃于亲则仁心自兴，故旧不遗则德自厚。

【题解】

恭慎勇直四种好的品德若没有礼的节制，任性发展必有所偏而不当，终误入极端劳葸乱绞。

【注释】

①偏：偏颇、偏激。 ②有我：有私心、有私欲。 ③不止于当：不能恰当作为。当，得当、恰当。《吕氏春秋·孟夏纪》："命太尉赞杰俊，遂贤良，举长大；行爵出禄，必当其位。" ④劳葸乱绞：指劳倦不安、胆怯懦弱、犯上作乱、急切偏激四种极端状态。

8.3 曾子有疾，召门弟子曰："启予足！启予手！诗云：'战战兢兢，如临深渊，如履薄冰。'而今而后，吾知免夫，小子！"

180. 谢曰：君子无时而不戒慎恐惧。

【题解】

本则意为君子言行时刻都要有所戒备，要有谨慎、畏惧心理，慎始慎终才免于犯法受刑，不使自己的身体受伤害。

8.4 曾子有疾，孟敬子问之。曾子言曰："鸟之将死，其鸣也哀；人之将死，其言也善。君子所贵乎道者三：动容貌，斯远暴慢矣；正颜色，斯近信矣；出辞气，斯远鄙倍矣。笾豆之事，则有司存。"

181. 谢曰：人之将死，无物我心，故其言善。人之应事，不过容貌、辞气、颜色三事，特系所养如何耳。动也，正也，出也，君子自收处，故暴慢①鄙倍②不生于心。远，自远也。信，以实之谓也。与礼乐不斯须③去身之意同。孟子之养浩然之气④，盖出于远暴慢鄙倍之学。或问：动容貌、正颜色、出辞气⑤，先生尝谓要紧在上三字。如下句是谓人说谓己说？曰：是谓己也，方动容貌，暴慢自然远。又问：下三句换得转否？正色曰：自然。动容貌，暴慢著不得，自然远。正颜色，自然近信。信，有诸己之谓也，正颜色近之。出辞气，逊以出之，修辞⑥也，修辞立其诚也。修辞不是咬文嚼字⑦，咬文嚼字却是巧言。【吴本此处有"问是非礼勿言动否？曰是"下注云："君子所贵乎道者三，三者皆以道也。"凡二十四字。】

又曰：心者何也？仁是已。仁者何也？活者为仁，死者为不仁。今人身体麻痹不知痛痒，谓之不仁，桃杏之核，可种而生者，谓之桃仁杏仁，言有生之意。推此仁可见矣。学佛者知此谓之见性⑧，遂以为了，故终归妄诞⑨。圣门学者见此消息⑩，必加功⑪焉。故曰："回虽不敏，请事斯语矣。""雍虽不敏，请事斯语矣。"仁操则存，舍则亡。故曾子曰："动容貌，正颜色，出辞气。"出者，从此广大心中流出也，以私意发言，岂出辞之谓乎？夫人一日间，颜色容貌，试自点检，何尝正，何尝动，怠慢而已。若夫大而化之⑫，合于自然，则正、动、出不足言矣。

【注释】

①暴慢：粗暴、倨傲放肆。 ②鄙倍：鄙，粗野鄙陋。倍，同背，背理。 ③斯须：片刻、须臾。《孟子·告子上》："庸敬在兄，斯须之敬在乡人。" ④浩然之气：正大刚直之气。《孟子·公孙丑上》："吾善养吾浩然之气。"省称浩然。宋文天祥《正气歌》："天地有正气，杂然赋流形；下则为河岳，上则为日星；于人曰浩然，沛乎塞苍冥。" ⑤动容貌、正颜色、出辞气：原句意为容貌严肃谦和，就会远离粗暴怠慢；神情庄重严肃，就可以使人信任接近；说话注意声调语气，就会远离粗暴无礼。 ⑥修辞：注重自己的语言表述方式。《周易·乾》："修辞立其诚，所以居业也。" ⑦咬文嚼字：刻意于词句上的推敲。 ⑧见性：佛学认为，即见自本性。用自己的六识心找到八识心如来藏，即见性成佛。简单说就是悟彻清净的佛性。 ⑨妄诞：荒诞不经，虚妄不实。 ⑩消息：一消一长，互相更替，谓之消息。这里指仁的信息。 ⑪加功：这里有因势利导更加努力之意。《淮南子·修务训》："大地势，水东流，人必事焉，然后水潦得谷行；禾稼春生，人必加工焉，故五谷得遂长。" ⑫大而化之：《孟子·尽心下》："大而化之谓圣。"能使王道发扬光大，起到教化作用，便可进入圣人境界。《说文》："化，教化也。"注："教行于上，则化成

于下。"

8.5 曾子曰："以能问于不能，以多问于寡；有若无，实若虚；犯而不校。昔者吾友尝从事于斯矣。"

182. 谢曰："以能问于不能，以多问于寡。有若无，实若虚"①，不知有余在我，不足在人，"犯而不校②"。不必以得为在己，以失为在人。惟忘物我者能之。[1]

【校勘】

〔1〕朱熹《集注》中谢氏曰："不知有余在己，不足在人；不必得为在己，失为在人。非几于无我者不能也。"

【注释】

①"以能问于不能"句：意即自有本事，却去请教没有本事的人；自己知识丰富，却去请教知识有限的人；有学问却像没有学问，内心充实却像空无一物。　②犯而不校：即使受到冲撞，也不计较。犯，侵犯、冲击。校，通较，计较。

8.6 曾子说："可以托六尺之孤，可以寄百里之命，临大节而不可夺也，君子人与？君子人也。"

183. 谢曰：托六尺之孤①，不止不食其言②，使死者复生，生者不愧。寄百里之命③，使其无流离④饿莩⑤之患，必其才有大过人者乃可。

【注释】

①托六尺之孤：孤，死去父亲的小孩叫孤，六尺指十五

岁以下少年儿童，古人七尺以上为成年。托孤，受君主临终前的嘱托辅佐幼君。　②食其言：背弃诺言。谓言之不行，如食之消尽。食，消。　③寄百里之命：受托于其辖下治权。寄，寄托、委托。百里之命，指掌握国家政权和命运。古代百里为王，故有此说。　④流离：流转、离散。《汉书·蒯通传》："今刘项分争，使人肝脑涂地，流离中野，不可胜数。"　⑤饿莩：饿死者。《孟子·梁惠王上》："民有饥色，野有饿莩。"莩，或作殍。

8.7　曾子曰："士不可以不弘毅，任重而道远。仁以为己任，不亦重乎？死而后已，不亦远乎？"

184. 谢曰：颜子之德近弘①，孟子之德近毅②。任重道远③，自任以天下之重④也。

【注释】

①弘：广大。《卫灵公》篇："人能弘道，非道弘人。"　②毅：强劲、刚毅、果敢。　③任重道远：担子重，路途远。比喻肩负的责任重大，并需要长期的艰苦努力。《商君书·弱民》："背法而治，此任重道远而无牛马，济大川而无舡楫也。"　④重：指实现仁德教化的重任。

8.8　子曰："兴于《诗》，立于礼，成于乐。"

185. 谢曰：《诗》吟咏情性，能感动人之善心，使有所兴发①。礼则动必合义，使人知正位可立②。乐则存养其善心，使义精仁熟，自和顺③于道德。

【注释】

①兴发：感情涌动，使之抒发出来。　②知正位可立：知礼正才能立身立位。　③和顺：和谐顺从。《周易·说卦》："和顺于道德而理于义。"

8.9　子曰："民可使由之，不可使知之。"

186. 谢曰：礼乐法度，莫非妙道所存，盖圣人与民共由也，民特不知①耳。乃若学者，则于礼乐法度之外，自有觉处，所谓知也。

【注释】

①"圣人与民共由也"句：对于百姓，圣人可以使他们走在人生的正途上，至于礼法度存于社会的妙道，老百姓却不知道，这就是教化的必要性。

8.10　子曰："好勇疾贫，乱也。人而不仁，疾之已甚，乱也。"

187. 谢曰：好勇则宜小有才①，至于疾②贫，则必用其才。不仁③为可矜④，至于疾之已甚⑤，则绝其劝勉愧耻之心矣。故必至于乱⑥。

【注释】

①宜小有才：理应多少有点才能。　②疾：恨、憎恨。　③不仁：不符合仁德的人或事。　④矜：凶危、危险。《诗

经·小雅·菀柳》："曷予靖之，居以凶矜。"毛传："矜，危也。" ⑤已甚：太过分。 ⑥乱：指各种违犯纲纪之行为。

8.11 子曰："如有周公之才之美，使骄且吝，其余不足观也已。"

188. 谢曰：不能忘我①，故骄；不能忘物，故吝②。有才而骄且吝者，功业盖世容③有之，然必无公天下之心，卒④归于小人。

【注释】

①忘我：超乎自我。《晋书·王坦之传》："成名在乎无私，故在当而忘我。"后多以公而忘私为忘我。 ②吝：吝啬、贪财。 ③容：或许。 ④卒：最终。

8.12 子曰："三年学，不至于谷，不易得也。"

189. 谢曰：介甫曰："学者当知其难而自强不息①。"

【注释】

①自强不息：自己努力向上，永远不懈怠。《周易·乾卦》："天行健，君子以自强不息。"

8.13 子曰："笃信好学，守死善道，危邦不入，乱邦不居。天下有道则见，无道则隐。邦有道，贫且贱焉，耻也；邦无道，富且贵焉，耻也。"

190. 谢曰：举世毁誉不为劝沮①，笃信②好学者也。身可死，志不可移，守死善道者也。爱其身，危邦不入；洁其身，乱邦不居。非王者兴则不仕，如斯人者，其当以大人处之乎？学者立志当如此。邦有道，君子汇征③之时，故不仕则耻；邦无道，小人得志之时，故仕则耻。

【注释】

①劝沮：劝，勤勉。沮，沮丧。语出《庄子·逍遥游》："举世誉之而不加劝，举世非之而不加沮。"意思是世上的人都称赞他，他却不因此而奋勉；世上的人都诽谤他，他也不因此而沮丧。一心向道，不为外力所左右，非常具有定力。又见《韩非子·八经》："故民无以私名，设法度以齐民信赏罚以劝沮。"沮：阻止。　②笃信：忠实地信仰。　③汇征：连类同进。《周易·泰卦》："初九，拔茅茹，以其汇征吉。"后因能进用贤者为汇征。

8.14　子曰："不在其位，不谋其政。"

191. 谢曰：止其所也①。

【注释】

①止其所也：意思是停止于应当抑止之处，找准自己的位置。说明立身处事适得其所。止，停止。所，处所。

8.15　子曰："师挚之始，《关雎》之乱，洋洋乎盈耳哉！"

192. 谢曰：介甫云："乱①，理也。"言中间乐废，而

《关雎》之什②有错谬者，师挚③始理之，故作之而美也。

【注释】

①乱：乐曲卒章叫乱，即乐曲终了。又意理顺、治理。《论语·泰伯》："予有乱臣十人。"乱臣就是治国之臣。②《关雎》之什：即《关雎》这类诗篇。《关雎》是《诗经》首篇，是一首有关爱情的诗歌。什，《诗经》的"雅""颂"多以十篇为一组，所以称"什"，后来泛指诗篇。　③师挚：即太师挚，太师是乐师，这里指鲁国的一位乐师，名挚。古代奏乐，乐曲开始的序曲通常有太师演奏。

8.16　子曰："狂而不直，侗（tóng）而不愿，悾（kōng）悾而不信，吾不知之矣。"

193. 谢曰：狂①者既进取，复不循理；侗②者既未有知，复不谨愿③，悾悾④既无实，复不信道。圣人亦末如之何⑤也。

【注释】

①狂：急躁、急进。　②侗：幼稚无知。　③谨愿：谨慎、诚实。如谨愿自守。　④悾悾：貌似诚恳，实空虚。⑤末如之何：犹言无法对付，莫可奈何。《子罕》篇："说而不绎，从而不改，吾末如之何也已矣。"

8.17　子曰："学如不及，犹恐失之。"

194. 谢曰：如追寇仇，如此其急，犹恐不及。①故子路未之能行，惟恐有闻。

【注释】

①"如追寇仇"句：学习就如追击自己的敌人一样，毫不松懈，绝不放过任何问题。仇，仇敌。

8.18　子曰："巍巍乎，舜禹之有天下也而不与焉！"

195. 谢曰：由匹夫而有天下，非舜禹①本心。不与②，犹曰乃天下之天下，非我之天下。

【注释】

①舜禹：舜是传说中的圣君明主。禹是夏朝的第一个国君。尧禅位给舜，舜后来又禅位给禹。　②不与：与己不相干。

8.19　子曰："大哉尧之为君也！巍巍乎！唯天为大，唯尧则之。荡荡乎！民无能名焉。巍巍乎其有成功也，焕乎其有文章！"

196. 谢曰：尽天之道则大①，民无能名则神②。有内圣之德，必有外王之业③，故有成功④，有文章⑤。

【注释】

①尽天之道则大：遵循自然规律行事就伟大。　②民无能名则神：老百姓无法用言语来称颂的则是神圣的君王。名，称说、赞颂。　③内圣、外王：此为古代修身为政的最高理想，谓内备圣人之至德，施之于外，则为王者之政。语出《庄子·天下》"是故内圣外王之道，暗而不明，郁而不发，

天下之人各为其所欲焉，以自为方"。　④成功：功业。《尚书·禹贡》："禹锡玄圭，告厥成功。"　⑤文章：辉煌有纹彩。文，通纹。

8.20　舜有臣五人而天下治。武王曰："予有乱臣十人。"孔子曰："才难，不其然乎？唐、虞之际，于斯为盛。有妇人焉，九人而已。三分天下有其二，以服事殷。周之德，其可谓至德也已矣。"

197. 谢曰：称舜与武王之事，而叹天下之才难，才非世之所谓才也。又曰：不蕲①（qí）得民，而民自归之。其势可取，而不取。为商之民与为吾民何以异？臣人与为人臣②亦何以异？故有君民之大德，有事君之小心。以晋魏之事③观之，则文王之德之至可见矣。

【注释】

①蕲：通祈，求。《庄子·养生主》："泽雉十步一啄，百步一饮，不蕲畜于樊中。"　②臣人与为人臣：治理人与被人治理。西伯侯治其封地为臣人；为侯又是殷商之臣。　③晋魏之事：指曹丕代汉为魏及司马氏篡魏为晋。魏晋都是以下犯上，臣篡君权。

8.21　子曰："禹，吾无间然矣。菲饮食而致孝乎鬼神，恶衣服而致美乎黻冕；卑宫室而尽力乎沟洫。禹，吾无间然矣。"

198. 谢曰：间如"不间于其父母昆弟之言"①之间，犹言我无得而议之也。禹有天下，非乐享太平之奉己也，致孝乎鬼神而菲②饮食，致③美乎黻（fǔ）冕④而恶衣服，尽力乎沟洫（xù）⑤，而卑宫室⑥，则禹之于天下何与焉⑦！

【注释】

①不间于其父母昆弟之言：语出《先进》篇："子曰：'孝哉闵子骞！人不间于其父母兄弟之言。'"意为闵子骞真孝顺啊！人们对于他父母兄弟（夸奖他孝顺）的话，挑剔不出毛病。间，空隙。此处用作动词，批评、指责。昆：兄。

②菲：菲薄、不丰厚。　③致：致力。　④黻冕：古代大夫以上祭祀时的礼服礼冠。　⑤沟洫：沟渠。田间水道，以正疆界。　⑥卑宫室：居室简陋。卑，卑下。　⑦禹之于天下何与焉：禹拥有天下，他参与了什么私利呢？意思是天下是天下人的，禹一点也不从中谋求私利。

子罕篇第九

引 语

本篇共三十一章。内容丰富，孔子的政治理想、为人、学识等都有所涉及，最核心的内容则是如何在一个变化万端的社会中安身立命的问题。首章提出孔子"罕言利"的观点。在《里仁》篇里，孔子说："君子喻于义，小人喻于利。"这表现了他重义轻利的基本态度。篇中谈到颜回赞其师道仰高弥坚，博文约礼，引人向善。孔子教人困不改节，穷不夺志，君子居陋不嫌陋等，对于人们认识问题和安身立命都有积极的启发指导意义。

谢夫子对本篇的讲解共二十八章。9.6与9.7章合论"多能不害为君子，然而君子不必多能"。9.25章无讲。9.30与9.31两章合谈共学与适道、权变而得中的道理。其余各章均有一讲。

谢夫子谈孔子天人合一的思想，则说"天之未丧斯文，犹曰我之未丧斯文，故曰'其如予何'"，充分展示了圣人的自信自强。评讲颜回论圣道，则说"仰之称高，钻之弥坚，无限量也，以见圣人之道大；瞻之在前，即不及，忽焉在后，又蹉却，以见圣人之道中"。评价了圣道的博大精深，让人高山仰止。讲"知者不惑,仁者不忧,勇者不惧",分析精微:"察理不当则惑","有利害之心则忧","中无主则惧"。讲后生可畏,则说"闻道无先后,造道之极,斯涂之人可以并尧舜,故曰'焉知来者之不如今'"。论"匹夫不可夺志",则说"惟不可夺,是以谓之志,可夺非志也。山岳可移,志不可移;死则可夺,志不可夺",突出了坚定志向在人生中的重要性。

9.1 子罕言利与命与仁。

199. 谢曰:必如言利,用行师,利御寇①,始可谓之言利。如莫之致而至者命也②,始可谓之言命。如言近仁仁之方③,始可谓之言仁。知此,则夫子于三者固罕④言矣。

【注释】

①用行师,利御寇:语出《周易》。《复卦》上六爻:"用行师(出兵打仗),终有大败。"《蒙卦》上九爻:"击蒙不利为寇,利御寇(利于防备盗贼)。" ②莫之致而至者命也:不是人力去求得而是自然来到的,这是命运。 ③近仁仁之方:语出《雍也》篇:"夫仁者,己欲立而立人,己欲达而达人。能近取譬,可谓仁之方也矣。"意为推己及人,为他人着想。这是推行仁爱的最好方法。 ④罕:稀少、很少。

9.2 达巷党人曰:"大哉孔子!博学而无所成名。"子闻之,谓门弟子曰:"吾何执?执御乎?执射乎?吾执御矣。"

200. 谢曰：无不能，故不以名称①。介甫②云："谦而不敢执。"③

【注释】

①不以名称：即无所成名。不能以某一方面来称道他，言其知识学问渊博。 ②介甫：宋改革家王安石字。 ③谦而不敢执：谦逊而不自命不凡。执：操持、掌握。

9.3 子曰："麻冕，礼也；今也纯，俭，吾从众。拜下，礼也；今拜乎上，泰也。虽违众，吾从下。"

201. 谢曰：介甫云："众俭①则从众，众泰②则从礼，知礼之本③故也。"

【注释】

①俭：俭省。据朱熹注，麻冕费工，用丝即纯则俭省。麻冕：麻布礼帽。按规定，用作礼帽的麻布要用二千四百根麻线织成，很费工。后改用丝质礼帽，俭省了工力工时。 ②泰：这里指骄纵、傲慢。 ③知礼之本：是说孔子懂得一切以礼为根本，事不越礼。

9.4 子绝四：毋意，毋必，毋固，毋我。

202. 谢曰：孟子谓"必有事焉而勿正①"，正即意也②。必③如必信必果，固④则所过不化，我⑤则不能大同于物。张先生⑥曰："四者有一焉，与天地为不相似⑦。"

【注释】

①必有事焉而勿正：语出《孟子·公孙丑上》，意为浩然之气的形成，一定要坚持做好集义这件事，但是不能预期效果。正，预期、预测。　②正即意也："勿正"的"正"和"毋意"的"意"两字意思相同，即预测、揣测的意思。　③必：肯定，事先定论。　④固：固执己见。　⑤我：自以为是。　⑥张先生：即北宋思想家、教育家、理学家张载，世称"横渠先生"。　⑦与天地为不相似：不能与天地之道相同，即不能达天人合一。为：天地之为，指天地运行规律。

9.5　子畏于匡，曰："文王既没，文不在兹乎？天之将丧斯文也，后死者不得与于斯文也；天之未丧斯文也，匡人其如予何？"

203. 谢曰：孔子师文王，故曰"文不在兹①"。道之显者谓之文②。畏于匡③，其死不死，夫子不敢必④，然命有在我者，夫子犹自必也。丧斯文⑤，天也，未丧斯文，亦天也。圣人，天之所不能违也。其言"天之将丧斯文"，犹曰我之将丧斯文也，使"后死者不得与⑥于斯文"；"天之未丧斯文"，犹曰我之未丧斯文也，故曰："其如予何？"⑦

【注释】

①兹：这里，指孔子自己。　②道之显者谓之文：《周礼·谥法》有"道德博厚"可称"文"，道之显，即道德博厚。　③畏于匡：匡，地名，在今河南长垣县西南。畏，受

到威胁。前496年，孔子从卫国到陈国去经过匡地。匡人曾受到鲁国阳虎的掠夺和残杀。孔子的相貌与阳虎相像，匡人误以孔子就是阳虎，所以将他围困。　④必：事先判定。　⑤丧斯文：灭绝这些文化。文，这里指前圣贤君遗留下来的传统文化。　⑥与：同举，这里是掌握的意思。　⑦如予何：奈我何，把我怎么样。

9.6　太宰问于子贡曰："夫子圣者与？何其多能也？"子贡曰："固天纵之将圣，又多能也。"子闻之，曰："太宰知我乎？吾少也贱，故多能鄙事。君子多乎哉？不多也。"

9.7　牢曰："子云：'吾不试，故艺。'"

204.　谢曰：多能不害①为君子，然为君子不必多能。孔子以在下②故多能，其意恐学者认多能为君子，故曰："君子多乎哉③？不多也。"

【注释】

①不害：不妨害。　②在下：在下位，地位卑贱。③君子多乎哉：真正的君子会要求有这么多的技巧吗？君子重在德，不在技艺多少。

9.8　子曰："吾有知乎哉？无知也。有鄙夫问于我，空空如也。我叩其两端而竭焉。"

205.　谢曰：不竭①上下两端②，非圣人之言，故虽语下③，形而上者亦无不尽。

【注释】

①竭：穷尽、尽力追究。 ②两端：两头，指正反、始终、上下等方面。 ③下：指具体的事物，即形而下，与下文"形而上"对称。儒家哲学中有形质的或已成形的东西是形而下。表示无形的或未成形的东西是形而上，即通过对具体事物的分析研究，归纳出的法则、规律或道理。

9.9 子曰："凤鸟不至，河不出图，吾已矣夫！"

206. 谢曰：凤鸟至①，河图出②，是亦适然③，虽明王之时，未必有也。其意止言明王不兴而已。

【注释】

①凤鸟至：凤鸟，古代传说中的一种神鸟。传说凤鸟在舜和周文王时代都出现过，它的出现象征着"圣王"将要出世。 ②河图出：传说在上古伏羲氏时代，黄河中有龙马背负八卦图而出。它的出现也象征着"圣王"将要出世。 ③适然：偶然。《韩非子·显学》："故有术之君，不随适然之善，而行必然之道。"

9.10 子见齐衰者、冕衣裳者与瞽者，见之，虽少，必作；过之，必趋。

207. 谢曰：元泽①曰："孔子于此，有爱敬之道焉。"冕衣裳②，贵者之服。

【注释】

①元泽：王安石子，王雱的字。见前178条注⑧。　②冕衣裳：冕，官帽；衣，上衣；裳，下服，这里统指官服。

9.11　颜渊喟然叹曰："仰之弥高，钻之弥坚，瞻之在前，忽焉在后。夫子循循然善诱人，博我以文，约我以礼，欲罢不能。即竭吾才，如有所立卓尔，虽欲从之，末由也已。"

208. 谢曰：学然后知不足，仰高钻坚①，瞻在前，忽在后，此理惟颜子知之。知不足而能自反，故曰"虽欲从之，末由②也已"。则回之学岂徇③外者乎？将以求于所性之中而已。又曰：颜子学得亲切如孟子，"仰之弥高，钻之弥坚"，无限量也，以见圣人之道大；"瞻之在前"，即不及，"忽焉在后"，又蹉却④，以见圣人之道中。观此一段，即知颜子看得极亲切。"博我以文"，使之识广，"约我以礼"，归宿处也。横渠教人，以礼为先，大要欲得正容谨节⑤，其意谓世人汗漫无守⑥，便当以礼为地，教他就上面做工夫。然其门人下梢⑦颇溺于形名度数⑧之间，行得来困，无所见处，如吃木札相似，更没滋味，遂生厌倦，故其学无传之者。明道先生则不然，先使学者有知识，却从敬入。（予⑨问："横渠教人以礼为先，与明道使学者从敬之，何故不同？"谢曰：既有知识，穷得物理⑩，却从敬上涵养出来，自然是别。正容谨节，外面威仪，非礼之本。）

【注释】

①仰高钻坚：即仰之弥高，钻之弥坚。意为老师的思想学问，越仰望它，越觉得它高，越钻研它，越觉得它深。 ②末由：末，无、没有。由，途径、路径。这里是没有办法的意思。 ③徇：依从、曲从。 ④蹉却：失足、后退。比喻失误。 ⑤正容谨节：容颜仪态端庄严肃，敬慎守法度。 ⑥汗漫无守：漫无标准、浮泛不着边际。 ⑦下梢：宋俗语，即末尾、结果、结局。 ⑧刑名度数：古指法律刑罚名称，这里指烦琐的礼仪或礼节。 ⑨予：指谢良佐的门生曾恬。 ⑩穷得物理：穷究事物的道理，彻底认清事物的本质规律。

9.12 子疾病，子路使门人为臣。病间，曰："久矣哉，由之行诈也！无臣而为有臣。吾谁欺？欺天乎？且予与其死于臣之手也，无宁死于二三子之手乎？且予纵不得大葬，予死于道路乎？"

209. 谢曰：子路之意，实尊圣人，而未知所以尊也。使其实有臣①，夫子犹不加②焉，况无臣而为有臣乎？

【注释】

①有臣：臣，指家臣、总管。孔子当时不是大夫，没有家臣。这里是假使孔子有家臣。 ②不加：加，加人一等。不加，是说孔子不愿意仪礼规格高出别人一等，意即孔子不愿意违礼。

9.13 子贡曰:"有美玉于斯,韫椟而藏诸? 求善贾而沽诸?"子曰:"沽之哉! 沽之哉! 我待贾者也。"

210. 谢曰:圣人非"怀其宝而迷其邦"①者,然其道大而不容也。赐②也以为苟③终于此而已,岂不犹韫(yùn)玉④乎? 意其必有异乎人之求之者⑤,一冀其道之行也。"沽⑥之哉! 沽之哉!"言必于沽也。"我待贾(gǔ)者⑦也",言非求也。

【注释】

①怀其宝而迷其邦:语出《阳货》篇,意为怀藏着仁德才智(不出来做官),却听任国家迷途失道。 ②赐:端木赐,字子贡。孔门十哲之一。 ③苟:此处作如果讲。 ④韫玉:收藏在柜子中的美玉。韫,蕴藏、包含。 ⑤异乎人之求之者:意为孔子求得行道的方法与别人不一样。 ⑥沽:卖出去。 ⑦贾者:商人,这里指识货的商人。喻指能识才用才的明君。

9.14 子欲居九夷。或曰:"陋,如之何?"子曰:"君子居之,何陋之有?"

211. 谢曰:素夷狄,行乎夷狄①。

【注释】

①素夷狄,行乎夷狄:这句话出自《中庸》,意为君子无论处于什么地位,都应该做自己应该做的事。假如我们居于

边远地区，就应该做在边远地区应该做的事。素，平时处在。夷狄，古时对边远民族的蔑称。夷，指东方的部族；狄，指西方的部族。

9.15　子曰："吾自卫反鲁，然后乐正，《雅》《颂》各得其所。"

212. 谢曰：《诗》自未删之前，不止乎礼义①者盖多，如师挚之始②，《关雎》之乱③可见矣。

【注释】

①止乎礼义：不超出礼义范围。《毛诗序》："变风发乎情，止乎礼义。发乎情，民之性也；止乎礼义，先王之泽也。"　②师挚之始：师挚，鲁国乐师，名挚。"始"是乐曲开端。古代奏乐，开端叫"升歌"，一般由太师演奏。挚是太师，所以这里说"师挚之始"。　③《关雎》之乱："始"是乐曲的开端，"乱"是乐曲的终了。"乱"是合奏乐。此时奏《关雎》乐章，所以叫"《关雎》之乱"。朱熹《集注》：乱是"乐之卒章也"。

9.16　子曰："出则事公卿，入则事父兄，丧事不敢不勉，不为酒困，何有于我哉？"

213. 谢曰：事公卿父兄，勉①丧事，能尽事易，尽道难。如夫子事鲁卫之君，始可谓事公卿。如曾闵②者，始可谓事父兄。必诚必信，勿之有悔，始可当大事。"齐圣""温克"③，始可谓不为酒困。

【注释】

①勉：竭尽全力做事。 ②曾闵：曾参与闵损（闵子骞）的并称。皆孔子弟子，以孝行著称。 ③"齐圣""温克"：语出《诗经·小雅·小宛》"人之齐圣，饮酒温克"。齐圣，极其聪明智慧的人。温克，善于克制自己以保持温和、恭敬的仪态。

9.17 子在川上曰："逝者如斯夫，不舍昼夜。"

214. 谢曰：已往者过，万物莫不然，而其理可窥①易见者，莫如川流，是以圣人于此发以示②之。

【注释】

①窥：察觉。 ②示：警示、提醒。

9.18 子曰："吾未见好德如好色者也。"

215. 谢曰：如好好（hào hǎo）色①，诚也。好（hào）德②如好（hào）色，斯诚好德矣，然民鲜能之。[1]

【校勘】

〔1〕朱熹《集注》中谢氏曰："好好色，恶恶臭，诚也。好德如好色，斯诚好德矣，然民鲜能之。"

【注释】

①好好色：喜好美色。 ②好德：喜好美德。

9.19 子曰:"譬如为山,未成一篑,止,吾止也;譬如平地,虽覆一篑,进,吾往也。"

216. 谢曰:进则不可量,止则已①矣。学至于大人②矣,然不求至于化③,不害④其为止。

【注释】

①已:表示停止、罢了。 ②大人:指通过学习而成为有德有才的人。 ③化:变化,不断进取。至于化即归化、同化。 ④害:妨碍、影响。

9.20 子曰:"语之而不惰者,其回也与!"

217. 谢曰:不惰①与不厌②之意异,声入而心不违③,以神受之也。

【注释】

①惰:怠惰、偷懒。 ②厌:满足。 ③声入而心不违:朱熹《集注》:"声入心通,无所违逆,知之之至,不思而得也。"所谓神受。

9.21 子谓颜渊曰:"惜乎!吾见其进也,未见其止也。"

218. 谢曰:吾见进,未见其止,张先生①谓未得其中②而不止。

【注释】

①张先生:指张载。 ②得其中:准确地掌握研究的要旨。中,中道。

9.22 子曰:"苗而不秀者有矣夫!秀而不实者有矣夫!"

219. 谢曰:如《礼记》"耕而弗种","种而弗耨(nòu)","耨而弗获"之譬①。

【注释】

①如《礼记》……之譬:《礼记·礼运》说:"为礼不本于义,犹耕而弗种也;为义而不讲之以学,犹种而弗耨也;讲之于学而不合之以仁,犹耨而弗获也。"耕而弗种,只耕地不播种。种而弗耨,只播种不锄草。耨而弗获,只锄草管理,不求收获。耨,锄草。譬,打比方。

9.23 子曰:"后生可畏,焉知来者之不如今也?四十五十而无闻焉,斯亦不足畏也已。"

220. 谢曰:闻道无先后,造道之极①,斯涂之人可以并尧舜②,故曰"焉知来者③之不如今"。四十五十,血气向衰,犹不闻道,则终于此而已矣。

【注释】

①造道之极:达到最高的道德和学术造诣。造,达到。成语有"登峰造极"。 ②斯涂之人可以并尧舜:普通的人也可以成为尧舜。涂,同途。《孟子·告子下》:"曹交问曰:'人皆可以为尧、舜,有诸?'孟子曰:'然。'" ③来者:后来人、后生。

9.24 子曰:"法语之言,能无从乎?改之为贵。巽与之言,能无说乎?绎之为贵。说而不绎,从而不改,吾末如之何也已矣。"

221. 谢曰:以其巽(xùn)言①,故必说②;以其法言③,故必从。说而从,特入乎耳也;至说而绎④,从而改,然后有诸己⑤。闻人之言,将以裕己⑥也。无以有诸【阙】。

【注释】

①巽言:巽,同逊,谦逊、恭顺。这里指委婉顺耳的话。
②说:同悦。 ③法言:指以礼法规则规劝之言。 ④绎:原义为抽丝,这里指推究,分析,鉴别。 ⑤有诸己:语出《大学》"君子有诸己而后求诸人,无诸己而后非诸人"。意为品德高尚的人,总是自己先做到,然后才要求别人做到;自己先不这样做,然后才要求别人不这样做。 ⑥裕己:丰富提高自己。

9.25 子曰:"主忠信,毋友不如己者,过,则勿惮改。"

9.26 子曰:"三军可夺帅也,匹夫不可夺志也。"

222. 谢曰:"我心匪石,不可转也。①"惟不可夺②,是以谓之志,可夺非志也。山岳可移,志不可移;死则可夺,志则不可夺。

【注释】

①我心匪石,不可转也:这两句见《诗经·邶风·柏舟》。意思是说,我心并非卵石圆,不能随便来滚转。匪,通

非。　②夺：强行改变。

9.27　子曰："衣敝缊袍，与衣狐貉者立，而不耻者，其由也与？'不忮不求，何用不臧？'"子路终身诵之。子曰："是道也，何足以臧？"

223. 谢曰：耻恶衣恶食①，学道者之病，善心不存，盖生于此。由②也"衣③敝缊（yùn）袍④，与衣狐貉⑤者立而不耻"，其志过人甚远，则忮害贪求之心，夫何所施也？故曰"不忮不求，何用不臧（zhāng）⑥？"未至于此，有改过迁善之心者，闻此言也，终身诵之，犹为不忘其初。已造乎此，犹终身诵之，则几⑦于小成者。又曰：子路"衣敝缊袍，与衣狐貉者立而不耻"，许大⑧子路，孔子却只称其如此，只为他心下无事。此等事打叠⑨得过，不怕此心因事出来，正好着⑩工夫，不见可欲，却无下工夫处。[1]

【校勘】

[1] 朱熹《集注》中谢氏曰："耻恶衣恶食，学者之大病。善心不存，盖由于此。子路之志如此，其过人远矣。然以众人而能此，则可以为善矣；子路之贤，宜不止此，而终身诵之，则非所以进于日新也，故激而进之。"

【注释】

①耻恶衣恶食：以穿破旧的衣服吃粗糙的食物为可耻。耻，以……为耻辱。　②由：即仲由，字子路，孔门十哲之一。　③衣：当动词用，穿。　④敝缊袍：敝，坏。缊，旧

的丝棉絮。这里指破旧的丝棉袍。　⑤狐貉：这里指用狐和貉的皮做的裘皮衣服。　⑥不忮不求，何用不臧：这两句见《诗经·邶风·雄雉》。意为不嫉妒、不贪求，为什么不好。忮，嫉妒。臧，善好。　⑦几：接近、几乎。　⑧许大：宋代俗语，偌大、这般大、这么大。　⑨打叠：宋俗语，调整、准备。　⑩着：同著，做。

9.28　子曰："岁寒，然后知松柏之后雕也。"

224. 谢曰：士穷见节义①，世乱则识忠臣矣。[1]

【校勘】

〔1〕朱熹《集注》中谢氏曰："士穷见节义，世乱识忠臣。欲学者必周于德②。"

【注释】

①士穷见节义：士人在困境中才能显现出操守和道义。穷，不得志、困窘。《孟子·尽心上》："穷则独善其身，达则兼济天下。"　②周于德：道德丰厚、道德修养高。《孟子·尽心下》："孟子曰：'周于利者，凶年不能杀；周于德者，邪世不能乱。'"

9.29　子曰："知者不惑，仁者不忧，勇者不惧。"

225. 谢曰：天下之事若一二，本无可惑①，察理不尽则惑；本无可忧，有利害心则忧；虽死生亦分内事②，本无可惧，中无主则惧。盖自其不惑，则以智名之；自其无往而不自得③，则以仁名之；自其无恐惧心，则以勇名之。名虽不同，要之其道则一。

【注释】

①惑：迷惑、困惑。 ②分内事：本分以内的事，自己应承担的事。 ③无往而不自得：君子无论到了什么境地，都可以安然自得。是说君子随遇而安。语出《中庸》"君子无入而不自得焉"。

9.30 子曰："可与共学，未可与适道；可与适道，未可与立；可与立，未可与权。"

9.31 "唐棣之华，偏其反而。岂不尔思，室是远而。"子曰："未之思也，夫何远之有？"

226. 谢曰：可与共学，质美者也，然而未必能行，故未可与适道①。能行乃可以适道矣，然或作或辍②（chuò）者有之，故未可与立③。能强立而不反矣，未必能体常而尽变④，故未可与权⑤。权非机巧权变之谓，犹权衡⑥之权，以其称物得中⑦而已。不及则仰，过则俯，中则平，学至于权，时中之谓也。"唐棣之华"⑧，枝叶曲节皆相照，喻权变而得中也。

【注释】

①适道：归从道统。适，往。这里是志于道、追求道的意思。 ②辍：中间停顿、停止。 ③未可与立：未必可共同依道立身。 ④体常而尽变：语见《荀子·解蔽》"道者，体常而尽变"。意为大道本体是永恒的，而形式上能穷尽一切

变化。谢夫子这里的意思是学者要与道融为一体，随道而行。

⑤未可与权：未必可以一起权衡是非。　⑥权衡：秤锤与秤杆。比喻衡量、斟酌。　⑦称物得中：称量事物轻重适当、未过和不及。　⑧唐棣之华：唐棣亦作"棠棣"，即郁李，为落叶灌木，高五六尺，花红或白。华，同花。"棠棣之花，偏其反而"，棠棣花翩翩地摇摆，枝叶曲节相照，很有景致。谢夫子以此比喻权变而得中，即权衡事情要恰到好处。

乡党篇第十

引　语

本篇共二十七章，集中记载了孔子的容色言动、衣食住行，尤其详尽地叙写了孔子在朝廷、宗庙等重要场所的行为。既具体反映孔子对礼制仪态形表上的严格要求，又表现出其温文尔雅、文质彬彬的高尚修养。孔子倡导周礼直接关联着他的政治理想，但礼的本质体现又往往离不开仪式表象。春秋时代礼崩乐坏，孔子对礼的率先垂范，表现了他对"克己复礼"，恢复社会等级秩序的期待。

谢夫子对本篇的讲解共二十四章。首章总说"圣人容貌衣服食息之际，道之征也，圣人于此本无意中节"却处处中节，如日月光照无遗。将10.1与10.2两章合为一讲，10.13章无讲，10.19与10.20两章合为一讲，10.21在3.15章已有讲，此从略。其余各章均有一讲。

谢夫子讲圣人行为，往往究其原因。评孔子上朝诚惶诚恐，言谈"便便"，盖因朝廷尚严也，敬君也。下朝于乡党，"恂恂如也"，"人亲信之，以其温恭故也"。典礼执圭，"鞠躬如也"，似"执轻为不克，执虚如执盈"；"齐必变食，养气体，欲其精一于所为齐者"。讲圣人"食不厌精，脍不厌细"，则因"古人欲心则寡，而卫生之道则尽矣"，见出圣人热爱生命。讲圣人衣饰讲究，搭配得体，则说"饰，所以文也"，衣饰是象征文化、礼乐典章制度的，其质料、款式、色彩必须合乎四时、合乎场所、合乎礼乐制度。

227. 谢曰：容貌衣服食息之际，道之征①也，圣人于此本无意于中节②。盖日月有明，随其受光而照之。有志者少察于斯，于道其庶几③乎？

【注释】

本章为本篇《论语》解说的导语。

①征：象征、表露出来的迹象。　②中节：合乎礼义、法度。③于道其庶几：察孔子之言行，便可知与其创立的儒家道统相差无几了。庶几，相近、差不多。

10.1　孔子于乡党，恂恂如也，似不能言者。其在宗庙、朝廷，便便言，唯谨尔。

10.2　朝，与下大夫言，侃侃如也；与上大夫言，訚訚如也。君在，踧踖如也，与与如也。

228. 谢曰：恂恂①（xún），信也。人亲信之，以其温恭故也。似不能言者，不以辞气加②人也。盖推严恪③不以事亲之意，而出以事其长上。宗庙朝廷尚严，故便便④言，惟谨尔。侃侃⑤，和乐。訚訚⑥（yín），中正。上大夫，在我上者。下大夫，在我下者⑦。谢曰：与与⑧，承顺之意。【自"孔子

于乡党"至此。】

【注释】

①恂恂：温和恭顺。 ②加：高出，气势逼人。 ③严恪：庄严恭敬。 ④便便：善于言辞。便，同辩。 ⑤侃侃：说话不卑不亢、温和快乐的样子。 ⑥訚訚：正直、中正、和颜悦色而又能直言诤辩。 ⑦"上大夫"句：处上下大夫之间谓之中大夫。可知孔子当年为鲁之大司寇是中大夫之位。 ⑧与与：小心谨慎、威仪适中的样子。

10.3 君召使摈，色勃如也；足躩（jué）如也。揖所与立，左右手，衣前后，襜如也。趋进，翼如也。宾退，必复命曰："宾不顾矣。"

229. 谢曰：衣随形体，左右前后襜（chān）如①，诚于所揖也。翼如②，鸟斯翼之翼。"礼有摈（bìn）诏③"，欲其礼无违也。至于"宾不顾"④，然后礼成矣，故以此复命。

【注释】

①襜如：整齐之貌。 ②翼如：如鸟儿展开翅膀一样。 ③摈诏：对宾主双方作介绍的人。出自《礼记·礼器》"故礼有摈诏，乐有相步，温有至也"。郑玄注："摈诏，告道宾主者也。诏，或为绍。"摈，同傧。 ④不顾：顾，回头。意为已经远去。

10.4 入公门，鞠躬如也，如不容。

230. 谢曰：入公门，非必君在焉。

立不中门，行不履阈。

谢曰：立中门则当尊，行履阈①**（yù）则不恪。**

过位，色勃如也，足躩（jué）如也。

谢曰：过位与见君之几杖，则起同②**。**

其言似不足者。

谢曰：韩非谓"虑事广肆，则曰草野而倨侮"③**。故言弥寡则弥敬，如怯懦不尽者。**

摄齐升堂，鞠躬如也，屏气似不息者。

谢曰：心肃则气自屏④**，于此可以体敬之理。**

出，降一等，逞颜色，怡怡如也。

谢曰：逞非肆⑤**也，心能使气之意。**[1]

没阶趋，翼如也。复其位，踧踖如也。

【校勘】

〔1〕朱熹《集注》中谢氏曰："立中门则当尊，行履阈则不恪。"

【注释】

①履阈：脚踩门槛。阈，门槛。　②"过位与见君之几杖"句：本句意即孔子经过君位时的表情动作，与见到君主的桌几和手杖就要起身的动作，表达的情感相同，表示恭谨。"见君之几杖"语出贾谊《治安策》"见君之几杖则起，遭君子乘车则下，入正门则趋"。　③"虑事广肆"句：语见《韩非子·说难》。意思是游说君主时要谨慎，否则，游说者把考虑好的问题广泛尽情地说出来，就被认为是粗野不懂礼貌。　④屏：暂时抑止、屏住呼吸。　⑤肆：任意、放纵。

10.5　执圭，鞠躬如也，如不胜。上如揖，下如授。勃如战色，足蹜蹜如有循。

享礼，有容色。

私觌，愉愉如也。

231. 谢曰："执圭①，鞠躬如②也，如不胜"，与"执轻如不克"，"执虚如执盈"③之语同。

【注释】

①圭：一种上圆下方的玉器，举行典礼时，不同身份的人拿着不同的圭。出使邻国，大夫拿着圭作为代表君主的凭证。　②鞠躬如：谨慎而恭敬的样子。　③执轻如不克、执虚如执盈：上句语出《礼记·曲礼下》，下句语出《礼记·少仪》。意为拿轻的东西像拿不动的样子，拿虚器像拿满器一样，表示慎重到极点。

10.6　君子不以绀緅饰，红紫不以为亵服。

232. 谢曰：饰，所以为文①也。绀（gàn）近齐服②，緅③（zōu）近丧服，何以文为？红紫非正色，嫌于妇人女子之饰④。

【注释】

①为文：象征文化，包括礼乐典章制度。　②绀近齐服：绀，深青透红，斋戒时服装的颜色。齐，通斋。　③緅：黑中透红，丧服的颜色。　④嫌于妇人女子之饰：为何红紫为非正色，应是嫌其妇女装饰常用此色。

当暑，袗绤绤，必表而出之。

谢曰：服之本意，以不见体为敬，故"绤（chī）绤（xì）必表而出之"①。后世有绤缞（cuī）繐裳者，县子所以非之②。

【注释】

①绤绤必表而出之：穿麻布单衣外出时再外加一件衣服，使其不露体。绤，细麻布。绤，粗葛布。　②县子所以非之：出自《礼记·檀弓上》"县子曰：'绤缞繐裳，非古也。'"县子，名琐，鲁国人，孔子弟子。缞，古代丧服。繐，同穗，细而稀疏的麻布，古时多用作丧服。县，同悬。

缁衣，羔裘；素衣，麑（ní）裘；黄衣，狐裘。

谢曰：服色必相称①也。

【注释】

①相称：指衣服的质料、样式和颜色要搭配和谐。

亵裘长，短右袂。

必有寝衣，长一身有半。

狐貉之厚以居。

去丧，无所不佩。

非帷裳，必杀之。

羔裘玄冠不以吊。

吉月，必朝服而朝。

10.7 齐，必有明衣，布。

齐必变食，居必迁坐。

233. 谢曰："齐必变食①"，养气体，欲其精一②于所为齐者。"居必迁坐③"，与申申、夭夭④之意同。

【注释】

①齐必变食：斋戒时，一定要改变平常的饮食。指不饮酒，不吃葱、蒜等有刺激味的东西。齐：同斋。 ②精一：精纯、精粹而齐心。即排除杂念，把全副精力贯注到要做的事情上。明张介宾《景岳全书·论治篇》："凡看病施治，贵乎精一。" ③居必迁坐：指斋戒时从内室迁到外室居住，不和妻妾同房。 ④申申、夭夭，见《述而》篇。申申，衣冠

整洁、舒展。夭夭：行动斯文舒缓。

10.8 食不厌精，脍不厌细。

食饐而餲，鱼馁而肉败，不食。色恶，不食。臭恶，不食。失饪，不食。

234. 谢曰：穷口腹之欲者①，或食②（shí）焉。[1]

不时，不食。

谢曰：《注》说谓非朝夕日中时，属厌③而已。欲心不从（zòng，同纵）故也。人不为饥而死，虽不食可也。

割不正，不食。不得其酱，不食。

谢曰：膳食之宜贵和④，春酸夏苦，秋辛冬咸，君子之食放焉⑤。醯醢⑥（xī hǎi）之美，调以滑甘⑦，皆贵和之。谓古人欲心则寡，而卫生⑧之道则尽矣。

肉虽多，不使胜食气。

谢曰：食以五谷为主，七十者非肉不饱，气衰然后用以补之，故以不使胜食气⑨（xì）为常。

唯酒无量，不及乱。沽酒市脯，不食。

谢曰：沽酒市脯⑩（fǔ）不食，与"康子馈药"不敢尝⑪同意。

不撤姜食，不多食。

谢曰：不多食，节饮食也。

【校勘】

〔1〕朱熹《集注》中谢氏曰："圣人饮食如此，非极口腹之欲，盖养气体，不以伤生，当如此。然圣人之所不食，穷口腹者或反食之，欲心胜而不暇择也。"

【注释】

①穷口腹之欲者：指贪吃好喝满足饮食欲望的人。②食：吃。③属厌：亦作属餍。饱足、满足。这里是说不到早、午、晚就餐时间，人还处在饱足或不十分饥饿状态就不要顺从欲望乱吃。也就是要按时就餐。④贵和：是指膳食以搭配适当、符合节令、补益身心为贵。⑤放：同仿。模仿。言膳食符合季节特点。⑥醢醯：指鱼肉做成的酱。⑦滑甘：指古时用以给菜肴调味的作料。也代指甘美的食物。⑧卫生：即养生。宋王雱《南华真经新传·庚桑楚篇》："卫生者，卫全其生也，能卫全其生则生所以常存，故曰卫生之经也。"⑨食气：气，同饩。食气指食料，主食。⑩沽酒市脯：买来的酒和熟肉干。沽、市，都是买的意思。脯，熟肉干。⑪"康子馈药"不敢尝：这个典故出自《乡党》篇，是说季康子给孔子赠送药品，孔子拜谢之后接受了，并说他对药性不了解，不敢尝。谢夫子引用此典，用来解释沽酒市脯不食的原因，是不了解外买酒、肉干的情况。

10.9 祭于公，不宿肉，祭肉不出三日。出三日，不食之矣。

235. 谢曰：宿祭肉①与出三日而食，则均②于常馔③(zhuàn)矣。

【注释】

①宿祭肉：过夜的祭祀用的肉。包括公祭肉和家祭肉。古代士大夫参加国君祭祀活动以后，可以得到国君赐的祭肉。但祭祀活动一般要持续二三天，所以这些肉就不新鲜了。再过夜就超过三天不便食用。 ②均：同、同样的。 ③常馔：平常的饭食。馔，饭食。

10.10 食不语，寝不言。

236. 谢曰：圣人存心不它，为物之终始①，与事在此而心游于彼者异。

【注释】

①为物之终始：圣人做事心无旁骛，遵循大道运行规律的诚心贯穿万物的始终。

10.11 虽疏食菜羹，必祭，必齐如也。

237. 谢曰：报本反始①。

【注释】

①报本反始：语出《礼记·郊特牲》。报本，报答恩惠；

反始,归功到根源。即受恩思报,得功思源。

10.12 席不正,不坐。

238. 谢曰:圣人心安于正,故事之小者,不正则不处。[1]

【校勘】

〔1〕朱熹《集注》中谢氏曰:"圣人心安于正,故于位之不正者,虽小不处。"

10.13 乡人饮酒,杖者出,斯出矣。

10.14 乡人傩,朝服而立于阼阶。

239. 谢曰:朝服而立,不致死于其亲也。①

【注释】

①"朝服而立"句:此句意为乡里人举行驱逐疫鬼的仪式,孔子穿着朝服庄重地站在家庙东面的台阶上,以免驱鬼惊吓、危及先祖之神和亲人,有避邪意。

10.15 问人于他邦,再拜而送之。

240. 谢曰:再拜而送①**,若于同国,则不必拜也。**

【注释】

①再拜而送:在送别受托人时,两次拜别,表示对受托人的尊重和期望。再,两次。

10.16 康子馈药。拜而受之,曰:"丘未达,不敢尝。"

241. 谢曰：康子馈药①，以受其勤②故拜，以未达③故不敢尝，既不失己，且无伤康子之意。

【注释】

①馈药：赠送药。　②勤：深挚的情意。　③未达：未了解情况（药性）。

10.17　厩焚。子退朝，曰："伤人乎？"不问马。

242. 谢曰：马非不爱也，恐伤人之意多，故捐情①于此。

【注释】

①捐情：指感情上不受牵挂。捐：抛弃。

10.18　君赐食，必正席先尝之。君赐腥，必熟而荐之。君赐生，必畜之。侍食于君，君祭，先饭。

243. 谢曰：皆敬君惠①也。君赐之果，犹怀其核②，况畜③乎？

【注释】

①君惠：国君的恩惠、恩赐。　②怀其核：食用尊者赏赐的水果，果核要先揣在身上，出门后再处理，以示对尊者赏赐之物的珍重。　③畜：指君赐的有生命的东西，要养起来。

10.19　疾，君视之，东首，加朝服，拖绅。

10.20　君命召，不俟驾行矣。

244. 谢曰：观孔子事君，则其事父兄可知矣。鲁卫之君，何足以当此？孔子如此其敬，盖人之大伦①，岂以人废②。【自"疾，君视之"至此。】

【注释】

①人之大伦：即人伦，人与人之间的关系和应该遵守的准则。在孔子看来，君是君，臣是臣，父是父，子是子，各司其职，各尽其本，不可僭越，不可乱位。 ②岂以人废：不能以人的好坏而废弃大的伦理准则。准则是针对一切人的。

10.21 入太庙，每事问。

10.22 朋友死，无所归，曰："于我殡。"

245. 谢曰：人之死，自中古以来，无委之于壑①之理。使其有所归②，吾何与焉③？至于无所归，则职在我矣。此亦礼称其情④也。

【注释】

①委之于壑：指无人收尸殡葬。委，舍弃、丢弃。 ②归：归宿、归葬。这里指后事的安排，如装殓、发丧、埋葬等。 ③吾何与焉：我参与了什么事呢？意思是对我来说是举手之劳，我应该去做。与，参与。 ④礼称其情：指在处理丧事的时候，哀礼与哀情要相符。

10.23 朋友之馈，虽车马，非祭肉，不拜。

246. 谢曰：朋友之恩视兄弟，不以文①为敬，故馈唯祭肉②则拜，敬神福也。

【注释】

①文：外表、形式。南朝梁刘勰《文心雕龙·情采》："本质实而花萼振，文附质也。" ②祭肉：指祭祀祖先用的胙（zuò）肉。为了对朋友的祖先以及神灵的福佑表示恭敬，在接受祭肉时要拜。

10.24 寝不尸，居不客。

247. 谢曰：寝①虽舒布其四体，然无纵不收敛之慢②。

【注释】

①寝：睡觉、休息。 ②慢：随意。

10.25 见齐衰者，虽狎必变。见冕者与瞽者，虽亵必以貌。

凶服者式之。式负版者。

有盛馔，必变色而作。

迅雷风烈必变。

248. 谢曰：齐衰①（zī cuī）意兼斩与功缌②（sī）言。

"有盛馔，必变色而作"。

谢曰：变色而作③，敬其食我以礼也，故食于少施氏而饱④。

"迅雷风烈必变"。

谢曰：虞天变也⑤。

【注释】

①齐衰：丧服名，"五服"中列位第二等。古代按亲疏程度丧服分为五种：斩衰、齐衰、大功服、小功服、缌麻。　②兼斩与功缌：指同时具有斩衰、功服、缌麻等丧服的意思。即用"齐衰"代指丧服。　③变色而作：改变神色站起来。　④"敬其食我以礼"句：语见《礼记·杂记下》"孔子曰：'吾食于少施氏而饱，少施氏食我以礼。'"少施氏，鲁国大夫。　⑤虞天变也：遇到恶劣天气，孔子必定改变神色，表示对天敬畏。虞，忧虑、担忧。

10.26　升车，必正立，执绥。

车中，不内顾，不疾言，不亲指。

249.　谢曰：正立而下，皆升车之容①。【自"升车"至此。】

【注释】

①"正立而下"句：此句意为"正立"以下的文字，皆记孔子登车的仪容，显示圣人的乘车之礼。圣人升车之容，心存诚敬。容正而体安，不内顾以失容，不疾言亲指以惑众。

10.27　色斯举矣，翔而后集，曰："山梁雌雉，时哉时哉！"子路共之，三嗅而作。

250. 谢曰：圣贤进退出处，"山梁雌雉"似之①，故言"时哉！时哉②"。"子路拱③之"，未必一时事，若以为不达其意而拱之，恐不如是之陋也。"三嗅而作"④，亦如上记不食之类，特承上文雌雉之语[1]，而记夫子于此不食焉。盖圣人之食，未必如众人属厌于所嗜，而它【阙】。

【校勘】

〔1〕语：原文作"谐"，据明抄本改。

【注释】

①圣贤进退出处，"山梁雌雉"似之：朱熹《四书集注》："言鸟见人之颜色不善，则飞去；回翔审视而后下止。人之见机而作，审择所处，亦当如此。" ②时哉！时哉：识时务啊！识时务啊！ ③拱：肃然拱手，表示子路听了孔子的话后对鸟的敬意。拱是"共"的后起字。 ④三嗅而作：鸟张开翅膀，拍打几下飞走了。"嗅"应为"狊"（jù）字之误。鸟张开两翅。一本作"戛"字，鸟的长叫声。

先进篇第十一

引　语

本篇共有二十六章。集中记录了孔子与学生共同相处的情况。孔子在首章明确指出，真正对国家有用的人才，往往不是依靠祖荫登上仕途的那些人，而是"先进于礼乐"，通过学习依靠真才实学获取官位的人。孔子的教育实践突破了官府、贵族垄断教育文化的状况。同时，孔子对学生的教育也多落实在道德品质和才能的培养上。本篇有数章涉及孔子对弟子们的评价，并以此为例说明"过犹不及"的中庸思想，君子周急不济富的思想，以及"大臣以道事君，不可则止"的主张。在末章师徒言志，孔子点赞曾点所言，表达了对和谐的王道乐土的向往。

谢夫子对本篇的讲解共二十二章。其中据11.2与11.3章合讲圣人对弟子的深情以及对弟子特点的了如指掌。11.9至11.11章合讲孔子对颜渊早死的悲情、正义和名分，突出孔子的爱心和事不越礼。11.20与11.21章合论君子与善人。其余各章，均有一讲。

谢夫子讲君子，善人之别："君子者未必色庄，以其能躬行也"；"善人虽未能有诸己，然未必循迹而遗意"。圣人评价弟子，经谢夫子剖析，更见中肯。如子路"行行不害为直，然非涉世之道，使子路由此少知也，何'不得其死'之有"，肯定了孔子知人论世之明。评孔子对生死鬼神的态度，则说"知者（指孔子）以理考之，故欲知死，莫如知生，欲知鬼，神莫如知人"，彰显孔子的智慧以及肯定现实人生、积极入世的人生态度。评师徒言志，则引宋吕大钧的诗对曾皙点赞："函丈从容问且酬，展才无不至诸侯。可怜曾点唯鸣琴，独对春风咏不休。"突出了人与自然和谐共生、礼乐普世的王道乐土是儒家理想的最高境界。

11.1 子曰："先进于礼乐，野人也；后进于礼乐，君子也。如用之，则吾从先进。"

251. 谢曰：礼乐先有实，后有文①，则实至而文不至者，谓之先进②可也；有文而无实以先之者，谓之后进可也。言先进，则无文可知；言后进，则无质可知。质多则为野人③，文多则为君子④。君子非彬彬⑤之君子。进者，犹进于此道之进，从先进⑥，近本⑦也。

【注释】

①实、文：实，质朴的内容，内在的思想感情。孔子认为，仁义是实，是质。文，文采，华丽的装饰，外在的礼仪形式。 ②先进：指先学习礼乐后做官的人。 ③野人：指乡野平民子弟。 ④君子：这里指有世袭特权的贵族子弟。 ⑤彬彬：文质兼备相称；文与质互相融合，配合恰当。

⑥从先进：赞成选用先学习礼乐的人。孔子的主张是"学而优则仕"，先学习，德才修成然后再去做官。 ⑦近本：几乎达到了儒家倡导的道德规范的标准。

11.2　子曰："从我于陈、蔡者，皆不及门也。"

11.3　德行：颜渊、闵子骞、冉伯牛、仲弓。言语：宰我、子贡。政事：冉有、季路。文学：子游、子夏。

252. 谢曰：孔子思当时相从于陈蔡之间者，今不在此①，故下云，德行：颜、闵、冉、雍；言语：宰我、子贡；政事：冉有、季路；文学：子游、子夏。

【注释】

①今不在此：言孔子思念曾经追随他在陈国、蔡国经历过艰难困境的弟子，现在都不在师门受教了。所以才有下文的分科列举，体现了圣人对弟子深情的怀念。孔子厄蔡期间，还有蔡籍（今河南上蔡）高徒六人即姓漆雕的四位，曹恤和秦冉，其中五人入孔庙从祀。孔子六十一岁到六十三岁，为鲁哀公四年至六年，先后在蔡三年。

11.4　子曰："回也非助我者也，于吾言无所不说。"

253. 谢曰：答问之间，疑则问，教学所以相长①也。说则不复问矣②，故谓之非助我者。

【注释】

①教学所以相长：教和学是相辅相成、互相促进的。

②则不复问：这里是说颜渊智能极高，其思想和孔子的学说相契合，对孔子的话从来不提出疑问。因而下文则曰"非助我者"。说，同悦。

11.5 子曰："孝哉闵子骞！人不间于其父母昆弟之言。"

254. 谢曰：不得乎亲①，不可以为人，故以道行于父母昆弟②为孝。

【注释】

①得乎亲：即悦乎亲，得到父母的喜悦。《孟子·离娄上》："信于友有道：事亲弗悦，弗信于友矣；悦亲有道：反身不诚，不悦于亲矣。" ②昆弟：即兄弟。昆，哥哥、兄长。

11.6 南容三复白圭，孔子以其兄之子妻之。

255. 谢曰："三复①白圭②"，诚于慎言也。

【注释】

①三复：多次诵读。 ②白圭：指《诗经·大雅·抑之》的诗句"白圭之玷，尚可磨也，斯言之玷，不可为也"。意思是白玉上的污点还可以磨掉，人们言论中有毛病，就无法挽回了。这是告诫人们要谨慎自己的言语。

11.7 季康子问："弟子孰为好学？"孔子对曰："有颜回者好学，不幸短命死矣，今也则亡。"

256. 谢曰：与哀公问^①同。

【注释】

①哀公问：出自《雍也》篇："哀公问：'弟子孰为好学？'孔子对曰：'有颜回者好学，不迁怒，不贰过。不幸短命死矣，今也则亡，未闻好学者也。'"表达了孔子对颜回的赞许和惋惜。

11.8 颜渊死，颜路请子之车以为之椁。子曰："才不才，亦各言其子也。鲤也死，有棺而无椁。吾不徒行以为之椁。以吾从大夫之后，不可徒行也。"

257. 谢曰：圣人脱骖于旧馆^①，而不与^②颜路^③之请，则"为所识穷乏者得^④我"，而强勉以副^⑤之，岂吾心也^⑥。

【注释】

①脱骖于旧馆：典出《礼记·檀弓上》"孔子之卫，遇旧馆人之丧，入而哭之哀，出，使子贡说（脱）骖而赗之"。脱骖，谓解下骖马，以助治丧之用。后用为以财助人之急。 ②与：允许，赞许。 ③颜路：是孔门七十二贤之一，春秋鲁国人，他是孔子爱徒颜回之父。此处的"不与颜路之请"，是因为孔子曾为大夫，故尊礼不能让出车子而步行。 ④得：通德，感激。 ⑤副：交付、付与。唐刘禹锡《和仆射牛相公寓言》："只恐重重世缘在，事须三度副苍生。" ⑥吾心：指圣人孔子的心意、思想。

11.9　颜渊死，子曰："噫！天丧予！天丧予！"

11.10　颜渊死，子哭之恸。从者曰："子恸矣。"曰："有恸乎？非夫人之为恸而谁为？"

11.11　颜渊死，门人欲厚葬之，子曰："不可。"

门人厚葬之。子曰："回也视予犹父也，予不得视犹子也。非我也，夫二三子也。"

258. 谢曰：元泽曰："**不与之车以为之椁**①（guǒ）**者，义也，哭之恸**②（tòng）**者，恩也。不得视犹子者，分**（fèn）**也**③。"

【注释】

①椁：古人所用棺材，内为棺，外为椁。　②恸：哀伤过度、过于悲痛。　③分：名分、情分。这里指师生的情分。《荀子·非相》："辨莫大于分，分莫大于礼，礼莫大于圣王。"

11.12　季路问事鬼神。子曰："未能事人，焉能事鬼？"

曰："敢问死。"曰："未知生，焉知死？"

259. 谢曰：**此夫子深语子路以死与鬼神之理也。天下之事，虽在八荒**①**之外，犹有见闻之验**②**，独死与鬼神之情状，从古以来不见以闻见验。特知者**③**以理考之，故欲知死，莫如知生，欲知鬼神，莫如知人也。**

【注释】

①八荒：四面八方遥远的地方。泛指天下。　②验：验证、证据。　③知者：这里指孔子。知，同智。

11.13　闵子侍侧，訚訚如也；子路，行行如也；冉有、子贡，侃侃如也。子乐。"若由也，不得其死然。"

260. 谢曰：三子①之情性不同，皆不害其为自得，故夫子乐之②。行行③（hàng hàng）不害为直，然非涉世之道，使子路由此少知进也，何"不得其死"④之有？

【注释】

①三子：指闵子骞、冉有、子贡。　②夫子乐之：为得英才育之而乐，为师生关系融洽而乐，为门生自得其乐而乐。　③行行：刚强的样子。　④不得其死：就是不能善终（结果子路死在卫君父子之争的内乱中）。

11.14　鲁人为长府。闵子骞曰："仍旧贯，如之何？何必改作？"子曰："夫人不言，言必有中。"

261. 谢曰：事有当改，岂以仍旧贯①为善。然当是时其有不必改者乎？

【注释】

①仍旧贯：沿袭老样子。贯，事、例。

11.15　子曰："由之瑟奚为于丘之门？"门人不敬子路。子曰："由也升堂矣，未入于室也。"

262. 谢曰：由立矣，和顺于道德则未也①，故曰："由之瑟②（sè），奚为于丘之门③？"门人以是而不敬，不唯不知仲由,且昧于入道之浅深④,故夫子语之以此。

【注释】

①"由立矣"句:这句是说,子路做事可以了,但是还不能和顺于道德,弹瑟发出的声音缺乏平和安详的音色旋律。

②瑟:一种类似于古琴的乐器。 ③奚为于丘之门:为什么在我这里弹呢?奚,为什么。为,弹。 ④昧于入道之浅深:照应孔子"升堂""入室"意说子路修养已登上大厅,还没有进入深奥的内室而已。昧,糊涂、不明白、不了解。

11.16 子贡问:"师与商也孰贤?"子曰:"师也过,商也不及。"曰:"然则师愈与?"子曰:"过犹不及。"

263. **谢曰:德以中庸为至,既曰过矣,何愈**①**于不及也。后世杨墨之学,意其源流出于二子**②**。**

【注释】

①愈:胜过、强些。 ②二子:指师与商。师,颛孙师,即子张。商,卜商,即子夏。指墨翟"兼爱"为过,杨朱"为我"为不及。

11.17 季氏富于周公,而求也为之聚敛而附益之。子曰:"非吾徒也。小子鸣鼓而攻之,可也。"

264. **谢曰:心以势利移,则何所不至**①**。鸣鼓而攻之,所以深窒其源**②**。**

【注释】

①何所不至：这是说内心若随势利而动，什么坏事都干得出来。　②深窒其源：从根本上堵塞恶事的根源，使其绝迹。窒，堵塞、杜绝。

11.18　柴也愚，参也鲁，师也辟，由也喭。

265. 谢曰：愚与鲁①，其质厚②，不害为信道。故柴也执丧③有过人者，学于圣人未有如曾子也。

【注释】

①愚与鲁：愚，愚直，憨厚而耿直。鲁，迟钝。　②质厚：朴质敦厚。　③柴也执丧：《礼记·檀弓上》："高子皋之执亲之丧也，泣血三年，未尝见齿，君子以为难。"高柴，字子皋（皋，通羔），孔子学生。

11.19　子曰："回也其庶乎，屡空。赐不受命，而货殖焉，亿则屡中。"

266. 谢曰：说者以为子贡与时转贩①，必不如此，要之于货②未能忘意耳。受命，则顺天而无意③必也。屡中不免于亿④，未可谓知⑤。

【注释】

①与时转贩：追逐时机辗转贩卖。转贩，做买卖。　②货：财物、货利。　③顺天而无意：不愿听天由命。指子贡把精力放在了货殖盈利上，而心不在仕途。　④亿：通臆。预测、

估计。　⑤知：同智。

11.20　子张问善人之道，子曰："不践迹，亦不入于室。"

11.21　子曰："论笃是与，君子者乎？色庄者乎？"

267. 谢曰：践迹①止于色庄②，君子者不必色庄，以其能躬行也。善人虽未能有诸己，然未必循迹而遗意③。论笃是与④，君子者乎？与色庄者乎？则不践迹者，在所取矣。故圣人思其不得而见之⑤。

【注释】

①践迹：踩着前人的脚印走。　②色庄：伪装庄重正经。　③循迹而遗意：沿袭旧迹而丢掉道德精神。　④论笃是与：意思是对说话笃实诚恳的人表示赞许。论，言论。笃，诚恳。与，赞许。　⑤圣人思其不得而见之：意即孔子感叹自己见不到圣人，见到君子就可以了。语见《述而》篇："子曰：'圣人，吾不得而见之矣；得见君子者，斯可矣。'"

11.22　子路问："闻斯行诸？"子曰："有父兄在，如之何其闻斯行之？"

冉有问："闻斯行诸？"子曰："闻斯行之。"

公西华曰："由也问闻斯行诸，子曰，'有父兄在'；求也问闻斯行诸，子曰，'闻斯行之'。赤也惑，敢问。"子曰："求也退，故进之；由也兼人，故退之。"

268. 谢曰：有父兄在，苟在于义，非不可专辄①也。然勇者或徒行②而未必中义，故在所退。有父兄在，其势苟得以禀命，胡为而专辄也，然弱者虽义，有时而不为也，故在所进。③

【注释】

①专辄：专断、专擅。　②徒行：做事没有目标，只管蛮干。　③所退、所进：退，若子路做事勇，加约束使之缓行，做事保守一些。进，如冉求做事退缩，故激励使其勇进。

11.23　子畏于匡，颜渊后。子曰："吾以女为死矣。"曰："子在，回何敢死？"

269. 谢曰：敢，非不敢之敢，乃果敢之敢，犹言必死也。其意谓夫子不免①，则回必死难矣②。

【注释】

①不免：不幸遇难。　②回必死难矣：言颜回在危难中必定与师同生共死。

11.24　季子然问："仲由、冉求可谓大臣与？"子曰："吾以子为异之问，曾由与求之问。所谓大臣者，以道事君，不可则止。今由与求也，可谓具臣矣。"

曰："然则从之者与？"子曰："弑父与君，亦不从也。"

270. 谢曰：有大人之德，然后可以为大臣之事，进退行藏①，不系于利，故不可则止。二子事事非事道②者，气不足以扶颠持危③，其可谓之大臣乎？

【注释】

①进退行藏：指出仕和隐退。出仕就去实行自己的主张，不遇时就归隐。　②事事非事道：事事，处理一般政务。事道，匡扶天下大道。　③扶颠持危：意指能够挽回颠危的局面。宋秦观《贺孙中丞启》："恭惟中丞侍郎，受天间气，为世直儒；力足以扶颠持危，器足以致远任重。"

11.25　子路使子羔为费宰。子曰："贼夫人之子。"

子路曰："有民人焉，有社稷焉，何必读书，然后为学？"

子曰："是故恶夫佞者。"

271.　谢曰：学固有不必读书者，然非子羔之事。子路使之仕，所谓贼夫人之子①也。子路民人社稷②之语，则是于贼夫人之子之意有未喻也，是知尊所闻③而不稽其弊④者，不复求益也，是以夫子特恶其"御人以口给（jǐ）⑤"而已。

【注释】

①贼夫人之子：孔子认为子路让子羔过早从政，这会害了子羔的。贼，害。夫人之子指子羔。夫，这、那，代词。

②社稷：这里指土地神和谷神。常代指国家。　③知尊所闻：只知道遵照自己听到的去行事。尊，看重，重视。　④稽其弊：考察它的弊端。　⑤御人以口给：语见《公冶长》篇。对待别人用敏捷的口才。意指以利口善辩而使人受窘憎厌。御，当也。口给，口辞敏捷。

11.26　子路、曾皙、冉有、公西华侍坐。

子曰："以吾一日长乎尔，毋吾以也。居则曰：'不吾知也！'如或知尔，则何以哉？"

子路率尔而对曰："千乘之国，摄乎大国之间，加之以师旅，因之以饥馑，由也为之，比及三年，可使有勇，且知方也。"

夫子哂之。

"求，尔何如？"

对曰："方六七十，如五六十，求也为之，比及三年，可使足民。如其礼乐，以俟君子。"

"赤，尔何如？"

对曰："非曰能之，愿学焉。宗庙之事，如会同，端章甫，愿为小相焉。"

"点，尔何如？"

鼓瑟希，铿尔，舍瑟而作，对曰："异乎三子者之撰。"

子曰："何伤乎？亦各言其志也。"

曰："莫春者，春服既成，冠者五六人，童子六七人，浴乎沂，风乎舞雩，咏而归。"

夫子喟然叹曰："吾与点也！"

三子者出，曾皙后。曾皙曰："夫三子者之言何如？"

子曰："亦各言其志也已矣。"

曰："夫子何哂由也？"

曰:"为国以礼。其言不让,是故哂之。""唯求则非邦也与?"

"安见方六七十如五六十而非邦也者?"

"唯赤则非邦也与?"

"宗庙会同,非诸侯而何?赤也为之小,孰能为之大?"

272. 谢曰:子路、冉有、公西华未识道体,未免于意必①者也。乃若曾点之意,果何在乎?道以无所倚为至②,夫子与③之,非止乐其不愿仕,推曾点之学,虽禹、稷之事,固可以优为,特其志不存焉。又曰:"鸢飞戾天,鱼跃于渊④",无些私意。上下察,以明道体无不在,非指鸢鱼而言也。若指鸢鱼为言,则上面更有天,下面更有地在。知勿忘勿助长则知此,知此则知夫子与曾点之意。季路、冉求言志之事,非大才做不得,然常怀此意在胸中,在曾点看着,正可笑尔。学者不可着一事在胸中,才着些事,便不得其正。且道曾点有甚事,列子御风⑤事近之,然易做,只是无心,近于忘。又曰:吕晋伯⑥兄弟中皆有见处,一人作诗咏曾点事⑦,曰:"函丈从容问且酬,展才无不至诸侯。可怜曾点惟鸣瑟,独对春风咏不休。"

【注释】

①意必:意,指做事凭空猜测,主观臆断;必,指对事情绝对的肯定或否定。明归有光《与吴刑部梁书》:"朝廷大公,本无意必,而独于仆一人未见旷然者,指子兰之谮深也。" ②道以无所倚为至:意为大道无形。倚,凭借。《老

子》第一章："道可道，非常道；名可名，非常名。"　③与：赞同、赞许。　④鸢飞戾天，鱼跃于渊：语出《诗经·大雅·旱麓》。意思是鹰在天空飞翔，鱼在深潭腾跃。喻指天纳万物，各得其所。鸢，又名黑耳鸢，一种凶猛的鸟。戾，至、到。渊，深潭。　⑤列子御风：列子，名御寇，战国时思想家。《庄子·逍遥游》说他能"御风而行，泠然善也，旬又五日而后反。彼于致福者，未数数然也（未急急忙忙地追求）"。意即修养最高的人能顺应自然忘掉自己，达到神奇莫测又无意于求功，有道德学问的圣人又无意于求名。御，驾。　⑥吕晋伯：宋陕西蓝田吕大中之子。宋哲宗时知陕州、泰州。　⑦咏曾点事：此为宋吕大钧《曾点》诗。诗意大致是，夫子从容问志向，弟子侃侃谈理想。信心满满展才华，无不辅主御家邦。唯有曾点停琴答，春风欢歌最向往。函丈，语出《礼记·曲礼上》"若非饮食之客，则布席，席间函丈"。后来用以称讲席，引申为对前辈学者或师长的敬称。

颜渊篇第十二

引　语

本篇共二十四章，孔子比较集中地论述了政、仁、礼及三者之间的关系。孔子在回答问政时，强调执政官员要勤政敬业，忠于职守；施政要富国强兵，取信于民，"民无信不立"；最终达到伦常井然，社会和谐。孔子期望政治清明，社会稳定，要实现这一目标关键是确定伦常。而"仁"与"礼"是使伦常关系正常化的保证。"仁"是孔子理论的核心，本篇多次论"仁"。"仁"要求每个个体以爱人为出发点，自觉按照"礼"的规定约束自己，做到视听言动不违礼。"仁"是以"礼"为准则的内在制约。"礼"确定了社会结构尊卑分明的等级层次，并规定了各个层次的社会成员应该遵循的道德标准。孔子把社会构建在人伦关系、情感、观念的协调维系上，而缺乏法统意志的体现，其美好愿望终将难以实现。

谢良佐为本篇作解二十二条。其中12.2、12.3两条合为一讲；12.15条在《子罕》篇9.11条已讲，故略去。

在这二十二条中，谢良佐从以下几个方面对本篇论述进行阐发、归纳提炼，主要表现在以下几点：其一，个人修养方面，谢良佐认为礼者摄心之规矩。做人要"克己复礼，胜己之欲以循理而天",视听言动要合乎理。要仁者不忧,敢于克己之私。要理解仁和礼的规范对人修身进德处世的重要性。从而心甘情愿地、积极能动地约束自己"克己复礼"。其二,人际关系方面,谢良佐认为君子要忠信有物,敬而无失,与人恭而有礼,交友所以辅德。君子要成人之美,己所不欲勿施于人。其三,在仕宦之道方面,君王要爱民,"君犹心百姓犹体",君子要身正,才能令行。要注意重教化,"大经正,则庶民兴"。让人民明教服义。注意自己的身份,"虑以下人,则不欲多上人"。要崇德,做什么事情都要尽心竭力,先事后得。

12.1 颜渊问仁。子曰:"克己复礼为仁。一日克己复礼,天下归仁焉。为仁由己,而由人乎哉?"

颜渊曰:"请问其目。"子曰:"非礼勿视,非礼勿听,非礼勿言,非礼勿动。"

颜渊曰:"回虽不敏,请事斯语矣。"

273. 谢曰:礼者,摄心①之规矩。循理而天②,则动作语默无非天也。内外如一,则视听言动无非我矣。或问:言动非礼,则可以正,视听如何得合礼?曰:四者皆不可易③,易则多非礼,故"仁者先难而后获"④。所谓难者,以我视,以我听,以我言,以我动也。"仰面贪看鸟,回头错应人。"⑤视听不以我也,胥⑥失之矣。或问:视听言动合理,而与礼文⑦不相合,如何?曰:言动犹可以礼,视听有甚礼文?以斯视,以斯听，自然合理。合理便合礼文，循理便是复礼。【曾恬、胡安国本云："问：合视听言动处，视听言动只是理，何故得合礼？曰：怎生外面讨得礼文来合，循理便是复礼。言动犹可以有礼文，视听有甚礼文，以斯听，自然合理。合这个理字，便合礼文。礼、理之不可易者也，只是一个敬字。"】

或问：求仁如何下工夫？曰：如颜子视听言动上做亦得。如曾子颜色容貌上做亦得。出辞气者，犹佛所谓从此心中流出。今人唱一喏，若不从心中出，便是不识痛痒。古人曰："心不在焉，视而不见，听而不闻，食而不知其味。"不见不闻不知味，便是不仁，死汉不识痛痒了。又如仲弓"出门如见大宾，使民如承大祭"⑧，但存得如见大宾如承大祭底心在，便长识痛痒。

又曰"一日克己复礼⑨，天下归仁焉"，只就性上看。又曰：克己须从性偏难克处克将去。克己之私，则心虚⑩见理矣。[1]

【校勘】

〔1〕朱熹《集注》中谢氏曰："克己须从性偏难克处克将去。"

【注释】

①摄心：收敛心神，把散乱的心和攀缘的心集中起来。
②循理而天：即因循天理，顺应遵循社会伦理道德规范。朱熹《朱子语类》："天理只是仁义礼智之总名，仁义理智便是天理之件数。" ③易：改变。 ④仁者先难而后获：语出《雍也》篇。意为仁人遇到难事抢在别人之先去做，有了成果在人之后

获得。 ⑤仰面贪看鸟，回头错应人：语出唐杜甫《漫成二首》（其二），言看景的专注沉迷。由于专注沉迷，所以做出了错误认知。这错误认知，不是我的本心发出的。 ⑥胥：文言副词，皆、都。 ⑦礼文：指礼乐仪制或《礼记》所载之文。《汉书·礼乐志》："是时，上方征讨四夷，锐志成功，不暇留意礼文之事。" ⑧出门如见大宾，使民如承大祭：语出《颜渊》篇。意为出门办事和役使百姓，都要像迎接贵宾和进行大祭时那样恭敬严肃。 ⑨一日克己复礼：一日，不论什么时候。克己，克制自己。复礼，言行符合礼的要求。 ⑩心虚：指心中没有杂念。

12.2 仲弓问仁。子曰："出门如见大宾，使民如承大祭；己所不欲，勿施于人。在邦无怨，在家无怨。"仲弓曰："雍虽不敏，请事斯语矣。"

12.3 司马牛问仁。子曰："仁者，其言也讱（rèn）。"

曰："其言也讱，斯谓之仁已乎？"子曰："为之难，言之得无讱乎？"

274. 谢曰：心有所觉谓之仁，仁则心与事为一。草木五谷之实谓之仁，取名于生也，生则有所觉矣。四肢之偏痹谓之不仁，取名于不知觉也，不知觉则死矣。事有感而随之以喜怒哀乐，应之以酬酢①（zuò）尽变者，非知觉不能也。身与事接，而心漠然不省者，与四体不仁无异也。然则不仁者，虽生，无以异于死；虽有心，亦邻②于无心；虽有四体，亦弗为吾用也。故视而弗见，听而弗闻，食而不知其味，此善学者所以急急于求仁也。克己复礼，"出门如见大宾，使民如承大祭"，其言讱③，皆求仁之术也。能从事于斯，则仁可以忘言识也；不能从事于斯，乃欲以言求仁，譬如不食，终不知味。克己复礼，胜己之欲以循天之理，则天下之仁皆归焉。"出门如见大宾，使民如承大祭"，敬也。"其言也讱"，先难也。

【注释】

①酬酢：宾主互相敬酒。泛指交际应酬。酬，向客人敬酒。酢，向主人敬酒。　②邻：邻近、接近。《后汉书·卓茂传》："夫厚性宽中近于仁，犯而不校邻于恕。"　③讱：出言缓慢谨慎。

12.4　司马牛问君子。子曰："君子不忧不惧。"

曰："不忧不惧，斯谓之君子已乎？"子曰："内省不疚，夫何忧何惧？"

275. 谢曰：仁者不忧，勇者不惧。①

【注释】

①"仁者不忧"句：此句语出《子罕》篇："子曰：知者不惑，仁者不忧，勇者不惧。"意思是有大智慧的人遇见有迷惑的事物，他会利用他的聪明才智去求得解决问题的方法；有仁爱之心的人，不会有忧愁，他会用宽容来对待给他带来忧愁的人和事；勇敢的人，面对一切困惑是不会有所畏惧的。

12.5 司马牛忧曰:"人皆有兄弟,我独亡。"子夏曰:"商闻之矣:死生有命,富贵在天。君子敬而无失,与人恭而有礼,四海之内,皆兄弟也。君子何患乎无兄弟也?"

276. 谢曰:司马牛①忧无兄弟,意在急难无助而已。然操恭敬之心以游世②也,又何患焉?"四海之内皆兄弟"③,岂信以为真若己之兄弟也哉?爱人而人常爱之④故也。命自其所禀言,天自其所遇言。⑤

【注释】

①司马牛:姓司马,名耕,字子牛。孔子弟子。　②游世:经历世事,参与社会活动。　③四海之内皆兄弟:指全国人都亲如兄弟。　④爱人而人常爱之:语出《孟子·离娄下》:"爱人者,人恒爱之;敬人者,人恒敬之。"恒,永远。

⑤"命自其所禀言"句:意为命是上天赐予的,人之命运皆有天定,要顺其自然。禀,赐予、赋予。

12.6 子张问明。子曰:"浸润之谮(zèn),肤受之诉,不行焉,可谓明也已矣。浸润之谮,肤受之诉,不行焉,可谓远也已矣。"

277. 谢曰:辨所难辨,此之谓明。已乱①于未然,此之谓远②。元泽曰[1]:"浸润之谮③,渐而不暴[2],肤受之诉④,浅而不迫,故非明者无以止之。"浸润之谮行,则君子以忠信见疑⑤;肤受之诉行,则小人以诞谩见信⑥。则其出入不远矣。

【校勘】

〔1〕元泽曰：《四库全书》本作"元泽又曰"。

〔2〕暴：《四库全书》本作"骤"。

【注释】

①已乱：止乱、制止动乱。已，停止。　②远：明智的最高境界。远见卓识。　③浸润之谮：谮，谗言。这是说像水那样一点一滴地渗进来的谗言，不易觉察。　④肤受之诉：诉，诬告。这是说像皮肤感觉到疼痛那样的诬告，即直接的诽谤。　⑤忠信见疑：忠信反而被怀疑。见，表被动。　⑥诞谩见信：荒诞虚妄，反而被信任。《史记·龟策列传》："人或忠信不如诞谩，或丑恶而宜大官，或美好佳丽而为众人患。"

12.7　子贡问政。子曰："足食，足兵，民信之矣。"

子贡曰："必不得已而去，于斯三者何先？"曰："去兵。"

子贡曰："必不得已而去，于斯二者何先？"曰："去食。自古皆有死，民无信不立。"

278. 谢曰："虽有粟，吾得而食诸？①"虽有兵，吾得而卫诸？故信②当以死守之。

【注释】

①虽有粟，吾得而食诸：语出《颜渊》篇。意为真要失去了纲常伦理，即使有粮食，我能吃得到吗？谢夫子这里引用此语意在说明，如果失去了老百姓对国家的信任，也有同

样的后果。 ②信：诚信、信任。朱熹《集注》："故宁死而不失信于民，使民亦宁死而不失信于我也。"指百姓相信政府，政府要取信于民。

12.8　棘子成曰："君子质而已矣，何以文为？"子贡曰："惜乎，夫子之说君子也！驷不及舌。文犹质也，质犹文也。虎豹之鞟犹犬羊之鞟。"

279. 谢曰："倬（zhuō）彼云汉，为章于天"①。玉在山而木润，渊生珠而崖不枯。②有君子之质，虽欲无君子之文，其可得乎？是以棘子成③不可谓知言。

【注释】

①倬彼云汉，为章于天：语见《诗经·大雅·棫朴》。意为"宽广银河漫无边，光带灿烂贯高天"。这里以宽广灿烂的银河喻君子。倬，广大。云汉，银河。章，文章、文采。②"玉在山而木润"句：语出《荀子·劝学》。寓意一个地方有出众的人或事物的话，那么就会使这个地方增光添彩。枯，苍凉、贫瘠。　③棘子成：卫国大夫。

12.9　哀公问于有若曰："年饥，用不足，如之何？"

有若对曰："盍彻乎？"

曰："二，吾犹不足，如之何其彻也？"

对曰："百姓足，君孰与不足？百姓不足，君孰与足？"

280. 谢曰："得乎丘民而为天子①"，君之所以为君，以有民也。故君犹心，百姓犹体②，岂有体癯③（qú）而心安者。

【注释】

①得乎丘民而为天子：语出《孟子·尽心下》。意为能够得到众多百姓拥护的人才能够成为天子。丘，古代划分田地区域的单位。丘民，借指百姓。　②故君犹心，百姓犹体：语出《礼记·缁衣》："子曰：'民以君为心，君以民为体，心庄则体舒，心舒则容敬。'"　③体癯：身体瘦弱。癯，瘦。

12.10　子张问崇德辨惑。子曰："主忠信，徙义，崇德也。爱之欲其生，恶之欲其死。既欲其生，又欲其死，是惑也。'诚不以富，亦只以异。'"

281. 谢曰：忠信则有物①，徙义②则惟正是从，道得于我者，岂不日积。死生有命，盖不容欲也。知此，则胸中岂不判然③。

【注释】

①有物：物，本义为事物。此处意为要让别人从你做的事情中看到忠信。　②徙义：徙，迁移。向义靠拢。　③判然：显然，分明貌。

12.11　齐景公问政于孔子。孔子对曰："君君，臣臣，父父，子子。"公曰："善哉！信如君不君，臣不臣，父不父，子不子，虽有粟，吾得而食诸？"

282. 谢曰："君君，臣臣，父父，子子"①，亲亲而尊尊②，所谓民彝③也。为政之道，保民而已。不然，人类几何其不相噬啮也④。

【注释】

①君君，臣臣，父父，子子：做君主的要有做君主的样子，做臣子的要有做臣子的样子，做父亲的要有做父亲的样子，做儿子的要有做儿子的样子。 ②亲亲而尊尊：亲亲，亲近家人。尊尊，尊敬长辈。唐韩愈《送浮屠文畅师序》："圣人者立，然后知官居而粒食，亲亲而尊尊，生者养而死者藏。" ③民彝：犹指人伦。旧指人与人之间相处的伦理道德准则。《尚书·康诰》："天惟与我民彝大泯乱（混乱）。"彝，作法度常规讲。 ④人类几何其不相噬啮也：（为政之要，在于济民惠民，即载舟覆舟。）否者，（人类）岂不天下大乱，人皆相食乎？

12.12 子曰："片言可以折狱者，其由也与？"子路无宿诺。

283. 谢曰：子路志在力行①，有诺不能践言②，虽非吾本心，岂不流而入于自恕③。

【注释】

①力行：努力实践。 ②有诺不能践言：意为对人有承诺，不能兑现诺言。有诺，对人有承诺。践言，实现诺言。

③自恕：自己宽恕自己，原谅自己。此则是谢先生赞扬子路，即便是外力所扰，在什么情况下都不违诺。不使自己处于自恕的地步。

12.13　子曰："听讼，吾犹人也。必也使无讼乎！"

284. 谢曰：人情诞慢①，则必待听②而后决。明教服义，不待听而决者，谓之无讼可也。③

【注释】

①诞慢：放荡傲慢。　②听：听讼，审理诉讼案件。③"明教服义"句：意为明申教化，服膺正义，不经过诉讼就能决断谁是谁非，使人们之间没有什么诉讼案件。此句是对孔子"必也使无讼乎"的解释。百姓"明教服义"自然诉讼案件就没有了。

12.14　子张问政。子曰："居之无倦，行之以忠。"

285. 谢曰：尽心竭力而为之，何事不成。

12.15　子曰："博学于文，约之以礼，亦可以弗畔矣夫。"

12.16　子曰："君子成人之美，不成人之恶。小人反是。"

286. 谢曰：尊之以礼义，养之以名誉，以引以翼①，使人乐于善，皆成人之美②也。

【注释】

①以引以翼：引导扶持。《诗经·大雅·行苇》："黄耇台背，以引以翼。"黄耇（gǒu），年高长寿。台背，谓背有老斑如鲐鱼，或谓背驼。都是年老体衰、老态龙钟的样子。台同鲐。郑玄笺："以礼引之，以礼翼之；在前曰引，在旁曰翼。"引和翼是引导、扶持、帮助的意思。　②成人之美：成全别人的好事或帮助人实现他的愿望。成，成全、帮助。

12.17　季康子问政于孔子。孔子对曰："政者，正也。子帅以正，孰敢不正？"

287.　谢曰：其身正，不令而行。

12.18　季康子患盗，问于孔子。孔子对曰："苟子之不欲，虽赏之不窃。"

288.　谢曰：介甫①曰："俗之所荣②，罚之所不能止；俗之所耻，赏之所不能诱。故君子无为也，反身以善俗③而已。"

【注释】

①介甫：宋改革家、丞相王安石，字介甫。　②俗之所荣：俗，社会上的风俗、习惯。荣，光荣。引申为推崇、时尚，与下文"耻"字相对。　③反身以善俗：反身，亲身、躬身。善俗，改良风俗。《周易·渐卦》："山上有木，渐，君子以居贤德善俗。"孔颖达疏："君子求贤，得失居位，化风俗使清善。"

12.19　季康子问政于孔子曰："如杀无道，以就有道，何如？"孔子对曰："子为政，焉用杀？子欲善而民善矣。君子之德风，小人之德草。草上之风，必偃。"

289. 谢曰：大经正①，则庶民兴矣。元泽②曰："教之化民也深于命，民之效上也捷于令。"③

【注释】

①大经正：大经，治理国家政治经济的大政方针。正，正确。《孟子·尽心下》："君子反经而已矣。经正，则庶民兴；庶民兴，则无邪慝矣。"反经，回复大道。兴，昌盛，作振作、振发讲。　②元泽：王安石之子王雱，字元泽。与王安礼、王安国并称"临川三王"。　③"教之化民也深于命"句：意思是教化百姓比命令百姓更深入人心，百姓模仿上边的行为比命令更迅速。语出《史记·商君列传》。捷，快、迅速。

12.20　子张问："士何如斯可谓之达矣？"子曰："何哉，尔所谓达者？"子张对曰："在邦必闻，在家必闻。"子曰："是闻也，非达也。夫达也者，质直而好义，察言而观色，虑以下人。在邦必达，在家必达。夫闻也者，色取仁而行违，居之不疑。在邦必闻，在家必闻。"

290. 谢曰：子张以闻①为达②，止于名而已。圣人以质直好义③，察言观色为达，盖有实而名闻四达故也。质直而不好义，则近于悻悻④。虑以下人⑤，则不欲多上人⑥。

【注释】

①闻：显名、有名望。即成名。 ②达：通达、显达。 ③质直好义：质直，朴实正直，形容言辞质朴平实。好义，喜爱道义。 ④悻悻：因失落而怨恨，又指刚愎傲慢的样子。 ⑤下人：下于人，即对人谦恭有礼，这是一种待人接物的态度，在人前不傲慢，不争高低。 ⑥上人：与上句"下人"相反。上人就是对人傲慢，以上临下。

12.21 樊迟从游于舞雩之下，曰："敢问崇德、修慝、辨惑。"子曰："善哉问！先事后得，非崇德与？攻其恶，无攻人之恶，非修慝（tè）与？一朝之忿，忘其身，以及其亲，非惑与？"

291. 谢曰：先事后得，其心在事而不在苟得①，故德以是崇②，与先难后获同意。有意于攻人之恶者，不能自攻其恶者也；攻己之恶者，无暇攻人之恶者也，故慝以是修③。莫大④之恶，生于须臾⑤不忍，一朝之忿，与忘身以及其亲，其为得失甚易知也，不能惩忿⑥者，特惑⑦耳。

【注释】

①苟得：不当得而得，或以不正当的手段而得。此指刻意获得。《孟子·告子上》："生，亦我所欲，所欲有甚于生者，故不为苟得。" ②崇：高，此指提高。 ③慝以是修：这里是指改正邪恶的念头。慝，邪恶的念头。修，改正。

④莫大：极大、没有比这个再大。 ⑤须臾：衡量时间的量词。片刻、短时间。《荀子·劝学》："吾尝终日而思矣，不如须臾之所学也。" ⑥惩忿：克制愤怒。忿，愤怒、气愤。清李毓秀《弟子规》："言语忍，忿自泯。" ⑦惑：糊涂。

12.22 樊迟问仁。子曰："爱人。"问知。子曰："知人。"樊迟未达。子曰："举直错诸枉，能使枉者直。"

樊迟退，见子夏曰："乡也吾见于夫子而问知，子曰'举直错诸枉，能使枉者直'，何谓也？"

子夏曰："富哉言乎！舜有天下，选于众，举皋陶（gāoyáo），不仁者远矣。汤有天下，选于众，举伊尹，不仁者远矣。"

292. 谢曰：爱人，仁者之事；知人，知者①急务。舜以天下与禹，禹让皋陶②。孟子亦曰："舜以不得禹、皋陶为己忧。③"故言舜之举独称皋陶④。

【注释】

①知人：认识人、了解人。知者：有智慧的人。知，同智。 ②皋陶（前2220—前2113）：传说中东夷族的领袖，曾被舜任为掌管刑法的官，多被后世称为"上古四圣"（尧、舜、禹、皋陶）之一，后世尊为"中国司法始祖"。 ③"舜以不得禹"句：语出《孟子·滕文公上》"尧以不得舜为己忧，舜以不得禹、皋陶为己忧"。 ④故言舜之举独称皋陶：意为子夏所以在言及舜的善举时，只称赞舜以得到皋陶为仁

德之举。

12.23 子贡问友。子曰："忠告而善道之，不可则止，毋自辱也。"

293. 谢曰：友所以辅德①，故必忠告善道②；异于君亲，故不可则止③。

【注释】

①友所以辅德：意为朋友之间切磋琢磨共进于仁道，匡正提高德行。 ②善道：善，善于。道，通导，引导。 ③不可则止：如果（你用好言引导）他不听，就应该停止。

12.24 曾子曰："君子以文会友，以友辅仁。"

294. 谢曰：欲辅仁①不可以无友，欲会友不可以无文②。"朋友攸摄，摄以威仪"③，文也。

【注释】

①辅仁：培养仁德。意即在朋友交往中相互勉励与扶持，共同走在人生正途上。 ②文：指文章、学问、文采。 ③朋友攸摄，摄以威仪：语出《诗经·大雅·既醉》。意为朋友帮忙来助祭，帮忙举行大典礼。攸摄，所助、所辅。摄，佐、辅助。威仪，指典礼的仪式。此指朋友之间互相帮衬，成人之美。

子路篇第十三

引　语

本篇共有三十章，包含的内容比较广泛，其中有关于如何治理国家的政治主张，孔子的教育思想、个人的道德修养以及"和而不同"的思想。所记内容集中在政治与道德两个方面。本篇出现的"正名"与"举贤"、"泰"与"骄"、"和"与"同"、"中行"与"狂狷"等对立概念，充分反映出孔子在国家治理上注重秩序，在人格道德问题上追求完美的思想特征。

谢良佐为本篇作注述共二十九条，其13.29和13.30合为一解。

谢良佐作为封建官吏，自然对孔子提出的"正名""举贤"的国家治理秩序观念有深刻感受。他提出在正名的同时，为官者要率先垂范，用实际行动取信于人。在国家治理上要以理以德治国，不能急功近利。提倡"君子以道为量，才全德备"。做人要"内善于兄弟，外信于朋友"。表现其思想主张的有："先之所以率之""其身正，不令则行""贤才不可不举也""有名则有分守""人信则易从""好德而无忮害之心，则可以省刑罚"等。

13.1　子路问政。子曰:"先之劳之。"请益。曰:"无倦。"

295. 谢曰:先①之所以率②之,劳之所以佚(yì)③之。

【注释】

①先:带头。　②率:带领。　③劳之所以佚:意为让人们通过劳动获得安逸的生活。劳,劳动、劳作。佚,同逸,安逸。

13.2　仲弓为季氏宰,问政。子曰:"先有司,赦小过,举贤才。"曰:"焉知贤才而举之?"曰:"举尔所知。尔所不知,人其舍诸?"

296. 谢曰:宰有君道①,当治大不治小,笾豆②之事,则有司存,"先有司"③,则所事者大矣。小过,过也,故赦之。"赦小过",则所刑者故矣。将以与之成庶务④,置风声⑤,贤才不可不举也。贤才不求则已,求则尔所不知人将告之矣,焉有为善而不闻者乎?

【注释】

①宰有君道:即封建帝王治国的基本理念与统治权术,其核心内容是儒家所倡导的"仁政""仁义"原则。宰,官吏。君道,即为君之道、治政之道。　②笾豆:指古代祭祀时常用的两种礼器。竹制为笾,木制为豆。笾豆之事指古代祭祀之事。　③先有司:先责成各级官员任事。有司,古代负责具体事务的官吏。　④成庶务:成就政务人员的业绩。

庶务,意思是古时机关内的各种政务。亦指这些事务的经办人员。　⑤置风声:意为形成风尚。风声,此指风尚、风气。

13.3　子路曰:"卫君待子为政,子将奚先?"

子曰:"必也正名乎!"

子路曰:"有是哉,子之迂也!奚其正?"

子曰:"野哉,由也!君子于其所不知,盖阙如也。名不正,则言不顺,言不顺,则事不成;事不成,则礼乐不兴;礼乐不兴,则刑罚不中;刑罚不中,则民无所错手足。故君子名之必可言也,言之必可行也。君子于其言,无所苟而已矣。"

297.　谢曰:正名①不特②为卫君③而言也,为政之道当如此。子路不达④,以为高远也。故孔子以为野⑤。有名则有分守⑥,故言顺而事成者,礼乐之实也。因实而节文⑦和乐之,则礼乐兴民。介甫曰:"礼乐不兴,则廉耻和睦之风衰,而争狠诈伪之俗成,虽有善听⑧者,犹不能无枉⑨也。"[1]

【校勘】

〔1〕朱熹《集注》中谢氏曰:"正名虽为卫君而言,然为政之道,皆当以此为先。"

【注释】

①正名:即正名分,意即先明确职位,然后干本职责内的事务。　②不特:不只、不仅。　③卫君:卫出公,名辄,卫灵公之孙。其父蒯聩被卫灵公驱逐出国,卫灵公死后,卫出公

继位。以后出现了蒯聩与卫出公父子争夺君位之事，子路因此事而死。　④达：通达、达到目的、理解。此处作透彻明白讲。

⑤野：粗鄙、粗鲁。　⑥分守：即职务与官守职权范围。⑦节文：礼节、礼仪，在这里作动词用。语出《孟子·离娄上》"仁之实，事亲是也；义之实，从兄是也；智之实，知斯二者弗去是也；礼之实，节文斯二者是也；乐之实，乐斯二者，乐则生矣"。　⑧善听：善于听察。　⑨枉：过错、不合理。

13.4　樊迟请学稼。子曰："吾不如老农。"请学为圃。曰："吾不如老圃。"

樊迟出。子曰："小人哉，樊须也！上好礼，则民莫敢不敬；上好义，则民莫敢不服；上好信，则民莫敢不用情。夫如是，则四方之民襁负其子而至矣，焉用稼？"

298. 谢曰：樊迟问学稼与圃①于夫子，将以为民，非役志②于自殖③货财也，若后世许行④之学，其近之乎？以其不知大体也，故称小人。如胁弱暴寡⑤之事，皆生于不钦⑥。服，安分以服事其上，易使故也。用情，不爱其情⑦。

【注释】

①稼：庄稼，此作动词，种庄稼、种地。圃，菜园、菜地。此作动词，引申为种菜。　②役志：用心。　③殖：经营，生财谋利。《新五代史·杂传·王处直》："父宗善殖财货，富拟王侯。"　④许行：（约前372—约前289），楚国随人。战国时期著名的农学家、思想家，约与孟子同一时期。

《孟子·滕文公上》记载有许行及其人"为神农之言",后被归为农家。他主张"贤者与民并耕而食,饔飧而治"。 ⑤胁弱暴寡:威胁弱者,欺凌孤寡。唐柳宗元《驳复仇议》:"不议曲直,暴寡胁弱而已。其非经背圣,不亦甚哉。" ⑥钦:恭敬、敬重。宋张载《张子语录》:"学者欲其进,须钦其事,钦其事则有立!有立则有成;未有不钦而能立;不立则安可望有成。" ⑦用情,不爱其情:意即真心实意地佩服,就会全力以赴地拥护。用情,实在的,以真心实情来对待。爱,舍不得、吝惜。《孟子·梁惠王上》:"齐国虽褊小,吾何爱一牛。"不爱其情就是真心实意。

13.5 子曰:"诵《诗》三百,授之以政,不达;使于四方,不能专对。虽多,亦奚以为?"

299. 谢曰:诵《诗》而不自得,不足以致用。不足以致用,则徒能诵之,亦奚异书肆①?故曰:"虽多,亦奚以为②?"如学礼者失其义而陈其数也③。穷理,故授之以政而达④;可以言,故使于四方能专对⑤。

【注释】

①书肆:旧时中国民间出售书籍的店铺或市场。这里指读书读得虽多,如果不能理解,书再多,与街市的书摊无别。

②虽多,亦奚以为:这样念书再多,有什么用处呢?以,用。 ③失其义而陈其数也:意为失去实际内容而只列出礼数。《礼记·郊特牲》:"礼之所尊,尊其义也。失其义,陈其

数，祝史之事也。故其数可陈也，其义难知也，知其义而敬守之，天子之所以治天下也。" ④达：通达。领会贯通、会运用。 ⑤专对：独立应对。古代的使节，只接受使命，至于如何去交涉应对，不能事事请示，也不能在国内安排决定好一切，只能随机应变，独立对答。这就是古代说的"受命不受辞"。

13.7 子曰："其身正，不令而行；其身不正，虽令不从。"

300. 谢曰：人信则易从①，故不令而行。己不能行，则人且不信，如之何其使之从己也？

【注释】

①从：服从、效仿。《曾子·立事》："人信其言，从之以行；人信其行，从之以复。"

13.7 子曰："鲁卫之政，兄弟也。"

301. 谢曰：鲁卫之土地、人民、政事，其齐丑①，则兄弟②。

【注释】

①齐丑：指鲁卫两国的政事都有优缺点。齐，齐全、完备。丑，缺陷。 ②兄弟：鲁卫两地本是兄弟封国。两国政治治理制度相差不远。

13.8 子谓卫公子荆:"善居室。始有,曰:'苟合矣。'少有,曰:'苟完矣。'富有,曰:'苟美矣。'"

302. 谢曰:非君子之宅心①,则亦苟②而已。

【注释】

①宅心:存于心中,用心。此有仁厚、宽大意。《尚书·康诰》:"汝丕远惟商耉(gǒu)成人。宅心知训。" ②苟:差不多。此也含有苟且、要求不高之意。此处作无欲望、易满足讲。

13.9 子适卫,冉有仆。子曰:"庶矣哉!"

冉有曰:"既庶矣,又何加焉?"曰:"富之。"

曰:"既富矣,又何加焉?"曰:"教之。"

303. 谢曰:庶而不富①,则"救死而恐不赡,奚暇治礼义哉②"?富而不教③,则近于禽兽。

【注释】

①庶而不富:人口虽多,但不富裕。庶,众也。这里指人口众多、人丁兴旺。富,富裕、富强。这里是使之富裕。

②"救死而恐不赡"句:意为只把自己从死亡中救出来,恐怕还来不及,哪里还有空闲进行礼义教化呢?语出《孟子·梁惠王上》"乐岁终身苦,凶年不免于死亡,此惟救死而恐不赡,奚暇治礼义哉"。不赡,来不及。奚暇,哪里有空闲、有精力。 ③教:教化、教育。

13.10 子曰:"苟有用我者,期月而已可也,三年有成。"

304. 谢曰:必欲拔本塞源①,略法先王②,谓之成。近效则岁月亦可③。

【注释】

①拔本塞源:拔掉树根,堵住水流的源头。比喻毁灭或背弃根本。此处比喻从根本上解决问题。出自《左传·昭公九年》:"伯父若裂冠毁冕,拔本塞原,专弃谋主,虽戎狄其何有余一人。"　②略法先王:略,经略、方略。法,效法。《荀子·非十二子》:"略法先王而不知其统,犹然而材剧志大,闻见杂博。"　③近效则岁月亦可:一年半载就可取得成绩。

13.11 子曰:"'善人为邦百年,亦可以胜残去杀矣'。诚哉是言也!"

305. 谢曰:好德而无忮(zhì)害①之心,则可以省刑罚。

【注释】

①忮害:忌刻残忍、嫉妒陷害。《汉书·匡衡传》:"今俗吏之治,皆不本礼让,而上克暴,或忮害,好陷人于罪。"

13.12 子曰:"如有王者,必世而后仁。"

306. 谢曰:为当时言,于斯时也,有王者作①,亦必世而后仁②。仁如成周《行苇》③之诗。

【注释】

①有王者作：有王者兴起。王者，帝王、天子。作，兴起。　②必世而后仁：此句与上句连在一起，大意即使有贤明的君主兴起，也需要三十年后才能施行仁政。世，古称三十年一世，一世就是一代。　③《行苇》：《诗经·大雅》中的一篇，有句云："敦彼行苇，牛羊勿践履。方苞方体，维叶泥泥。"唐孔颖达疏："作《行苇》诗者，言忠诚而笃厚也。言周家积世能为忠诚笃厚之行，其仁恩及草木。以草木之微尚加爱惜，况在于人，爱之必甚。"成周：古地名，即西周的东都洛邑。此借指周公辅成王的兴盛时代。《尚书·洛诰》："召公既相宅，周公往营成周。"

13.13　子曰："苟正其身矣，于从政乎何有？不能正其身，如正人何？"

307. 谢曰：**其身正，不令而行。**

13.14　冉子退朝。子曰："何晏也？"对曰："有政。"子曰："其事也？如有政，虽不吾以，吾其与闻之。"

308. 谢曰：**如冉子学于圣人者，犹且言事①而不及政②，则当时为国者③可知矣。**

【注释】

①事：事务。一般性事务。　②政：政事、政务，有关国家的大政方针。此句中的事与政，是孔子对冉有回答的看

法。冉有下朝回去晚了，孔子问为什么，冉有说："有政务。"孔子说："那不是政务，是一般性事务。"　③为国者：主政国家的人。

13.15　定公问："一言而可以兴邦，有诸？"

孔子对曰："言不可以若是其几也。人之言曰：'为君难，为臣不易。'如知为君之难也，不几乎一言而兴邦乎？"

曰："一言而丧邦，有诸？"

孔子对曰："言不可以若是其几也。人之言曰：'予无乐乎为君，唯其言而莫予违也。'如其善而莫之违也，不亦善乎？如不善而莫之违也，不几乎一言而丧邦乎？"

309. 谢曰：知为君之难，则必敬慎以持之；唯其言而莫予违①，则谗谄面谀②之人至矣。邦未必遽（jù）兴丧③也，而兴丧之源分于此，然此非识微④之君子，何足以知之？[1]

【校勘】

〔1〕朱熹《集注》中谢氏曰："知为君之难，则必敬慎以持之；唯其言而莫予违，则谗谄面谀之人至矣。邦未必遽（jù）兴丧也，而兴丧之源分于此，然此非识微之君子，何足以知之？"

【注释】

①唯其言而莫予违：只是我说的话都没有人违抗。莫予违是"莫违予"的倒装句。　②谗谄面谀：表面讨好恭维，阿谀奉承，背后却喜欢说陷害别人的坏话。　③邦未必遽兴

衰：此句的意思是一个国家不一定在短时间内突然兴旺强盛，也不可能突然灭亡。遽，仓促、突然。　④识微：指看到事物的苗头而能察知它的本质和发展趋向。《周易·系辞下》："君子知微知彰，知柔知刚，万夫之望。"明张纶《林泉随笔》："盖无平不陂，无往不复，盛衰无常，吉凶靡定，非识微之君子何足以知之！"

13.16　叶公问政。子曰："近者悦，远者来。"

310. 谢曰："被其泽则说，闻其风则来。"①

【注释】

①"被其泽则说"句：此句朱熹《集注》卷七："被其泽则悦，闻其风则来，然必近者悦，而后远者来也。"被其泽，让国内的人得到恩泽，感到喜悦。远方的人闻风就会前来投奔。旧指当权者给人恩惠，以便收拢人心。被，同披。

13.17　子夏为莒父宰，问政。子曰："无欲速，无见小利。欲速则不达，见小利则大事不成。"

311. 谢曰："与四时俱者无近功"，祈功于朝暮者，必不能"岁计之而有余"①。见小利②，则必无见大③之理。

【注释】

①"与四时俱者"句：语出《庄子·卷六·庚桑楚》。大意为遵循四时运转的自然规律，不要急于求成。急功近利于一早一晚，一定不能收一年之积累多。比喻积少成多。祈，

祈望、祈求。　②见小利：只顾小利，只顾眼前利益。　③见大：办成大事，有大成就、大收获。

13.18　叶公语孔子曰："吾党有直躬者，其父攘羊，而子证之。"孔子曰："吾党之直者异于是：父为子隐，子为父隐，直在其中矣。"

312.　谢曰：顺理为直①，父不为子隐，子不为父隐，于理顺邪？瞽瞍杀人，舜窃负而逃，②遵③海滨而处，当是时，爱亲之心胜，其于直不直，何暇计哉！[1]

【校勘】

〔1〕朱熹《集注》中谢氏曰："顺理为直，父不为子隐，子不为父隐，于理顺邪？瞽瞍（gǔ sǒu）杀人，舜窃负而逃，遵海滨而处，当是时，爱亲之心胜，其于直不直，何暇计哉？"

【注释】

①直：正直、率真、直正。　②"瞽瞍杀人"句：此句意为（如果舜父杀人，作为执法者皋陶应依法捕之），舜此时则知有父而不知天下，乃天理之极，人伦之至。其偏处海滨而欣然忘天下，孝亲则顺天也。瞽瞍，古帝虞舜之父。语出《孟子·尽心上》第三十五章。瞽瞍杀人只是桃应和孟子对话中的一个假设，意为如果舜的父亲杀了人，舜该怎么办。③遵：顺着、沿着。

13.19　樊迟问仁。子曰："居处恭，执事敬，与人忠。

虽之夷狄，不可弃也。"

313. 谢曰："居处恭，执事敬"①，与"出门如见大宾，使民如承大祭"②之意同。方是时，如屏气似不息③者。与(yù)④人忠，有恻隐⑤之意。此三者⑥，性与之俱立，身与之俱动，岂为夷狄而弃之⑦哉！非不可弃也，不能弃也。

【注释】

①居处恭，执事敬：意思是平常在家规规矩矩办事，严肃认真，待人忠心诚意。居处（chǔ），日常起居，指居家。恭，态度端庄。执事，担任工作、做事。敬，敬慎认真。　②"出门如见大宾"句：意为出门办事好像去接待贵宾，役使百姓就像去举行重大的祭祀一般。语出《颜渊》篇。　③屏气似不息：屏气不息。屏气，抑制呼吸。闭住气不呼吸，形容敬谨畏惧的样子。语出《乡党》篇。　④与：交往，和人交往。　⑤恻隐：对遭遇不幸的人表示同情。指见到遭受灾祸或不幸者而产生的同情怜悯之心。出自《孟子·公孙丑上》。　⑥此三者：指居处恭、执事敬、与人忠。　⑦岂为夷狄而弃之：难道因为去到边远地带少数民族居住的地方就放弃这些品德？语出《子张》篇："虽之夷狄，不可弃也。"即使去到边远的少数民族居住的地方，也是不能废弃这些品德的。

13.20　子贡问曰："何如斯可谓之士矣？"子曰："行己有耻，使于四方，不辱君命，可谓士矣。"

曰:"敢问其次。"曰:"宗族称孝焉,乡党称弟焉。"

曰:"敢问其次。"曰:"言必信,行必果,硁硁然小人哉!抑亦可以为次矣。"

曰:"今之从政者何如?"子曰:"噫!斗筲之人,何足算也?"

314. 谢曰:行己有耻①,则必不为可贱之事。使于四方,不辱君命,则其材可以任事,能不为而能为者也②。宗族称孝,乡党称弟,亦可谓行修③矣。"言必信,行必果",虽未若大人惟义所在④,然亦不害其为自守⑤。

【注释】

①行己有耻:"己行有耻"的倒装句。意为自己在做事时要有羞耻之心。 ②能不为而能为者也:大意为把常人做不好的事情做好。 ③行修:意思是品行端正。 ④大人惟义所在:大人,通达的人。惟义所在,语出《孟子·告子上》。意为只要合乎道义就行。 ⑤自守:此处形容自我坚持其操守。

13.21 子曰:"不得中行而与之,必也狂狷乎!狂者进取,狷者有所不为也。"

315. 谢曰:狂者①有躐(liè)等②进取之心,所见常过所得,如曾皙是也。狷(juàn)③者过于不为不善,若不受谢于嗟来④,其狷者之所为乎?

【注释】

①狂者：此处意为志向高远、勇于进取、激进的人。 ②躐等：超越等级，不循次序，求事速成。躐，超越。《礼记·学记》："幼者听而弗问，学不躐等。" ③狷：拘谨、畏缩、不敢作为。 ④不受谢于嗟来：意为不受嗟来之食。嗟来之食，指别人轻蔑施舍的食物。典出《礼记·檀弓》。

13.22 子曰："南人有言曰：'人而无恒，不可以作巫医。'善夫！"

"不恒其德，或承之羞。"子曰："不占而已矣。"

316. 谢曰：巫医①正赖诚意②于祸福死生之际。占③所以考④祸福死生也。观诚不诚，则不占而可知。

【注释】

①巫医：用卜筮为人治病的人。 ②诚意：诚恳的心意。 ③占：占卜。 ④考：推求、考究。

13.23 子曰："君子和而不同，小人同而不和。"

317. 谢曰：君子出处语默①，安可同②也，然不害其为和。小人事同而理不和③。

【注释】

①出处语默：出仕和隐退、发言和沉默。语出《周易·系辞上》"君子之道，或出或处，或默或语"。 ②同：相同。

③和：调和、和谐。

13.24　子贡问曰："乡人皆好之，何如？"子曰："未可也。"

"乡人皆恶之，何如？"子曰："未可也。不如乡人之善者好之，其不善者恶之。"

318. 谢曰：乡人①不容②皆君子，故皆好（hào）之未可也③；乡人不容皆小人故，皆恶（wù）④之未可也。善不善各从其类，故善者好之，知其可也，以⑤善人好善人；其不善者恶之，知其可也，以不善人恶善人。若乡人皆善人也，则皆好之何害？乡人皆不善人也，则皆恶之何害？

【注释】

①乡人：村人、满村人。此处的乡人亦含"善与不善者"。　②不容：不能容纳、不让。　③好：喜欢。未可也：还不能相信他就是一个好人。下句皆恶之未可也，意为还不能相信他就是一个坏人。　④恶：讨厌。　⑤以：因为。如"勿以善小而不为""不以物喜不以己悲"。

13.25　子曰："君子易事而难说也。说之不以道，不说也；及其使人也，器之。小人难事而易说也。说之虽不以道，说也；及其使人也，求备焉。"

319. 谢曰：君子以道为量①，无意于人之说②己，故说之不以道，不说也③；才全德备，每有矜不能④之意，故使人也器之⑤。小人自待轻，故说之虽不以道，说也；尝有与人争能之意，故使人也求备焉。

【注释】

①道：道义、道理，正确的待人接物的方法。量：衡量。 ②说：同悦。 ③故说之不以道，不说也：因此不用正当的方式去讨得他的欢喜，他不会喜欢。 ④矜不能：矜，矜持、谨慎。矜不能，此处与《论语·子张》中的"矜不能"意思不同，这里指自己处事不骄、谨慎，担心没有能力把事情做好。 ⑤器之：意为量才使用。

13.26　子曰："君子泰而不骄，小人骄而不泰。"

320. 谢曰：泰则宜其骄，而卒归于不骄。骄则宜其泰，而卒归于不泰。①君子在我者也②，皆古之制也，所以安；不侮鳏寡，所以不骄。小人怀慢人③之心，故骄；畏人，故不泰④。

【题解】

一般意义上，久于安舒则宜生骄纵之心。君子久于安舒也会生骄奢之心，但心存礼节，能求诸于己而自我修正，最终回归正途而不骄；小人强调自我，不以礼节之，常骄矜于人，以至沦为骄纵傲慢，终归不能安详舒泰。君子小人泰与骄的区别在于能用道德规范约束自己。

【注释】

①"泰则宜其骄"句：意为君子由于舒泰，有时也会产

生骄奢之心，但因为其有君子之德，能做到自我收敛，也不会超出规矩。君子因骄矜有时亦生舒泰之心，但因行不逾矩，也不会过分舒泰，无所节制。泰，安详舒泰。骄，骄傲凌人、傲慢。此句应有假设意：如果一个人舒泰而生了骄慢之心。现在汉语成语有"泰而不骄"。骄者宜其泰，这个"泰"为骄纵傲慢意。　②君子在我者也：意为君子在处事中，注重自己的行为规范，合乎仁义。语出《荀子·天论》"若夫志意修，德行厚，知虑明，生于今而志乎古，则是其在我者也"。

③慢人：轻慢人。轻视、看不起人。　④畏人，故不泰：小人惧人在我之上，总想向人矜夸，故不会有安详舒泰的心态。

13.27　子曰："刚、毅、木、讷近仁。"

321. 谢曰：要之四事①，皆心不纵恣②者能之，故近于有所知觉③。

【注释】

①四事：指子曰"刚、毅、木、讷"。　②纵恣：肆意放纵。《韩非子·五蠹》："士民纵恣于内，言谈者势于外。"
③知觉：指近仁、近道。

13.28　子路问曰："何如斯可谓之士矣？"子曰："切切偲偲，怡怡如也，可谓士矣。朋友切切偲偲，兄弟怡怡。"

322. 谢曰：内善于兄弟，外信于朋友，非不修身者能之①。

【注释】

①非不修身者能之：只有修身的人才能做到。修身，修养陶冶身心，涵养德性。

13.29　子曰："善人教民七年，亦可以即戎矣。"

13.30　子曰："以不教民战，是谓弃之。"

323. 谢曰： 教之使民亲其上，死其长①，如子弟之卫父兄，如手足之扞②（hàn）心腹，以此战也，其克③必矣。反此，则弃④之之道也。

【注释】

①教之使民亲其上，死其长：意为君王推行仁政，对老百姓好，老百姓自然就会拥护他的领导，心甘情愿地为君主牺牲。教，教育。死其长，为自己的上级而牺牲。《孟子·梁惠王下》："君行仁政，斯民亲其上，死其长矣。"死：为……死。长，上。　②扞：保卫、保护。同捍。《宋史·文天祥传》："吾不能悍父母，乃教人叛父母，可乎？"　③克：战胜、攻取。　④弃：放弃、糟蹋。

宪问篇第十四

引　语

本篇计四十四章。比较集中的内容是孔子对诸侯、士大夫的评说，同时也对作为君子必须在德行、才干、修身等方面多有论述。如孔子论及仁的特质。即突出仁作为精神境界的内在性，也强调仁的社会意义。

谢良佐为本篇讲述共四十一条。其中14.16、14.17合为一讲，14.38、14.39合为一讲，14.40、14.41合为一讲。

谢良佐针对孔子言论及当时社会上的各种现象，对君子必须具备的品德、行为做了进一步地阐述。如"邦无道时得谷耻也"。强调仁与德要结合，"木深而末茂，器大而声闳"。做官的只要有仁爱之心，百姓就会"爱则不倦，忠则尽诚"。提出做人要"见利思义，则不为利回；见危授命，则不为威惕"。特别是以管仲为例，辩证地论述了大仁与小节之间的关系。强调做人要"修己舍敬以直内，安人安百姓"，做到礼达而分定等。是对格物穷理致知、修身齐家治国平天下的最好诠释。

14.1　宪问耻。子曰："邦有道，谷；邦无道，谷，耻也。""克、伐、怨、欲不行焉，可以为仁矣？"子曰："可以为难矣，仁则吾不知也。"

324. 谢曰：邦无道①，非君子志行之时，而得谷②，其为小人也可知矣，故耻。

谢曰：克、伐、怨、欲③不行，未必不出于仁，然未足以见仁之本体④。其曰"吾不知"⑤。非直⑥以为不仁也。"

【注释】

①邦无道：指国家政治昏暗、国家混乱。 ②谷：谷物、粮食。此指官俸、俸禄。 ③克、伐、怨、欲：克，好胜。伐，自夸。怨，怨恨。欲，欲望、欲念、贪心。 ④仁之本体：即仁的实质内涵。 ⑤吾不知：我就不知道了。 ⑥直：此处作真。

14.2　子曰："士而怀居，不足以为士矣。"

325. 谢曰：怀居①与耻恶衣恶食同，决不可以适道②矣。

【注释】

①怀居：指留恋家居的安逸生活。怀，思念、留恋。居，家居。 ②适道：归从道统。适，切合、相合。

14.3　子曰："邦有道，危言危行；邦无道，危行言孙。"

326. 谢曰：危行①，以身徇道②也。杀身而无补，君子不贵③，故言当孙以出之④。

【注释】

①危行：行为正直。危，直，正直。　②以身徇道：以追求道义而牺牲自己的性命。语出《孟子·尽心上》"天下有道，以道殉身，天下无道，以身殉道。未闻以道殉乎人者也"。徇，同殉。　③贵：崇尚、重视。　④孙以出之：说话要谦逊。《论语·卫灵公》："君子以义为质，礼以行之，孙以出之，信以成之。"孙，同逊，谦逊。出，谓出言说话。

14.4　子曰："有德者必有言，有言者不必有德。仁者必有勇，勇者不必有仁。"

327. 谢曰：本深而末茂，器大而声闳①，有德者所以必有言②也。七八月之间，沟浍（huì）可立待其涸③，此有言者所以不必有德④也。仁者爱人，恶人之害之⑤，故必有勇。勇者有时无义疾贫⑥，故不必有仁。

【注释】

①器大而声闳：大的钟声发出的声音一定洪亮。器，这里专指钟。闳：宏大。宋范开《稼轩词序》："器大者声必闳，志高者意必远。"　②有德者所以必有言：有道德的人因此一定会有警示世人、教育世人的言论（或著作）。　③沟浍：田间小水沟。涸：积水无存。语出《孟子·离娄下》"苟为无本，七八月之间雨集，沟浍皆盈；其涸也，可立而待也"。　④有言者所以不必有德：因此有名言的人不一定有道德。　⑤"仁者爱人"句：语出《荀子·议兵》"彼仁者爱人，爱人故恶

人之害之也"。意为因为仁者爱惜天下所有的人，所以讨厌有人去伤害百姓。 ⑥勇者有时无义疾贫：意为喜欢勇敢而讨厌贫困，就容易作乱。无义，缺乏仁义道德。语出《泰伯》篇"好勇疾贫，乱也"。此句意为勇者要与仁德结合。

14.5 南宫适问于孔子曰："羿善射，奡荡舟，俱不得其死然。禹稷躬稼而有天下。"夫子不答。

南宫适出。子曰："君子哉若人！尚德哉若人！"

329. 谢曰：南宫适（kuò）知以躬行为事①，是以谓之君子。知言之要，非尚德者不能。在当时发问间②，必有目击而道存首肯之意，非直不答也。

【注释】

①南宫适知以躬行为事：南宫适竭力践行道德，其躬行不言，默而成事。《周易·系辞上》："默而成之，不言而信，存乎德行。"南宫适言语谨慎，崇尚道德，能做到"邦有道，不废；邦无道，免于刑戮"（《公冶长》篇）。 ②在当时发问间：即南宫适在对孔子提问中间，以羿（yì）奡（ào）与禹、稷作比较，含有赞美禹、稷的含义。

14.6 子曰："君子而不仁者有矣夫，未有小人而仁者也。"

329. 谢曰：与《易》所谓小人不耻不仁①之意，立语不同。毫忽之间，心不在焉，不仁也，然未害为君子②。[1]

【校勘】

〔1〕朱熹《集注》中谢氏曰："君子志于仁矣，然毫忽之间，心不在焉，则未免为不仁也。"

【注释】

①小人不耻不仁：意为小人不知羞耻，不明仁义。《周易·系辞下》："子曰：'小人不耻不仁，不畏不义，不见利不劝，不威不惩。'"　②未害为君子：不会妨碍他成为君子。语出《荀子·非相》"形相虽恶而心术善，无害为君子"。

14.7　子曰："爱之，能勿劳乎？忠焉，能勿诲乎？"

330. 谢曰：爱则不倦，忠则尽诚。①

【注释】

①"爱则不倦"句：意为仁爱百姓就应该不知疲倦地为百姓做事，对人忠心就应该以诚信为本。

14.8　子曰："为命，裨谌草创之，世叔讨论之，行人子羽修饰之，东里子产润色之。"

331. 谢曰：当春秋时，诸侯之使，辞令之善，足以解忿纾难①，息暴国之患②，况郑小国也，谋之可不慎乎？

【注释】

①解忿纾难：化解矛盾，缓解困难。　②息暴国之患：息，平息。暴国，国家暴乱。

14.9　或问子产。子曰："惠人也。"

问子西。曰："彼哉！彼哉！"

问管仲。曰："人也。夺伯氏骈邑三百，饭疏食，没齿无怨言。"

332. 谢曰：犹众人之母，斯惠人①也，然不害其为爱人。子西②之事无足道，故曰"彼哉！彼哉！"③夺伯氏骈邑三百，饭疏食，没齿无怨言④，非怒以过夺，故人服。当世时，天下骈乱⑤甚矣，微⑥管仲，几不⑦足以克之，故夫子取之⑧也。

【注释】

①惠人：宽厚仁慈的人。　②子西：春秋时有三个子西。这里的子西是楚国的令尹，名申，字子西。　③彼哉：他这个人呀！结合上文孔子的议论，反映出孔子对子西的轻蔑和不满。　④"夺伯氏骈邑三百"句：（管仲）剥夺了伯邑三百户的采地，使伯氏只能吃粗粮，到死没有怨恨的话。当时管仲在齐国推行内政改革时，为了解决军备不足问题，实行"轻过而移诸甲兵"的办法，让有罪的人用兵器和铜铁来赎罪。对于那些犯有重罪的贵族大夫，则依法剥夺其家产食邑，免除死罪，贬为庶人。伯氏，齐国的大夫。骈邑，地名，伯氏的采邑。采邑是古代国君封赐给卿大夫作为世禄的田邑。又叫封地、封邑、食邑。饭，食、吃。疏食，粗粮、粗食。没齿，死、至死。伯氏，名偃，当属此列。　⑤骈乱：祸乱纷起。骈，并列、同时。　⑥微：非、不是。　⑦几不：几乎不能。　⑧夫子取之：夫子，孔子。取之，认取、认同。

这里指孔子认同管仲的做法。

14.10　子曰："贫而无怨难,富而无骄易。"

333.　谢曰：贫如与仁同过①者,无怨,所以为难。富如与仁同功②者,无骄,所以为易。

【注释】

①与仁同过：语出《礼记·表记》："子曰：'仁有三,与仁同功而异情。与仁同功,其仁未可知也；与仁同过,然后其仁可知也。'"过,这里指谓利之与害,若遭遇利害之事,其行仁之情则可知也（郑玄语）。此句意为如果把施行仁义与关乎自己的利害关系联在一起,遇事不产生怨恨心理就很难。　②与仁同功：《周易·系辞下》"二与四同功而异位"。同功,功用相同。把富和仁看得同样重要。

14.11　子曰："孟公绰为赵、魏老则优,不可以为滕、薛大夫。"

334.　谢曰：老①,有德之称。大夫以才治事者。

【注释】

①老：老人,受人尊敬的老人。古时人年六十称耋,七十曰老。原指六七十的老人。通常把德行高尚、受人尊敬的老人称"耋老"。古代大夫的家臣,称老,也称室老。本则的大意是有德者可以理家,有才能的人才能治理国家。

14.12 子路问成人。子曰:"若臧武仲之知,公绰之不欲,卞庄子之勇,冉求之艺,文之以礼乐,亦可以为成人矣。"曰:"今之成人者何必然?见利思义,见危授命,久要不忘平生之言,亦可以为成人矣。"

335. 谢曰:成人①虽未至于圣人,然不可以一事名矣,盖其具人道②者也。未可谓之圣人,特尚③可以体质④论故也。若武仲⑤之智,公绰⑥之不欲,卞庄子⑦之勇,冉求⑧之艺,而又润色⑨之以礼乐,则于酬酢⑩应变,盖有余地矣。今之成人,见利思义⑪,则不为利回,见危授命⑫,则不为威惕⑬,亦岂苟然⑭者!

【注释】

①成人:人格完备的完人。 ②人道:指封建社会所规定的人伦。泛指人事或处事之道。 ③特尚:只是注重。特,单单地、单独。 ④体质:人的形体与素质。三国魏王弼《周易略例·明爻通变》:"同声相应,高下不必均也;同气相求,体质不必齐也。" ⑤武仲:臧武仲,即鲁国大夫臧孙纥(hé)。他是臧文仲之孙。其人矮小多智。前550年,因被人陷害,先后逃往邾国和齐国。在齐国时,齐庄公要给他田地,他预料到齐庄公的统治不能长久,便设法拒绝。故后来齐庄公被杀,他没有受到牵连。事见《左传·襄公二十三年》。 ⑥公绰:孟公绰,春秋鲁国大夫,三桓孟氏族人。《史记·仲尼弟子列传》说他是孔子所尊敬的人。廉静寡欲,但短于才智。 ⑦卞庄子:春秋鲁国卞邑大夫,以勇猛著称。 ⑧冉

求：孔子弟子，以政事见称，多才多艺，尤擅理财。　⑨润色：修饰文字，使有文采。此句意为用礼乐加以修饰，使之文采丰美。　⑩酬酢：本义是宾主互相敬酒。泛指交际应酬。　⑪见利思义：与见利忘义相反。回，违逆、违背。《左传·昭公三十一年》："君子动则思礼，行则思义，不为利回，不为义疚。"　⑫见危授命：指在危难关头，不惜献出自己的生命。　⑬威惕：惧怕强权。惕，警惧、害怕。唐韩愈《与孟尚书书》："《传》又曰'不为威惕不为利疚'。"　⑭苟然：苟且，此处意为随随便便。

14.13　子问公叔文子于公明贾曰："信乎，夫子不言，不笑，不取乎？"

公明贾对曰："以告者过也。夫子时然后言，人不厌其言；乐然后笑，人不厌其笑；义然后取，人不厌其取。"

子曰："其然？岂其然乎？"

336. 谢曰：公叔文子①当时贤者，恐于圣人之事有未足耳。如公明贾②之对，非礼义充溢于中时措之宜③者不能，故夫子谓岂其然乎④？

【注释】

①公叔文子：春秋卫国大夫公孙拔。《礼记·檀弓下》载有他的故事。　②公明贾：卫国人，姓公明，名贾（jiǎ）。　③时措之宜：因时制宜。到了该说话的时候才说话。恰到好处。出自《中庸》。　④岂其然乎：难道真的是如此吗？

14.14 子曰："臧武仲以防求为后于鲁,虽曰不要君,吾不信也。"

337. 谢曰：以利害动之之谓要（yāo）①。武仲迄奔齐②，则其居防以请③，必有恃而敢然。鲁之立为后④，盖亦不得不然。知则知矣，而非臣道。

【注释】

①要：此处意为要挟。　②迄奔齐：逃到齐国之前。迄，到、至。参见前文"335"条注释⑤。　③防：地名，防城。臧武仲的封邑，在今山东费城东北六十里之华城。请，请求封嗣后代之事。　④鲁之立为后：鲁国迫于武仲之权势，立武仲后代而大夫，食邑防地。

14.15 子曰："晋文公谲而不正，齐桓公正而不谲。"

338. 谢曰：张先生谓"重耳婉而不直，小白直而不婉"①。

【注释】

①张先生：指张载。"重耳婉而不直"句：意为重耳性格委婉但不直爽，小白性格直爽但不会委婉。重耳，即晋文公，姓姬名重耳，春秋时期有作为的政治家，春秋五霸之一。小白，即齐桓公，姓姜名小白。春秋时期有作为的政治家，春秋五霸之一。

14.16 子路曰："桓公杀公子纠，召忽死之，管仲不死。"曰："未仁乎？"子曰："桓公九合诸侯，不以兵车，管仲之力也。如其仁，如其仁。"

14.17 子贡曰："管仲非仁者与？桓公杀公子纠，不能死，又相之。"子曰："管仲相桓公，霸诸侯，一匡天下，民到于今受其赐。微管仲，吾其被发左衽矣。岂若匹夫匹妇之为谅也，自经于沟渎而莫之知也。"

339. 谢曰：不死未足以见管仲之仁①，然不死非不仁也。当是时，于子纠君臣之义未正，知桓公可以有为也。②而爱其死以有待③，故与匹夫匹妇感慨自杀④者异。自其九合诸侯不以兵车⑤，民无左衽⑥之患，则仁可见矣。

【注释】

①不死未足以见管仲之仁：意为管仲辅助公子纠，桓公杀了公子纠，管仲不但不以身殉主，反而又辅助桓公，一般人看不到管仲远大的理想和忠君爱民之仁心。　②"当是时"句：此句意为当时公子纠与管仲之间的君臣名分还没有匡正，管仲知道桓公将来定有作为。　③而爱其死以有待：意为珍惜生命，是为了等待发挥作用的机会。语出《礼记·儒行》"爱其死以有待也，养其身以有为也"。爱，爱惜、珍惜。④匹夫匹妇感慨自杀：意为普通百姓守着小义小节，动不动激愤以自杀让人知道自己守护节义。匹夫匹妇，泛指平民男女一般百姓。《尚书·咸有一德》："匹夫匹妇，不获自尽。"　⑤自其九合诸侯不以兵车：意为齐桓公多次召集各诸侯国，

主持盟会，没有动用武力，而制止了战争。 ⑥左衽：衽，衣襟。指古代部分少数民族的服装，前襟向左掩。此处意为沦为夷狄，被夷狄统治。有成语"被发左衽"。

14.18 公叔文子之臣大夫僎与文子同升诸公。子闻之，曰："可以为'文'矣。"

340. 谢曰：无媢（mào）嫉上人①之心，故能举贤才，谓之文②，谥法③有如此者。

【注释】

①媢嫉上人：媢嫉，嫉妒。上人，有德行能力的贤人。《大学》："人之有技，媢疾以恶之。"汉贾谊《新书·卷九·修正语下》："闻道志而藏之，知道善而行之，上人矣！" ②谓之文：《周礼·谥法》的"文"有六个等级，即"经无纬地，道德博厚，学勤好问，慈惠爱民，愍民惠礼，锡民爵位"。公叔文子所做的是"锡民爵位"，故可以谥"文"。他的心胸值得学习。 ③谥法：是指周朝以来对有地位的人追谥的准则。即帝王、诸侯、卿大夫、大臣等死后，朝廷根据其生前事迹及品德，给予一个评定性的称号以示表彰。

14.19 子言卫灵公之无道也，康子曰："夫如是，奚而不丧?"孔子曰："仲叔圉治宾客，祝鮀（tuó）治宗庙，王孙贾治军旅，夫如是，奚其丧?"

341. 谢曰：仲叔圉①、祝鮀②、王孙贾③，其德未必优④，而其才可使也。灵公能用其所长，虽未可以致治⑤，然事亦无废滞⑥矣。

【注释】

①仲叔圉：即孔圉。春秋时卫国大夫，卫灵公时名臣。史籍记载他虽做过不符合臣子的行为，但聪明好学，又非常谦虚，他还擅长管理接待宾客。卒后谥号"文"。 ②祝鮀：鮀，又作佗。字子鱼，春秋时期卫国大夫。负责宗庙祭祀仪礼祭词，能言善辩。因其善以巧言媚人，后人把他作为佞人的典型。 ③王孙贾：春秋时卫国大夫。卫灵公十三年（前502），卫晋结盟一事，晋失礼义。轻视卫国，王孙贾据理力争，维护了卫国及卫灵公的尊严。战国时齐国也有王孙贾，是齐湣王侍臣。 ④其德未必优：意为上述三人的道德品行各有瑕疵，但是他们的才能可以治国并为卫灵公所用。 ⑤致治：治理国家有成就。 ⑥废滞：荒废停滞。

14.20 子曰："其言之不怍，则为之也难。"

342. 谢曰：为不善者，言之亦怍①（zuò），言之可怍而不怍，则寡廉鲜耻，何所不至，故难与为道②。

【注释】

①怍：惭愧羞愧的意思。 ②为道：意为修道或难入正道。

14.21 陈成子弑简公。孔子沐浴而朝，告于哀公曰：

"陈恒弑其君，请讨之。"公曰："告夫三子。"

孔子曰："以吾从大夫之后，不敢不告也。君曰'告夫三子'者。"

之三子告，不可。孔子曰："以吾从大夫之后，不敢不告也。"

343. 谢曰：当是时，齐强鲁弱，陈成子弑简公①，虽人心所不甚与②，而鲁之君臣不敢加兵③，畏非敌故也，能顺人心，行天讨，鲁其忧不足以霸诸侯一天下④乎？师出有名，战必克矣。夫子沐浴而朝⑤，岂止尽吾职事也哉？盖欲仗大义以卜⑥天意。

【注释】

①陈成子：即陈恒，齐国大夫，又叫田成子。他以大斗借出，小斗收进的方法受到百姓拥护。前481年，他杀死齐简公，夺取了政权。简公，齐简公，姓姜名壬。前484—前481年在位。　②不甚与：不很满意。与，赞许。　③加兵：谓发动战争，以武力进攻。此指鲁国不敢以武力干涉陈成子。　④一天下：称雄诸国，一霸天下。　⑤夫子沐浴而朝：陈成子弑齐简公时，孔子已告老还家，为表示慎重，孔子在家沐浴，斋戒后，而入朝晋见鲁哀公陈述己见，要求鲁国出兵讨伐陈恒。　⑥卜：告知。

14.22　子路问事君。子曰："勿欺也，而犯之。"

344. 谢曰：事君有犯而无隐①。

【注释】

①事君有犯而无隐：意为和君王相处，发现君王有不对的地方要敢于直言冒犯而不应该隐瞒。对君王不能讨好逢迎。语出《礼记·檀弓上》"事亲有隐而无犯，左右就养无方，服勤至死，致丧三年。事君有犯而无隐，左右就养有方，服勤至死，方丧三年"。今有成语"有犯无隐"。

14.23 子曰："君子上达，小人下达。"

345. 谢曰：大受小知①之别也。以孟子出昼②与孔子去鲁③之事，考[1]众人之论，其相去远矣。盖事尽然。

【校勘】

[1] 考：原文作"攻"，明抄本作"改"，据明抄本改。

【注释】

①大受小知：大受，委以重任，指能承担重任的人；小知，让他办不重要的事。《卫灵公》篇："君子不可小知，而大受也；小人不可大受，而可小知也。"　②孟子出昼：典出《孟子·公孙丑下》中，孟子去齐，三宿出昼的故事。孟子当年也和孔子一样周游列国，推销自己的主张。在诸侯王中，他对齐宣王情有独钟，但最终也没有得到重用，在离开齐国时他恋恋不舍，在齐国边境的昼地住了三天三夜，以待齐王回心转意，三天后出昼离开了齐国。苏轼《贾谊论》："孟子去齐，三宿而后出昼，犹曰'王其庶几召我'。君子之不忍弃君，如此其厚也。"昼，齐地名，在今天山东淄博临淄一带。　③孔子

去鲁：前500年，孔子当时任鲁国的司寇。当时齐国想吞并鲁国，齐景公约鲁定公到夹谷会盟。孔子看穿了齐国的野心，让鲁定公多带随从，孔子也是随从之一。由于孔子的参与，鲁国取得了外交上的胜利。后来齐国就用计离间鲁君与孔子的关系。孔子多次想晋见鲁君而不得，终于辞掉官职，离开鲁国，开始周游列国。意为君子折而不回，道虽不用于国，而布道天下。

14.24 子曰："古之学者为己，今之学者为人。"

346. 谢曰：为己非不为人①而专于爱己，特②非为人而学故也。若止于爱己，则杨氏③之为我耳。

【注释】

①为己、为人：为己，学习是为了修养自己的学问道德。为人，学习是为了装饰自己，给别人看。 ②特：单单、特地。 ③杨氏：即杨朱，春秋战国时卫人，字子居，称阳子或阳生。道家主要人物之一。后于墨翟前于孟子，主张为我、贵己、重生、自治。

14.25 蘧伯玉使人于孔子，孔子与之坐而问焉。曰："夫子何为？"对曰："夫子欲寡其过而未能也。"

使者出，子曰："使乎！使乎！"

347. 谢曰：蘧（qú）伯玉以行年六十而六十化称①，必习矣而察，欲寡其过②者也。世盖有欲言人之贤，而未知所以言者。使者③以此称伯玉，亦可谓知言矣，故夫子与④之。

【注释】

①蘧伯玉以行年六十而六十化称：蘧伯玉，人名，名瑗，卫国的大夫，孔子到卫国时曾住在他的家里。与孔子亦师亦友，语出《庄子·杂篇·则阳》："蘧伯玉行年六十，而六十化，未尝不始于是之，而卒诎之以非也。"行年，历年。六十而六十化，六十年之中每年都在变化（修正错误，完善自己）。这里应该是褒奖蘧伯玉每年都在反省自己的错过以求进步提高，故有"年五十而知四十九非"之说。　②寡其过：寡，少，此指减少。意为减少自己的过错。　③使者：指蘧伯玉派去访问孔子的人。　④与：认可、同意。

14.26　子曰："不在其位，不谋其政。"

曾子曰："君子思不出其位。"

348. 谢曰：止其所也①。

【注释】

①止其所也：意为抑止适得其所。不该做时不做，不该说的不说。《周易·艮卦》："艮，止也，时止则止，时行则行；动静不失其时，其道光明。艮其止，止其所也。"

14.27　子曰："君子耻其言而过其行。"

349 谢曰：行不掩言①，非直②欺人，亦以自欺，是以可耻。

【注释】

①行不掩言：言与行不相符。此指行为不能达到言语表达要达到的程度，言过其实。　②非直：不但、不单单是。

14.28　子曰："君子道者三，我无能焉：仁者不忧，知者不惑，勇者不惧。"子贡曰："夫子自道也。"

350. 谢曰：君子之道，不出此三者，所谓天下之达德[①]**，故夫子不居**[②]**。**

【注释】

①天下之达德：语出《中庸》"知、仁、勇三者，天下之达德也"。达德，通行不变的道德。又可理解为大德，极高的道德。　②居：自居，这里是称赞孔子谦虚，达不到"君子道者三"，照应上文《论语》"我无能焉"。

14.29　子贡方人。子曰："赐也贤乎哉？夫我则不暇。"

351. 谢曰：圣人责人，雍容[①]**辞不迫切，而意已独至。方人非智者不能**[②]**，谓之贤亦可，但为己者非所先**[③]**也，故曰："我则不暇。"**[④][1]

【校勘】

〔1〕朱熹《集注》中谢氏曰："圣人责人，辞不迫切而意已独至如此。"

【注释】

①雍容：形容仪态温和大方。　②方人非智者不能：意

为批评教育别人不是智慧的人不能办到。方人，评论、批评、诽谤别人。方，通谤。　③为己者非所先：意为君子遇事应该先反省自己而不应该先评论别人。　④我则不暇：我没有闲工夫评论别人。暇，闲暇、空闲。

14.30 子曰："不患人之不己知，患其不能也。"

352. 谢曰：求为可知也。①

【注释】

①求为可知也：意为只求自己能成为有真才实学而值得人们知道的人。求，求诸己。语出《里仁》篇："不患莫己知，求为可知也。"

14.31 子曰："不逆诈，不亿不信，抑亦先觉者，是贤乎！"

353. 谢曰：贤者于事能见之于微①，谓之先觉②，如履霜可以知坚冰也③。不知者遂妄欲逆诈亿不信④，则过矣。盖未知先觉之所为先觉也。

【注释】

①微：小，指事情的苗头、小处的迹兆。　②先觉：及早发觉、事先觉察。这里指对事物的认识早于一般的人。今有成语"先知先觉"。　③如履霜可以知坚冰也：意为脚下踩到了薄霜，就知道结成坚冰的时令就要到了。比喻看到事物的苗头，就对它的发展有所警戒。语出《周易·坤》"初六，

履霜坚冰至"。 ④妄欲逆诈亿不信：事先猜疑别人欺诈，凭空臆测别人不诚信。妄欲，荒诞的欲望。逆，事情尚未分明、预先猜测。诈，欺诈。亿，通臆，主观猜测。信，诚实、诚信。

14.32　微生亩谓孔子曰："丘何为是栖栖者与？无乃为佞乎？"孔子曰："非敢为佞也，疾固也。"

354. 谢曰：犹言吾岂匏（páo）瓜也哉①！

【注释】

①犹言吾岂匏瓜也哉：意即我不是苦葫芦，中看不中吃。语见《阳货》篇"吾岂匏瓜也哉？焉能系而不食"。匏瓜俗称苦葫芦，味苦，人皆不食。

14.33　子曰："骥不称其力，称其德也。"

355. 谢曰：有德然后可以语才，无德而有才，不免为小人。自古奸雄何尝不以才称，惟其无德，是以必为天下祸。①

【注释】

①本章中的"有德""无德"，是指言行合不合乎社会准则和规范。合则为"有德"，不合则为"无德"。"德"也指德行。

14.34　或曰："以德报怨，何如？"子曰："何以报德？以直报怨，以德报德。"

356. 谢曰：以怨报德，固刑戮之民。①然以德报怨，亦不直矣。②君子于人无怨也，故无以怨报怨之理。惟不若世之要誉强仁③苟以避怨恶之名者。盖其心不在怨恶④，诛⑤之亦可。所谓直也，求不报之名而不诛者，其不直乎⑥？

【注释】

①"以怨报德"句：意为用恶意来回报善意，就会引导民众互相伤害，甚至杀戮。语出《礼记·表记》："子曰：'以德报怨，则宽身之仁也；以怨报德，则刑戮之民也。'"

②"然以德报怨"句：意为用公正的态度对待别人的伤害，那也不是好办法。语出《宪问》篇。这里是指用公正的态度对待别人的伤害。直，正直、公正。 ③要誉强仁：语出《孟子·公孙丑上》。要誉，猎取荣誉。强仁，勉力行仁、勉强行仁。语出《礼记·表记》"仁者安仁，知者利仁，畏罪者强仁"。 ④其心不在怨恶：意为心里不存在怨恨、憎恶的念头。 ⑤诛：此指责备、谴责。 ⑥"求不报之名"句：意为不企望别人用好心报答自己的恩惠，当别人做错事，又不去责备，那不是很正直吗？

14.35 子曰："莫我知也夫！"子贡曰："何为其莫知子也？"子曰："不怨天，不尤人。下学而上达，知我者其天乎！"

357. 谢曰：天人、物我、上下，本无二理。不怨天，则与天为一①无可怨；不尤②人，则与人为一③无可尤；下学而上达④，则上下一矣。如此，则人虽不我知⑤，我其自知矣，我与天为一，谓之天知亦可。

或问儒佛之辨。曰："吾儒下学上达，穷理⑥之至，自然见道⑦，与天为一。"故孔子曰："知我者其天乎⑧！"以天为我也。佛氏不从理⑨来，故不自信，必待人证明而后信。

又曰：学须先从理上学⑩，尽人之理，斯尽天之理，学斯达矣。下学而上达，其意如此。故曰："知我者其天乎？"

【注释】

①与天为一：人与自然完美结合，与天道合为一。《庄子·达生》："夫形全精复，与天为一。天地者，万物之父母也。合则成体，散则成始。形精不亏，是谓能移。精而又精，反以相天。" ②尤：责怪、怨恨。 ③与人为一：和人友好相处、互相和谐。 ④下学而上达：指学习基本的人情事理，进而认识自然的法则。既下学人事，上达天命。 ⑤不我知：不知我。古汉语的否定句的宾语前置用法。 ⑥穷理：深究事物道理与规律。 ⑦见道：见，显见。道，规律、事理或思想与学说。《周易·说卦》："立天之道曰阴于阳；立地之道曰柔与刚；立人之道曰仁与义。"自然见道，自然领悟到事物本质道理。 ⑧知我者其天乎：知道我的人只有老天罢了。

⑨理：探究、研究。 ⑩学须先从理上学：意为做学问应该从探究明白事理上学起。朱熹《情理精义》："为学之道，莫先于穷理；穷理之要，必先于读书。"

14.36 公伯寮愬子路于季孙。子服景伯以告，曰："夫子固有惑志于公伯寮,吾力犹能肆诸市朝。"

子曰:"道之将行也与,命也。道之将废也与,命也;公伯寮其如命何!"

358. 谢曰:虽公伯寮之愬(sù)①,行亦命也。其实公伯寮无如之何。[1]

【校勘】

〔1〕朱熹《集注》中谢氏曰:"虽寮之愬行,亦命也。其实寮无如之何。"

【注释】

①公伯寮:字子周,孔子的学生,曾任季氏的家臣。愬,同诉,告发、诽谤。

14.37 子曰:"贤者辟世,其次辟地,其次辟色,其次辟言。"子曰:"作者七人矣。"

359. 谢曰:圣人不必遁世①,遁世者,特②举世不见知③而已。贤者隐居,则辟世也。知一国之不可为,不知一世之不可为,其次也。不知君不可以有为,礼貌衰然后去④,又其次也。至言⑤而后去,则亦晚矣。其识有敏有不敏故也。然其流同出于辟世,故不可与圣人去就同论⑥。圣人有礼貌衰而去,谓吾不能用而行者,其道异此。

【注释】

①遁世:逃离人世、独自隐居。《周易·乾卦》:"不成乎名,遁世无闷。" ②特:只、仅仅。 ③举世不见知:不被

世人所了解。见，被。　④礼貌衰然后去：本句源自《孟子·告子下》："礼貌未衰，言弗行也，则去之。"礼貌，表示敬意、尊敬。礼貌衰，不敬也。　⑤至言：至理名言、最高超的言论。　⑥去就同论：去，离开，指避世。就，接近、留下。同论，相提并论。

14.38　子路宿于石门。晨门曰："奚自？"子路曰："自孔氏。"曰："是知其不可而为之者与？"

14.39　子击磬于卫，有荷蒉而过孔氏之门者，曰："有心哉，击磬乎！"既而曰："鄙哉！硁硁乎！莫己知也，斯已而已矣。'深则厉，浅则揭'。"

子曰："果哉！末之难矣。"

360.　谢曰：古之贤者多隐于抱关①，如石门荷蒉(kuì)②，虽不知孔子，其语亦有深意也，特不知圣人乐天知命③有忧之大者。其真辟世之士与？子曰："果哉，末之难矣！"④彼其果于自信者，吾言未易入也，故无足诘难。

【注释】

①抱关：本意为监门。借指小吏的职务。亦指职位卑微。

②石门、荷蒉：石门，地名，鲁国都城的外门。荷蒉，背着草筐的人。荷，肩扛、背着。蒉，草筐。子路宿石门与荷蒉者遇孔子，不是一地，也不是一事，一个在鲁国，一个在卫国。石门看守城门的人见到子路说，孔子"知其不可为而为之者"。卫国那个背着草筐的人，见孔子正在击磬，说击磬

的人只知道自己，而不知时代环境，还想表现自己。　③乐天知命：指安于现状，乐守本分。　④"果哉"句：意为人家说得好坚决啊，我没话责难人家了。末，无、不要。难，诘难、责难。

14.40　子张曰："《书》云：'高宗谅阴，三年不言。'何谓也？"子曰："何必高宗？古之人皆然。君薨，百官总已以听于冢宰三年。"

14.41　子曰："上好礼，则民易使也。"

361. 谢曰：礼达而分定①，则易使。[1]

【校勘】

〔1〕朱熹《集注》中谢氏曰："礼达而分定，故民易使。"

【注释】

①礼达而分定：意为礼数做到位而身份就确定了。礼，礼数、仪礼。达，到位。分，身份。语出《礼记·礼运》"故礼达而分定，故人皆爱其死而患其生"。

14.42　子路问君子。子曰："修己以敬。"

曰："如斯而已乎？"曰："修己以安人。"

曰："如斯而已乎？"曰："修己以安百姓。修己以安百姓，尧舜其犹病诸？"

362. 谢曰：修己舍敬以直内①，则不能。安人安百姓②，则扩而大之也。使由也知求诸道③，则岂曰如斯而已④乎？故夫子谓尧舜之道不越如此。

【注释】

①修己舍敬以直内：意即自我修身如果舍去严肃认真地养性，是不能够达到的。直内，内心正直。《周易·坤卦》："君子敬以直内，义以方外，敬义立而德不孤。" ②安人安百姓：使上层人物安乐，使老百姓安乐。 ③求诸道：求之于道。《尚书·太甲下》："有言逆于汝心，必求诸道；有言逊于汝志，必求诸非道。"道，道义。 ④如斯而已：这样就行了。

14.43 原壤夷俟。子曰："幼而不孙弟，长而无述焉，老而不死，是为贼。"以杖叩其胫。

363. 谢曰：幼而不逊弟①，长而无述②，于世无补也，亦贼③夫天理而已，故以杖数其罪而语之④。

【注释】

①逊弟：同逊悌。《论语·宪问篇》作孙弟，意同孝悌。
②无述：述，指品德好值得别人讲述、传扬。无述就是没值得别人称道的地方。 ③贼：此指祸害、伤害。 ④以杖数其罪而语之：本句指孔子批评原壤之事。原壤，鲁国人，是孔子的朋友。但其思想观点、性格作风与孔子不同。孔子与原壤之间发生了两件事。第一件事是孔子去拜访原壤，依礼原壤应该出门迎接，可他不但不出迎，竟箕踞以待。孔子注重礼乐教育，便对弟子说原壤三件事：一是年轻时不遵守

逊长之礼；二是年长后虽研究圣人之学，学问上德行上没值得称道的地方；三是老了于人无益，还不死掉，就是个祸害人的人。孔子说罢原壤还不起来，孔子就用拐杖敲他的脚胫（这个动作说明孔子与原壤的关系不一般，有戏言戏行的意味）。还有一件事，《礼记·檀弓下》记载：原壤母死，孔子帮他料理丧事，原壤未表现丧母的哀情，居然还站在棺材上唱歌。随从的弟子劝孔子与他绝交，孔子还替原壤开脱。

14.44　阙党童子将命。或问之曰："益者与？"子曰："吾其居于位也，见其与先生并行也。非求益者也，欲速成者也。"

364. 谢曰：童子①坐则在隅②，行则在后，听而弗问，无与先生并行之理③，故曰"非求益④者"。

【注释】

①童子：未成年人、儿童。　②隅：角落、旁边。③无与先生并行之理：意为童子与先生的年龄相差甚远，依礼节不得与成人并行。《礼记·曲礼上》："五年以长，则肩随之。"肩随，指与之并行而稍后。　④求益：求上进、求进步。

正 编

卫灵公篇第十五

引 语

本篇包括四十二章，记述的内容主要体现在对政治、德行及君子立身处世的诸多方面的具体要求。要求统治者以德治政，正确对待民众，施政中要知礼行仁，百姓就能拥护。在德行方面，孔子较为集中地论述了君子的人格要求。即使进入不了圣人的境界，也应该达到人们普遍认可的标准。在立身处世与人交往方面论述内容较多，展现出孔子对君子的人格构想。

谢良佐为本篇作讲述共四十条。其中谢良佐将15.13、15.14合为一讲，将15.19、15.20合为一讲。

对治国理政方面，谢良佐推崇尧舜之垂拱而治，认为天下"以礼乐为本，可达无为而治"。然本章谢良佐所讲述，大多集中在君子立身处世、待人接物及个人修行进德方面，强调自我约束。他主张要"正心诚意，言忠信，行笃敬"；"虑远者可以无近忧"；"君子无不反求诸己"。在乡里要为善行修，践行忠信、仁义。认为终身行之可也。反对巧言乱德，要知仁徇道。认为"仁人之死生无择也，志士与死生取义也"。谢良佐的这些观点，即便是在今天，亦有广泛的教育意义和深刻的社会内涵。

15.1　卫灵公问陈于孔子。孔子对曰:"俎豆之事,则尝闻之矣;军旅之事,未之学也。"明日遂行。

365. 谢曰:善战者不陈①,陈,兵之末②也。若致天讨③,无敌于天下,盖将有征而无战④,何陈之有?

【注释】

①陈:同阵,军队作战时,布列的阵势。　②末:不重要。　③若致天讨:若致,同致若、至于。天讨,上天的惩治。　④有征而无战:意为军队出征不用开战,军队一到,敌人就望风而降。《晋书·乐志下》:"言宣帝致讨吴方,有征无战也。"

15.2　在陈绝粮,从者病,莫能兴。子路愠见曰:"君子亦有穷乎?"子曰:"君子固穷,小人穷斯滥矣。"

366. 谢曰:子路尊圣人,恶夫上下之无交①也,是以愠见。夫子谓汝以修德②而名达③乎?所以异于人者,特固穷④而不若小人之斯滥⑤也。知此,则穷达不在我矣,何穷之有?

【注释】

①上下之无交:指君臣上下等人际关系不和谐。《周易·否卦》:象曰"否之匪人,不利君子贞,大往小来,则是天地不交,而万物不通也;上下不交,而天下无邦也"。　②修德:修养德行、行善积德。《左传·庄公八年》:"《夏书·商书·大禹谟》曰:'皋陶迈种德,德乃降。'姑务修德,以待

时乎!"迈德,勉励树德。　③名达:有名望、贤达。　④固穷:固守穷困、安守穷困、安贫乐道。穷,亦有仕途不达意。　⑤滥:为所欲为,无所顾忌。

15.3　子曰:"赐也!女以予为多学而识之者与?"对曰:"然,非与?"曰:"非也。予一以贯之。"

367.　谢曰:仁者见之谓之仁,知者见之谓之知①,人不能遍观而尽识,宜其以为多学而识之也。然孔子岂务博②者哉?如天之于众形,匪物物而雕刻之也,故曰:"吾道一以贯之③。""德辀(yóu)如毛,毛犹有伦。上天之载,无声无臭。"④至矣![1]

【校勘】

〔1〕朱熹《集注》中谢氏曰:"圣人之道大矣,人不能遍观而尽识,宜其以为多学而识之也。然圣人岂务博者哉?如天之于众形,匪物物刻而雕之也。故曰:'予一以贯之。''德辀如毛,毛犹有伦。''上天之载,无声无臭。'至矣!"

【注释】

①"仁者见之谓之仁"句:指对同一问题各人的观察角度不同,见解也各不相同。语出《周易·系辞上》:"仁者见之谓之仁,智者见之谓之智。"今作"仁者见仁,智者见智"。

②务博:致力于博学。　③吾道一以贯之:意为我的学说贯穿着一个基本理念。与《里仁》篇义同。　④"德辀如毛"句:意为即使羽毛很轻还是有物体可以类比的。上天化育万

物，既没有声音也没有气味，却能主宰天地，使万物各得其生。这才是德的最高境界。语出《中庸》第三十三章："《诗》曰：'德𬨎如毛。'毛犹有伦。'上天之载，无声无臭。'至矣。"意为用德行教化人民轻易如举鸿毛。𬨎，为轻车，引申为轻。载，事也，指化育万物之事。臭，气味。

15.4 子曰："由！知德者鲜矣。"

368. 谢曰：人莫不饮食也，鲜能知味也，知德者鲜①故也。

【注释】

①知德者鲜：意为懂得德的内涵、懂得德的境界的人很少。

15.5 子曰："无为而治者，其舜也与？夫何为哉？恭己正南面而已矣。"

369. 谢曰：杨子[1]曰："袭尧之爵，行尧之道，法度彰，礼乐著[2]，垂拱而视，天民之阜（fù）也，无为也。"①

【校勘】

〔1〕杨子：即扬子，指扬雄，西汉末年人。

〔2〕著：《四著全书》本作"备"。

【注释】

①杨子句：汉扬雄《扬子法言·问道》："在昔虞、夏，袭尧之爵，行尧之道，法度彰，礼乐著，垂拱而视，天民之

阜也，无为矣。"垂拱而视意同垂拱而治，意为不必事事亲躬管理朝政，就能治理天下。相当于"无为而治"。天民之阜，语出宋孙因《越问·驻跸》"想天民之视阜兮，与虞夏而同治"。天民，指万物众生。阜，这里指盛多。今有成语"物阜民丰"。

15.6 子张问行。子曰："言忠信，行笃敬，虽蛮貊之邦，行矣。言不忠信，行不笃敬，虽州里，行乎哉？立则见其参于前也，在舆则见其倚于衡也，夫然后行。"子张书诸绅。

370. 谢曰："言忠信"，言斯有物①；"行笃敬"，行斯有常②，虽之③夷狄，不可弃也，"故蛮貊（mò）④之邦，行⑤矣"。"言不忠信，行不笃敬"，则同于无物⑥，与焄（xūn）蒿凄怆⑦无异，伥（chàng）伥然⑧无地可履⑨，故虽州里行乎哉？"立则见其参于前⑩，在舆则见其倚于衡"⑪，此教以忠信笃敬之道也。道也者，忘之不可，不忘不可⑫，惟正心诚意⑬，必有事焉而勿正心⑭，不下带⑮而道存者得之。当职疑在前在衡时，岂有物参倚也。

【注释】

①言斯有物：说话要有实际内容。犹今之"言之有物"。
②行斯有常：做事情要有恒心。常，恒心。　③之：去、往。　④蛮貊：古人对少数民族的贬称。蛮在南方。貊在北方。　⑤行：施行，行得通。　⑥无物：不存在的东西，空洞。　⑦焄蒿凄怆：意指在祭奠时升腾的香气中人们感到悲

伤。焄，同熏，香气。蒿，雾气蒸发的样子。这里指祭祀时祭品发出的气味。凄怆，悲伤。《礼记·祭义》："其气发扬于上，为昭明焄蒿，凄怆，此百物之精也。" ⑧伥伥然：无所适从的样子。《礼记·仲尼燕居》："治国而无礼，譬如瞽之无相与，伥伥乎其何之。" ⑨无地可履：手足无措，站立不安。 ⑩立则见其参于前：站立的时候，就好像"忠信笃敬"这几个字在我们的面前。 ⑪在舆则见其倚于衡：坐在车子里，就好像看到它们刻在前面的横木上。衡，车辕前的横木。

⑫"忘之不可"句：意为别人有恩于自己，不可以忘记；自己有恩于别人，或有过功劳成绩，可以忘记。此句见《战国策·魏策四》。又见《史记·魏公子列传》，是信陵君与门客唐雎的一段对话。 ⑬正心诚意：指心地端正诚恳。《大学》："欲正其心者，先诚其意。" ⑭必有事焉而勿正心：意为对于一定要发生的事情，先不要有所预期。语出《孟子·公孙丑上》。 ⑮不下带：喻注意眼前常见之事，不要忘记对道德的实践。《孟子·尽心下》："君子之言也，不下带而道存焉。"带，束腰的带子。朱熹《集注》："古人视不下于带，则带之上乃目前常见至近之处也。举目前之近事，而至理存焉，所以为言近而指远也。"

15.7 子曰："直哉史鱼！邦有道，如矢；邦无道，如矢。君子哉蘧伯玉！邦有道，则仕；邦无道，则可卷而怀之。"

371. 谢曰：蘧伯玉①近于可以仕则仕，可以止则止。史鱼②爱君之意则多，然明哲③之所为不如是④。

【注释】

①蘧伯玉：名瑗，春秋卫国大夫。与孔子亦师亦友。 ②史鱼：春秋卫国大夫。名佗，字子鱼，卫灵公时任祝史，负责卫国对社稷神的祭祀。史鱼性情秉直，忠君爱国，多次向卫灵公推荐治国用人良策。特别是多次推荐蘧伯玉，卫灵公没有采纳。后来史鱼以"尸谏"的方式推荐蘧伯玉。卫灵公终于任用了蘧伯玉。所以孔子说："直哉史鱼！邦有道，如矢；邦无道，如矢。""史鱼尸谏"的故事出自《孔子家语》。

③明哲：明智，通达事理。《尚书·说命上》："知之曰明哲，明哲实作则。" ④如是：指像蘧伯玉一样，当仕则仕，当止则止。从明哲保身的角度看，史鱼不如蘧伯玉。

15.8 子曰："可与言而不与之言，失人；不可与言而与言，失言。知者不失人，亦不失言。"

372. 谢曰：可与言而不与言，则后知①何赖于先知②。不可与之言，则强聒（qiǎng guō）③而不受，不知者则必有一于此矣。

【注释】

①后知：觉悟较晚的人。 ②先知：觉悟较早的人，学问德行比较高尚的人。宋胡寅《和叔夏视获三首》其二："此乐若嫌儿辈觉，后知何以赖先知。" ③强聒：唠叨不休。

15.9　子曰："志士仁人，无求生以害仁，有杀身以成仁。"

373. 谢曰：仁人之死生无择①也，志士于死生取义也。方其舍生取义，外物②亦不足以间③之，故所成者仁。

【注释】

①死生无择：对于生死顺从天意。　②外物：意思是身外之物，多指利欲功名之类。此处指仁义之外的其他因素。

③间：此处指影响、干扰意。

15.10　子贡问为仁。子曰："工欲善其事，必先利其器。居是邦也，事其大夫之贤者，友其士之仁者。"

374. 谢曰：大夫在所尊①，而况贤者；士在所礼②，而况仁者。事之友之③，则必有敬心存焉，如之何仁不自此生也。"鲁无君子者，斯焉取斯？"④谓其有所事有所友故也。介甫曰："事衰世⑤之大夫，友薄俗⑥之士，听淫乐，视慝（tè）礼⑦，皦（jiǎo）然⑧不惑于先王之道，难矣哉！"

【注释】

①尊：尊重、尊严。　②礼：礼义、礼制。　③事之友之：与之共事，与之成为朋友。　④鲁无君子者，斯焉取斯：意为如果鲁国没有君子，（子贱）这个人从哪里学到这种品德的呢？此句出自《公冶长》篇。　⑤衰世：衰落、衰乱的时代。《周易·系辞下》："于稽其类，其衰世之意邪。"　⑥薄

俗：轻薄的习俗、坏风气。《汉书·元帝纪》："民渐薄俗，去礼义，触刑法，岂不衰哉！" ⑦慝礼：不正之礼。慝，隐蔽。《礼记·乐记》："君子反情以和其志，比类以成其行，奸声乱色，不留聪明，淫乐慝礼，不接心术。" ⑧皦然：洁白光亮、清楚明白的样子。汉董仲舒《春秋繁露·同类相动》："百物其与所与异，而从其所不同，故气同则会，声比则应，其验皦然也。"

15.11 颜渊问为邦。子曰："行夏之时，乘殷之辂，服周之冕，乐则《韶》《舞》。放郑声，远佞人。郑声淫，佞人殆。"

375. 谢曰：为①天下以礼乐为本，当因袭帝王之迹而损益之。放郑声②，如《大司乐》禁淫声慢声③。远佞人，如迁驩兜（huān dōu）④，放有苗⑤。盖乱德淫志，不可以作心膂(lǚ)⑥，和民情，非使颜子致戒于斯⑦。

【注释】

①为：治理、统治。 ②放郑声：放，禁绝、排斥。郑声，郑国的乐典。孔子以郑国多靡靡之音，认为是淫声。 ③慢声：惰慢不恭的音乐。《周礼·春官·大司乐》："凡建国，禁其淫声、过声、凶声、慢声。"郑玄注："慢声，惰慢不恭。" ④驩兜：相传尧舜时三苗部落首领。传说因与共工、鲧一起作乱，被舜流放到崇山，被时人称为四凶之一。《尚书·舜典》："放驩兜于崇山。"参见《史记·五帝本纪》。

⑤有苗：即三苗，是古代的一个部落，在洞庭湖一带。尧、

舜、禹时代我国南方较强大的部落。传说舜平定征服三苗后，把三苗人迁到三危。三危：三危山，三危山一说位于现在的甘肃莫高窟对面。此说出自《山海经·西山经》。二说，岷山西南。三说在云南。此取第三说。此事《吕氏春秋·高义篇》《史记》中都有记载。　⑥心膂：本义为心与脊骨，比喻主要的辅助人物，亦以喻亲信得力之人。膂，脊骨。　⑦"和民情"句：意为社会的和谐，人民安乐，除非颜回才能戒绝这种不良风俗。

15.12　子曰："人无远虑，必有近忧。"

376. 谢曰：莫大之祸，亦非一朝一夕之故，虑远者可以无近忧。古人有见几于罢醴者①，似近之矣。

【注释】

①见几于罢醴者：谓从事物细微的变化中预见其先兆。语出《周易·系辞下》"君子见几而作，不俟终日"。醴：甜酒。罢醴也作"忘设醴，醴酒不设"。汉代时，楚元王刘交对门客非常敬重，每次招待客人都置上酒食，他知道穆生不会喝酒，每次设宴时都为他准备甜酒。后来刘戊继位，有一次忘了准备甜酒。穆生回去后对其他门客说，以前楚元王礼遇我们，是因为他心中有道义；现在楚王怠慢我们，说明他心中已经没有了道义。跟随这样的人，早晚要大祸临头。后来刘戊逐渐变得荒淫残暴。穆生为躲避灾祸离开了楚国。典出《汉书·楚元王刘交传》。

15.13 子曰:"已矣乎!吾未见好德如好色者也。"(此则"子曰"与9.18重复,谢良佐在215条已注。)

15.14 子曰:"臧文仲其窃位者与!知柳下惠之贤而不与立也。"

377. 谢曰:所以蔽贤①者无他,知保禄而欲以擅②之也,是以谓之窃位③。

【注释】

①蔽贤:古代选拔任用人才时,对有德有才艺的人,地方行政长官不上报,就是压抑人才,疏远人才,与进贤选贤相反。 ②擅:擅权、专权。 ③窃位:身居官位而不称职。做了相应的官却不做该做的事。

15.15 子曰:"躬自厚而薄责于人,则远怨矣。"

378. 谢曰:惟反己者①知无责人之理。至于躬自薄②,则厚责于人也必③矣。然则不能远怨④者,盖亦未知自爱故也。

【注释】

①反己者:严格要求自己、躬省自己的人。 ②躬自薄:意为不严格苛求自己而经常责备别人。与躬自厚相反。躬自厚意为躬自厚责,自己对自己严格要求,责备自己。 ③必:《说文》:"必,分极也。"正相反意。 ④远怨:远离怨恨。

15.16 子曰:"不曰'如之何,如之何'者,吾末如之何也已矣。"

379. 谢曰：不留情于无所奈何①，惟心无滞吝②者能之。此其意已极高明。

【注释】

①不留情于无所奈何：即不留心于提醒自己作审度思考。

②心无滞吝：即心无滞碍，意思是内心没有牵挂，无物欲，是禅宗佛学"静心"理论的通俗表达。唐玄奘译《般若婆罗蜜多心经》："心无挂碍；无挂碍，故无有恐怖，远离颠倒梦想。"

15.17　子曰："群居终日，言不及义，好行小慧，难矣哉！"

380. 谢曰："言不及义①"，则必放僻邪侈②；"好行小慧③"，则不可以为大知④，其为小人也必矣。小慧与知虽相似，其实不同。

【注释】

①言不及义：说话没有道理，不讲道义。义，道理、义理。　②放僻邪侈：肆意作恶。《孟子·梁惠王上》："苟无恒心，放辟邪侈，无不为己。"　③小慧：小聪明。　④知：同智。

15.18　子曰："君子义以为质，礼以行之，孙以出之，信以成之。君子哉！"

381. 谢曰："日可见之行"①，皆"义以方外"②之事，故"如质干然③，礼行此，孙④出此，信成此"。

【注释】

①日可见之行：意为每天的行为举止都能体现出君子的品德修养。《周易·乾卦》："君子以德成行，日可见之行也。"　②义以方外：意为待人接物用正当的方式，来规范言行使其相宜。《周易·坤卦》："敬以直内，义以方外。"义，为仁义的义，通宜。方，为形方，引申为不苟同。外，即外物。　③如质干然：朱熹《集注》："程子（程颐）曰：义以为质，如质干然。礼行此，孙出此，信成此。此四句只是一事，以义为本。"质干，本质、根本。　④孙：同逊，谦逊。

15.19　子曰："君子病无能焉，不病人之不己知也。"

15.20　子曰："君子疾没世而名不称焉。"

382. 谢曰：病人之不己知者则务外①，务外者两失之；不病人之不己知则务实，务实两得之。有实必有名②，没世③而名不称，无实故也。先王之世，乡党闾里为善者多，无行修④而誉不闻者，是以名不称为可疾。后世礼义衰微⑤，始有潜德韬光⑥四十年，人无识者。

【注释】

①"病人之不己知者"句：怨恨他人不了解自己就容易追求虚名。病，怨恨、憾恨。不己知，"不知己"的倒装。务外，研究学问只致力于表面，不求深入。明王阳明《传习

录》:"来书云'近时学者,务外遗内,博而寡要。故先生特倡"诚意"一义',针砭膏肓,诚大惠也。" ②名:这里指被人们赞誉、称道。 ③没世:到死。 ④行修:亦作修行。品行端正。 ⑤衰微:衰落。 ⑥潜德韬光:潜德,谓不为人知的美德。这里指隐藏自己的美德。韬光,这里比喻隐藏自己的声名才华。

15.21 子曰:"君子求诸己,小人求诸人。"

383. 谢曰:君子无不反求诸己①者,小人反是,此君子小人之所以分也。[1]

【校勘】

〔1〕朱熹《集注》中谢氏曰:"君子无不反求诸己,小人反是,此君子小人之所以分也。"

【注释】

①反求诸己:反过来苛责自己,严以律己。

15.22 子曰:"君子矜而不争,群而不党。"

384. 谢曰:自矜(jīn)①则与人有别异之道,然不期于争②。群③居则与人有和乐之理,然不期于党④。

【注释】

①自矜:意为不骄傲。矜,此指谨慎、警慎。 ②争:争高低、争执。 ③群:合群。 ④党:派别、宗派,拉帮结派。

15.23　子曰："君子不以言举人，不以人废言。"

385. 谢曰："有言者不必有德①"。

【注释】

①有言者不必有德：好说话、说大话的人不一定有好的德行。《宪问》篇："有德者必有言，有言者不必有德。仁者必有勇，勇者不必有仁。"

15.24　子贡问曰："有一言而可以终身行之者乎？"子曰："其恕乎！己所不欲，勿施于人。"

386. 谢曰：言恕则忠在其间，无忠，何所恕也。推其道可以极于无我①，终身行之可也。

【注释】

①无我：没有私见、忘我的意思。《庄子·齐物论》："非彼无我，非我无所取。"

15.25　子曰："吾之于人也，谁毁谁誉？如有所誉者，其有所试矣。斯民也，三代之所以直道而行也。"

387. 谢曰：圣人本无毁誉心①，而物未尝自毁誉也。因物可毁可誉而毁誉之，是非之心也。此之谓直道②，三代③之时，民有士君子④之行以此。

【注释】

①圣人本无毁誉心：意为圣人不计较得失毁誉的心，同

时也不随意贬低和赞誉别人。 ②直道：正直之道，有真诚、直率意。 ③三代：夏、商、周三个朝代。 ④士君子：旧制士是指州长、党正。君子指卿、大夫、士。故以士君子称上流社会的人。也指品德高尚、有学问的人。《礼记·乡饮酒义》："乡人士君子，尊于房户之间。"

15.26　子曰："吾犹及史之阙文也，有马者借人乘之，今亡矣夫。"

388. 谢曰：信以传信，疑以传疑。①

【注释】

①"信以传信"句：意为可信的，就作为可信的传下去；可疑的，仍然作为可疑的流传下去。语出《史记·太史公自序》。

15.27　子曰："巧言乱德。小不忍则乱大谋。"

389. 谢曰：巧言则心驰于外，故乱德①。小不忍，妇人女子之爱也，是岂足以成大谋。

【注释】

①乱德：败坏道德。

15.28　子曰："众恶之，必察焉；众好之，必察焉。"

390. 谢曰：其不善者好（hào）恶（wù）之，则是非特未定。

15.29 子曰:"人能弘道,非道弘人。"

391. 谢曰:人能徇道①,道不远人;人不求道,道岂求人哉!

【注释】

①徇道:意为不惜以身维护正道。

15.30 子曰:"过而不改,是谓过矣。"

392. 谢曰:改非过也,所谓"如日月之食"①焉。

【注释】

①如日月之食:意为(君子的过错)就像日食月食一样。《子张》篇:"子贡曰:'君子之过也,如日月之食也,过也,人皆见之;更也,人皆仰之。'"

15.31 子曰:"吾尝终日不食,终夜不寝,以思,无益,不如学也。"

393. 谢曰:非特以为无益也,止于思则殆①,故济以学。

【注释】

①止于思则殆:《为政》篇:"学而不思则罔,思而不学则殆。"殆,精神疲倦、陷入困惑。

15.32 子曰:"君子谋道不谋食。耕也,馁在其中矣;学也,禄在其中矣。君子忧道不忧贫。"

394. 谢曰：贫贱困辱，其来既不可却，而有道者能处①，能处则何贫之有？是以能知重轻缓急者，止于忧道②。

【注释】

①有道者能处：意为有道德修养的人能面对一切事物和境遇。　②忧道：忧患道义能不能得到，道义能不能实现。

15.33　子曰："知及之，仁不能守之；虽得之，必失之；知及之，仁能守之，不庄以莅之，则民不敬。知及之，仁能守之，庄以莅之，动之不以礼，未善也。"

395. 谢曰：此非仁知①之尽也，若知之尽，岂有不能守之之理；若仁之尽，岂有不能庄②不以礼者。庄以莅③之，动之以礼，亦所以养仁。然苟有所守，其于礼，虽不中不远矣，故止曰未善④也。

【注释】

①仁知：仁，仁德。知，同智，智慧。此则针对上则《论语》内容而进一步阐释仁德、仁行与智慧的关系。是孔子论点的反证。大意为如果用智慧获得的东西，就一定能用仁守护。进一步论述了仁、知、庄、礼的关系。　②庄：庄重、严肃。　③莅：此指治理、管理。　④未善：不够完善。

15.34　子曰："君子不可小知而可大受也，小人不可大受而可小知也。"

396. 谢曰：大受①所得者大，如受道之受。大受则决不可以小知②，小知则决不可以大受。盖昔之善相马者，犹得其精而遗其粗，物色牝牡，或不察也，亦何疑于学者。

【注释】

①大受：承担大任、接受重要使命。受，责任。　②小知：知，作为。小知，做小事情。大受与小知是相对而言。又是分别指两类德行和本领不同的人。

15.35　子曰："民之于仁也，甚于水火。水火，吾见蹈而死者矣，未见蹈仁而死者也。"

397. 谢曰：仁者非不死，特非①蹈仁②而致死也，是以异于水火。水火，能养人，亦能杀人，而仁未尝杀人，此所以甚于水火③。

【注释】

①特非：并非是、不是。　②蹈仁：践行仁德、施行仁德。　③甚于水火：人们需要仁比需要水火还急切。甚，超过、胜过。《孟子·尽心上》："民非水火不生活。"

15.36　子曰："当仁，不让于师。"

398. 谢曰："为仁由己"，师何与焉？①人为之己亦为之，非不让也，如闻斯行之者②。

【注释】

①"为仁由己"句：意为实行仁德，在于自己，老师能

教你怎么做吗?《论语·颜渊》:"颜渊问仁。子曰:'克己复礼为仁。一日克己复礼,天下归仁焉。为仁由己,而由人乎哉'?" ②闻斯行之者:听到一件好事后就马上去做。《先进》篇:"子路问:'闻斯行诸?'子曰:'有父兄在,如之何其闻斯行之?'冉有问:'闻斯行诸?'子曰:'闻斯行之。'"

15.37 子曰:"君子贞而不谅。"

399. 谢曰:谅①有硁(kēng)硁②之意。贞而不谅③,岂以正行者也哉!

【注释】

①谅:诚信、守信。又意固执。 ②硁硁:形容浅薄、固执。 ③贞而不谅:坚守正道而不拘小节,不固执己见。贞,正。谅,固执。

15.38 子曰:"事君,敬其事而后其食。"

400. 谢曰:人浮于食①,食其焉往?

【注释】

①人浮于食:原指人的才能超过所得的俸禄。后比喻人员过多超过了工作的需要,只停留在关注待遇俸禄上。浮,超过。食,俸禄。《礼记·坊记》:"故君子与其使食浮于人也,宁使人浮于食。"

15.39 子曰:"有教无类。"

401. 谢曰:**善不善何常**①,**蹈**②**之则为君子,舍之则为小人,岂有类哉?**

【注释】

①常:此指准则。《荀子·天论篇》:"天行有常,不为尧存,不为桀亡。" ②蹈:实践、实行、遵循。《荀子·王制》:"聚敛者,召寇、肥敌、亡国、危身之道也,故明君不蹈也。"

15.40 子曰:"道不同,不相为谋。"

402. 谢曰:**不同术**①**也**。

【注释】

①术:方法、策略。《战国策·魏策》:"臣有百战百胜之术。"

15.41 子曰:"辞达而已矣。"

403. 谢曰:**不辞费**①**也**。

【注释】

①不辞费:意为不浪费文辞,不说多余的话。费,浪费。

15.42 师冕见,及阶,子曰:"阶也。"及席,子曰:"席也。"皆坐,子告之曰:"某在斯,某在斯。"

师冕出,子张问曰:"与师言之道与?"子曰:"然,固相师之道也。"

404. 谢曰：观圣人诚意如此，必无欺暗室①之理。

【注释】

①无欺暗室：原义是虽独处隐僻处，亦居心端正。形容坦诚磊落，即君子慎独。反义则为暗室欺心。成语"不欺暗室"。

季氏篇第十六

引 语

本篇包括十四章。前三章孔子的言谈与当时鲁国的政治形势有密切关系，集中反映了对政治权力逐级下移这一状况的强烈不满，并表达了"不患贫而患不均，不患寡而患不安"的治国主张。以下多是有关德行、学识等方面的论述。

谢良佐共为本篇作讲述十二条。其中将16.2、16.3合为一讲，16.11、16.12合为一讲。

针对当时鲁国的情势，谢良佐赞同孔子的论述，他认为诸侯以道治国，可以均无贫、安无倾、和无寡，以此保民而王，可以御外敌、保四封。谢良佐认为：其一，政治的清明与否取决于财富分配上能否做到公平合理。其二，政治的施行要推重文德而尽可能戒除武力。其三，政治的重点是内政居于首位。此外本篇关于人与人相处和结交时应注重的原则。如"乐道人之善，则必不伐善"。对君子人格的修炼，谢良佐也在孔子的基础上，发表了大量的见解。其中有交友之道。如"乐多贤友，则志在成德，而不在圣误人"。需要注意避免的过失，修己的要领，观察事物、考虑问题时所秉行的方法，以及学习态度等。条理清晰，是德行培养的具体途径。大致不外乎以下几层意思：一是交友要慎，二是行事要敏，三是外事要敬。用事例和数字归纳出人生戒示，于简明生动之中见出深刻内涵。

16.1 季氏将伐颛臾。冉有、季路见于孔子曰："季氏将有事于颛臾。"

孔子曰："求！无乃尔是过与？夫颛臾，昔者先王以为东蒙主，且在邦域之中矣，是社稷之臣也。何以伐为？"

冉有曰："夫子欲之，吾二臣者皆不欲也。"

孔子曰："求！周任有言曰：'陈力就列，不能者止。'危而不持，颠而不扶，则将焉用彼相矣？且尔言过矣，虎兕出于柙，龟玉毁于椟中，是谁之过与？"

冉有曰："今夫颛臾，固而近于费。今不取，后世必为子孙忧。"

孔子曰："求！君子疾夫舍曰欲之而必为之辞。丘也闻有国有家者，不患寡而患不均，不患贫而患不安。盖均无贫，和无寡，安无倾。夫如是，故远人不服，则修文德以来之。既来之，则安之。今由与求也，相夫子，远人不服而不能来也，邦分崩离析而不能守也；而谋动干戈于邦内。吾恐季孙之忧，不在颛臾，而在萧墙之内也。"

405. 谢曰：社稷臣，在社稷之内①者。当是时，三家强②，公室弱，冉求又欲伐颛臾而附益③之，夫子④所以深罪之，谓其瘠鲁以肥三家。[1]

又曰："虎兕（sì）出于柙（xiá）"⑤，谓季氏。"龟玉毁于椟（dú）中"⑥，喻公室。三家强，则公室必弱矣。

又曰：诸侯有道，守在四邻可也，岂以颛臾固⑦而近于费⑧为忧哉？"不患⑨寡而患不均"，均无贫也；"不患贫而患不安"，安无倾也。均则不积于有余，"故均无贫"；和⑩则无相争不足之患，"故和无寡"。以此"保民而王，莫之能御也"⑪，何止保四封⑫而已。

【校勘】

〔1〕朱熹《集注》中谢氏曰："当是时，三家强，公室弱，冉求又欲伐颛臾而附益之，夫子所以深罪之，谓其瘠鲁以肥三家。"

【注释】

①"社稷臣"句：意为颛臾是鲁国的附属国（现在山东费县西北八十里有颛臾村，颛臾是周天子所封），又在鲁国之内，（为什么要征伐他呢）。此句是针对"季氏将伐颛臾"而言。 ②三家强：三家即鲁国之"三桓"，即鲁国卿大夫孟孙氏、叔孙氏、季孙氏。鲁庄公父亲鲁桓公有四子。嫡长子鲁庄公继承国君位。庶长子庆父、庶次子叔牙、嫡次子季友皆按封建制度被封官为卿。后代皆形成了大家族。 ③附益：增加、使其多。 ④夫子：孔子。 ⑤虎兕出于柙：野兽从笼中逃了出来。兕，雄性犀牛。柙，关押野兽的木笼。 ⑥龟玉毁于椟中：龟甲美玉在匣子里毁坏了。椟，匣子。 ⑦固：城墙坚固。 ⑧费：地名。 ⑨患：担心、忧虑。 ⑩和：和谐。 ⑪保民而王，莫之能御也：意为爱护百姓，推行王道，

就没有谁能够阻挡。语出《孟子·梁惠王上》。王，动词，称王、做王。御，阻挡、抵抗。　⑫四封：四面疆界。《国语·越语下》："王曰：'蠡为我守于国。'对曰：'四封之内百姓之事，蠡不如种也。四封之外，敌国之制，立断之事，种亦不如蠡也。'"

16.2　孔子曰："天下有道，则礼乐征伐自天子出；天下无道，则礼乐征伐自诸侯出。自诸侯出，盖十世希不失矣；自大夫出，五世希不失矣；陪臣执国命，三世希不失矣。天下有道，则政不在大夫。天下有道，则庶人不议。"

16.3　孔子曰："禄之去公室五世矣，政逮于大夫四世矣，故夫三桓之子孙微矣。"

406.　谢曰：诸侯听命于天子，大夫听命于诸侯，如天无二日，所谓理也，故礼乐惟天子专之。自诸侯出，自大夫出，盖如灾异，何可常也，故愈逆理则其失愈近。政逮于大夫①，至如今四世②矣，三桓子孙，不微③何待？冉有季路不知也，而犹欲强之。

【注释】

①政逮于大夫：意为政令从大夫出。逮，及。　②四世：指季孙氏文子、武子、平子、桓子四世。　③微：衰败、衰落。

16.4　孔子曰："益者三友，损者三友。友直，友谅，友多闻，益矣。友便辟，友善柔，友便佞，损矣。"

407. 谢曰：志无所惮则满①，谓人莫己若则亡②，有志于道者可自省也。友直、谅、多闻③，则心常歉然④矣；友便辟、善柔、便佞⑤，则必自满。

【注释】

①志无所惮则满：意为人的心志无所顾忌，就容易骄傲自大，任意妄为。惮，怕。　②谓人莫己若则亡：意为认为别人都不如自己的人，一定要失败。"人莫己若"即人莫若己。亡，失败、灭亡。　③友直、谅、多闻：直，正直。谅，诚信。多闻，见闻广博。　④歉然：不满足貌、惭愧貌。⑤友便辟、善柔、便佞：便辟，惯于走邪道。善柔，善于和颜悦色骗人。便佞，惯于花言巧语。

16.5 孔子曰："益者三乐，损者三乐。乐节礼乐，乐道人之善，乐多贤友，益矣。乐骄乐，乐佚游，乐晏乐，损矣。"

408. 谢曰：节礼以乐①，节乐以礼②，则常庄和③。能乐道④人之善，则必不伐善⑤。乐多贤友，则志在成德，而不在圣误人⑥。骄乐⑦、佚游⑧、宴乐⑨，皆所谓鸩（zhèn）毒⑩，不可怀也。

【注释】

①节礼以乐：以得到礼乐的调节为快乐。　②节乐以礼：用礼乐来节制人的欢乐程度及界限。　③庄和：庄重和谐。

④乐道：乐于宣传表扬。　⑤伐善：夸耀自己的长处。
⑥不在圣误人：不在于以圣人自居而误人。　⑦骄乐：骄纵不知节制的乐。　⑧佚游：游荡、不务正业。佚，同逸。
⑨晏乐：沉溺于宴饮取乐。　⑩鸩毒：毒酒。

16.6　孔子曰："侍于君子有三愆：言未及之而言谓之躁，言及之而不言谓之隐，未见颜色而言谓之瞽。"

409. 谢曰：时①然后言。所谓时，当其可也。

【注释】

①时：适时、恰到好处时。

16.7　孔子曰："君子有三戒：少之时，血气未定，戒之在色；及其壮也，血气方刚，戒之在斗；及其老也，血气既衰，戒之在得。"

410. 谢曰：胜德者①不为血气所使，故持其志无暴其气②以食之。箪食豆羹，"呼尔而与之"，有所不受，"蹴尔而与之"③，有所不屑，此非义心④胜，血气胜⑤故也。万钟⑥与不得则死，远矣。有不辨礼义而受之者，血气衰故也。知所以戒⑦，则不随血气盛衰。血气⑧，性也，有命焉，君子不谓性也⑨。

【注释】

①胜德者：此指德才兼备的人。　②持其志，无暴其气：保持自己的志向，但又不具有急猛之气，不过分张扬。《康熙

教子庭训格言》九："孟子云：'持其志，无暴其气。'人欲养身，亦不出此两言。何也？逞能无暴其气，则自然平和；能持其志，则心志不为外物所摇，自然安定。" ③呼尔而与之、蹴尔而与之：是指给别人东西时不尊重别人、轻蔑别人的不礼貌态度。蹴尔，用脚践踏貌。语出《孟子·告子上》。

④义心：节义或道义之心。 ⑤血气胜：是指趾高气扬、看不起人。 ⑥万钟：指高官厚禄。 ⑦戒：戒备、防备。

⑧血气：在古代人的认知中，血和气是组成人的性命的必要条件。这里指人的精力、气质。 ⑨君子不谓性也：意为君子不会以血气盛衰为借口而动摇自己追求道义的信念。语出《孟子·尽心下》。性，命也、性命。古人认为人的血气性命是天注定的。

16.8 孔子曰："君子有三畏：畏天命，畏大人，畏圣人之言。小人不知天命而不畏也，狎大人，侮圣人之言。"

411. 谢曰：**天命不僭（jiàn）①，大人②，若天者也，圣言，谈天者也，畏之故事③之。小人所以不畏，特不知此故也。**

【注释】

①天命不僭：僭，假、超越本分。语出《尚书·大诰》。

②大人：称在高位的人叫大人。此指行天道之人。 ③事：侍奉。为上天服务。此处为遵循天道。

16.9　孔子曰:"生而知之者,上也;学而知之者,次也;困而学之,又其次也;困而不学,民斯为下矣。"

412. 谢曰:生而知不待学①,学而知不待困。人皆有圣质,特念不念、敏不敏②异尔。困而学者,知困然后能勉强以求复其初,及其知之一也。

【注释】

①不待学:用不着、不用。明王阳明《王文成公全书》卷二十六《大学问》:"良知者,孟子所谓'是非之心,人皆有之'者也。是非之心,不待虑而知,不待学而能,是故谓之良知。"　②念不念、敏不敏:念不念,执着不执着、专注不专注。敏不敏,聪敏不聪敏、勤敏不勤敏。

16.10　孔子曰:"君子有九思:视思明,听思聪,色思温,貌思恭,言思忠,事思敬,疑思问,忿思难,见得思义。"

413. 谢曰:未至于从容①从道,无时而不自省察也,虽有不存焉者,寡矣。此之谓思诚②。[1]

【校勘】

[1] 朱熹《集注》中谢氏曰:"未至于从容中道,无时而不自省察也,虽有不存焉者,寡矣。此之谓思诚。"

【注释】

①从容:意思是指人做事不慌张、很镇定、不紧迫。此指人处事举动有其常度,熟稔自如。《礼记·缁衣》:"长民者

衣服不贰，从容有常。" ②思诚：即运用思维自我反省，使自己的道德行为达到与天道合一的"至诚"境界。此处强调自我反省的道德修养观。

16.11 子曰："见善如不及，见不善如探汤。吾见其人矣，吾闻其语矣。隐居以求其志，行义以达其道。吾闻其语矣，未见其人也。"

16.12 齐景公有马千驷，死之日，民无德而称焉。伯夷叔齐饿死于首阳之下，民到于今称之。其斯之谓与？

414. 谢曰："见善如不及，见不善如探汤"①，质②美者也。"隐居以求其志，行义以达其道"③，不累于穷达④者也。隐居以求其志，非爱身以自佚⑤；行义以达其道，非志于功名。

【注释】

①"见善如不及"句：意为见到好的行为就担心自己赶不上；见到不好的行为，就像把手伸到沸水里一样，马上收手。探汤，探试沸水。形容畏惧、警惧。 ②质：事物的根本特性。 ③"隐居以求其志"句：意为以隐居避世的态度保全自己的志向，依照正义来贯彻自己的主张。 ④不累于穷达：不受得志与不得志的影响。 ⑤自佚：犹自逸，贪图安逸。

16.13 陈亢问于伯鱼曰："子亦有异闻乎？"

对曰："未也。尝独立，鲤趋而过庭。曰：'学诗乎？'对曰：'未也。''不学诗，无以言。'鲤退而学诗。他日又独立，鲤趋而过庭。曰：'学礼乎？'对曰：'未也。''不学礼，无以立。'鲤退而学礼。闻斯二者。"

陈亢退而喜曰："问一得三。闻诗，闻礼，又闻君子之远其子也。"

415. 谢曰：心气和①则能言，知分定②则能立。

【注释】

①心气和：心定则气和，同现在的"心平气和"。本篇"不学诗，无以言"，意为熟读《诗经》能让人心闲气和，能与人谈论问题。　②分定：本分所定、命定。本篇"不学礼，无以立"，意为学习了礼义，才能立身处世，因为礼能让人明白本分和规矩。《孟子·尽心上》："君子所性，虽大行不加焉，虽穷居不损焉，分定故也。"

16.14　邦君之妻，君称之曰夫人，夫人自称曰小童；邦人称之曰君夫人，称诸异邦曰寡小君；异邦人称之亦曰君夫人。

416. 谢曰：欲以正名分也。

阳货篇第十七

引 语

本篇共二十六章。所述内容比较集中地记录了孔子对当时社会道德状况的批评。从否定现状的角度反映出孔子的道德标准，及孔子处世权变的思想。他认为变与不变，既要讲原则又不失灵活性。这就需要一个大局观，要有大视野，要有对世事清晰的洞察才可以做到。值得一提的是：本篇"性相近也，习相远也"，是孔子在《论语》中唯一一次谈及人性的句子，给后世研究者提出的这个问题，留下了极大的认知空间。

谢良佐为本篇作解二十四章。其中将17.2、17.3合为一解，17.17、17.18合为一解。

谢良佐不赞成"怀其宝而迷其邦"。认为这有违"仁、智"，赞同处世权变，当隐则隐，当仕则仕。在谈到"性"与"习"的问题时，提出"上知可移非上智，下愚可移非下愚"。移与不移取决于对客观事物规律的认知。如果看到的是正确的客观现实，不移就是信仰。如果看到的并非客观现实，不移就是不想变通。他把恭、宽、信、敏、惠作为仁的内容。以道立身，提出"君子学道则爱人，小人学道则易使"。做人要"能仁能知,能信能直,能勇能刚"。明乎善,才能诚其身,而后能克服"六言六蔽"之蔽。谈到《诗经》,他认为可以"吟咏性情,善感发人,使人易、直、子、谅之心以生"。故可以兴、观、群、怨。在教育方面,谢良佐崇尚无教之教、无言之教。"惟学可以为善。"以天地无言,四时明法,故四行大美,百物生焉,阐述教化无声,大德无形的道理。

17.1　阳货欲见孔子,孔子不见,归孔子豚。

孔子时其亡也,而往拜之。

遇诸涂。

谓孔子曰:"来!予与尔言。"曰:"怀其宝而迷其邦,可谓仁乎?"曰:"不可。好从事而亟失时,可谓知乎?"曰:"不可。日月逝矣,岁不我与。"

孔子曰:"诺,吾将仕矣。"

417. 谢曰:"怀其宝而迷其邦①,可谓仁乎?"不仁也。然夫子则非"怀宝而迷邦"者。"好从事而亟失时"②,可谓知乎?不知也。然夫子则非"好从事而亟失时"者。"吾将仕矣",夫子岂不欲仕者,盖非苟然③。诺以避祸,与人言当如此。

【注释】

①怀其宝而迷其邦:意为把自己的本领藏起来而听任国家迷乱。怀其宝,指个人有高深的学问,有好的德行,有过

人的能力。迷其邦，指听任国家迷乱，得不到治理。
②好从事而亟失时：意为喜欢参与政事而又屡次错过机会。好从事，喜欢做官进而为国家做事。亟失时，屡次错过机会。亟，屡次、多次。　③苟然：随随便便、苟且。

17.2　子曰："性相近也，习相远也。"

17.3　子曰："唯上知与下愚不移。"

418.　谢曰：人之性不同如䅴（móu）麦①，地有肥硗（qiāo），雨露之所养，人事之不齐也②，然其初皆善，故曰相近。克念作圣，罔念为狂③，其流虽一，而相远矣。上知下愚，二者非得于有生之初，自其不移而名之也。上知可移非上知，下愚可移非下愚，然性无不可移之理，人自不移也。

【注释】

①䅴麦：大麦。　②"地有肥硗"句：意为人的本性不像谷麦，尽管地有肥瘠之别，但有雨露滋养，到该成熟的时候都成熟。即使偶有早晚，也是人的用力不平等造成的。语出《孟子·告子上》："虽有不同，则地有肥硗，雨露之养，人事之不齐也。"肥，肥沃。硗，贫瘠。　③"克念作圣"句：意为能够控制内心的妄念、邪念，就具有了圣人的行为。如果不思为善，做事就会没有约束，容易狂妄。《尚书·多方》："惟圣罔念作狂，惟狂克念作圣。"克，能够主宰或控制。圣，圣人，又指人对于一切事理通达明了。罔念，不思为善。为狂，狂妄、做事没有约束。

17.4　子之武城，闻弦歌之声。夫子莞尔而笑，曰："割鸡焉用牛刀？"

子游对曰："昔者偃也闻诸夫子曰：'君子学道则爱人，小人学道则易使也。'"

子曰："二三子！偃之言是也。前言戏之耳。"

419. 谢曰：小国寡民，而以治天下之道治之，真如牛刀割鸡也。圣人好（hào）恶（wù）与人同，其可哂（shěn）①固然。恐二三子疑之，因以务大而忽小，故从而释之，以为政之道当如偃②之言也。君子学道则爱人，小人学道则易使③，因弦歌而言"君子以好善，小人以听过"④也。

【注释】

①可哂：可笑。　②偃：言偃，字子游。孔子的学生，孔门十哲之一。偃之言，即孔子说的"君子学道则爱人，小人学道则易使"。　③"君子学道则爱人"句：意为君子学习了道就会爱人，老百姓学了道就容易使唤。　④小人以听过：小人通过听乐歌以发现自己的过失。过，过失。语出《礼记·乐记》。

17.5　公山弗扰以费畔，召，子欲往。

子路不悦，曰："末之也已，何必公山氏之之也。"

子曰："夫召我者，而岂徒哉？如有用我者，吾其为东周乎？"

420. 谢曰：公山弗（bì）扰执季氏以畔①，安知志不在克乱②以权邪？其能强公室，殆③未可知也。其为东周，亦未可知也。

【注释】

①公山弗扰执季氏以畔：公山弗扰，人名，又名公山不狃（niǔ），季氏的家臣。畔，谋逆、逆乱。 ②克乱：平定叛乱。《左传·襄公二十三年》："夫克乱在权，子无懈矣！" ③殆：表推测，相当于大概、几乎。

17.6 子张问仁于孔子。孔子曰："能行五者于天下为仁矣。"

"请问之。"曰："恭、宽、信、敏、惠。恭则不侮，宽则得众，信则人任焉，敏则有功，惠则足以使人。"

421. 谢曰："恭、宽、信、敏、惠"①，所以为仁也。至于不侮、得众人、任、有功、足以使人，皆仁之发也②。

【注释】

①恭、宽、信、敏、惠：庄重、宽厚、诚实、勤敏、慈惠。 ②"至于不侮"句：意为不轻慢他人，能得到众人的拥护，用诚信取得别人的信任，勤敏做事以求取得成功，施惠于人能让人感动愿意服从。这都是仁心的发端。不侮，是解释恭的。得众人，是解释宽的。任是对信的解释，有功是解释敏的，足以使人是解释惠的。

17.7　佛肸召，子欲往。

子路曰："昔者由也闻诸夫子曰：'亲于其身为不善者，君子不入也。'佛肸以中牟畔，子之往也，如之何？"

子曰："然，有是言也。不曰坚乎，磨而不磷；不曰白乎，涅而不缁。吾岂匏瓜也哉？焉能系而不食？"

422. 谢曰：圣人涉世，于善游不避深渊。使不善没水者效①之，岂不殆②乎！"磨而不磷"③，始可谓之坚，"涅（niè）而不缁（zī）"④，始可谓之白。盖不如是，不足为圣人。

【注释】

①效：效仿。　②殆：危险。　③磨而不磷：磨了以后不变薄。磷，损伤。　④涅而不缁：用黑颜料染了而不变黑。涅，一种矿物质，古人用作黑色染料。这里作动词，染黑之意。缁，黑色。

17.8　子曰："由也，女闻六言六蔽矣乎？"对曰："未也。"

"居，吾语女。好仁不好学，其蔽也愚；好知不好学，其蔽也荡；好信不好学，其蔽也贼；好直不好学，其蔽也绞；好勇不好学，其蔽也乱；好刚不好学，其蔽也狂。"

423. 谢曰：能仁能知，能信能直，能勇能刚，则其有过也不免于蔽①者，其似是而非②乎？愚③非仁也，荡④非知也，贼⑤非信也，绞⑥非直也，乱非勇也，狂非刚也。凡此皆生于不学，徒好之而不明乎善也。不明乎善，不诚其身矣⑦，盖惟学可以明善。

【注释】

①蔽：弊病。　②似是而非：好像是对的，而实际上是错的。　③愚：受人愚弄。　④荡：放荡。　⑤贼：害。　⑥绞：说话尖刻。　⑦"不明乎善"句：意为不知道什么是善，就没法使自己诚实了。明善诚身，出自《中庸》"诚身有道，不明乎善，不诚乎身矣"。明善，是指格物穷理然后知。诚身，是指以至诚立身行事。

17.9　子曰："小子何莫学夫《诗》。《诗》，可以兴，可以观，可以群，可以怨。迩之事父，远之事君；多识于鸟兽草木之名。"

424. 谢曰：《诗》吟咏情性，善感发人，使人易、直、子、谅之心以生①，故可以兴②。得情性之正，无所底滞③，则阅理自明，故可以观④。心平气和，与物无竞[1]，故可以群⑤。优游不迫⑥，虽怨而不怒也，无鄙倍⑦心，故可以怨。迩（ěr）⑧之事父，可以得其亲；远之事君，可以得其君。能尽臣子之道，则天下之事无不可者。盖兴于《诗》，成于乐，其终始一道也。

【校勘】

〔1〕竞：原本作"兢"，据《四库全书》本改。

【注释】

①易、直、子、谅：平易、正直、慈爱、诚信。子，同慈。语出《礼记·乐记·乐化》"致乐以治心，则易直子谅之

心油然而生矣"。　②兴：激发感情的意思。　③底滞：此指拘泥、迂执意。一作迟钝。　④观：观察了解天地万物与人间万象。　⑤群：合群。　⑥优游不迫：形容从容闲适的样子。宋严羽《沧浪诗话·诗辨》："其大概有二：曰优游不迫，曰沉着痛快。"　⑦鄙倍：浅陋悖理。倍，通悖。⑧迩：近。

17.10　子谓伯鱼曰："女为《周南》《召南》矣乎？人而不为《周南》《召南》，其犹正墙面而立也与？"

425. 谢曰："二南"①之诗，发乎情，止乎礼义，人道②之极，皆尽性至命③之事。

【注释】

①二南：指《诗经》中的《周南》《召南》。　②人道：指做人的道理、社会的伦理关系。　③尽性至命：意为穷究天下万物的根本原理，彻底洞明人类的心体自性，以达到改变人类命运的崇高理想。《易经·说卦》："穷理、尽性，以至于命。"

17.11　子曰："礼云礼云，玉帛云乎哉？乐云乐云，钟鼓云乎哉？"

426. 谢曰：寓其节于玉帛①，寓其和于钟鼓②，然则所寓岂其本③也？

【注释】

①节：节操、操守。玉帛：古代祭祀或赠送人的礼物。　②和于钟鼓：和，和谐。钟鼓，古代祭祀及重大喜庆活动都要鸣奏钟鼓。　③本：根本、本质。此处指仁。《论语·八佾》："人而不仁，如礼何？人而不仁，如乐何？"

17.12　子曰："色厉而内荏，譬诸小人，其犹穿窬之盗也与？"

427. 谢曰：似刚而非刚，无实而盗名者也，故与非其有而取之者同。

17.13　子曰："乡愿，德之贼也。"

428. 谢曰：德之贼①与？恐其乱德，不同自贼②其德也。

【注释】

①（乡愿）德之贼：贼：伤害。伤害仁德的败类。乡愿：指乡中貌似谨厚，而实与流俗合污的伪君子。　②自贼：自己伤害自己。《孟子·公孙丑上》："有是四端，而自谓不能者，自贼者也。"（四端：恻隐之心，仁之端也；羞恶之心，义之端也；辞让之心，礼之端也；是非之心，智之端也。）

17.14　子曰："道听而涂说，德之弃也。"

429. 谢曰：君子敏于事而慎于言，欲以畜（xù）德①。道听而涂说，是弃之也，与出乎口入乎耳同。

【注释】

①畜德：修积德行。语出《周易·大畜》："君子以多识前言往行，以畜其德。"畜，养育之意。

17.15　子曰："鄙夫可与事君也与哉？其未得之也，患得之。既得之，患失之。苟患失之，无所不至矣。"

430. 谢曰：操患失之心①，何所不至②，则又不若具臣③矣，盖有时而从之也。

【注释】

①操患失之心：意为没有得到时，担心得不到，得到后又担心失去。操，秉持。患失，患得患失。　②何所不至：什么事都可以做出来。　③具臣：聊以充数，不能有作为的臣子。又泛称为人臣者。朱熹《集注》："具臣，谓备臣数而已。"

17.16　子曰："古者民有三疾，今也或是之亡也。古之狂也肆，今之狂也荡；古之矜也廉，今之矜也忿戾；古之愚也直，今之愚也诈而已矣。"

431. 谢曰：狂①者过中②之谓，利害不得而拘之，故肆③；荡④则自恣矣。矜者庄以立我⑤，故有廉隅⑥；忿戾⑦则有争气矣。愚者无所知，故直情径行⑧；诈⑨则有卖直⑩之意存焉。

【注释】

①狂：狂妄自大。　②中：中道、中庸，无过无不及。

③肆：放肆，不拘礼节。 ④荡：放荡，不守礼。 ⑤矜者庄以立我：矜，矜持。庄，庄重、庄严。 ⑥廉隅：比喻端方、不邪曲、不苟且的行为、品性。 ⑦愤戾：愤怒、愤怨而蛮不讲理。 ⑧直情径行：做事凭感情，直接去做。直情，直接、直率。《礼记·檀弓下》："有直情而径行者，戎狄之道也。" ⑨诈：欺诈。 ⑩卖直：故作正直。

17.17 子曰："巧言令色，鲜矣仁！"

17.18 子曰："恶紫之夺朱也，恶郑声之乱雅乐也，恶利口之覆邦家者。"

432. 谢曰：覆犹覆冒①之覆，使人恬然不知悟以自肆也②。

【注释】

①覆冒：蒙盖、掩蔽、诬陷。覆，颠覆。汉王符《潜夫论·述赦》："及隐逸行士淑人君子为馋佞利口所加诬覆冒。"

②使人恬然不知悟以自肆也：意为让人安然自在，神情迷茫而不知觉悟而放纵任意。恬然，指安然、不在意的样子。汉刘安《淮南子·原道训》："恬然无思，澹然无虑。"

17.19 子曰："予欲无言。"子贡曰："子如不言，则小子何述焉？"子曰："天何言哉？四时行焉，百物生焉，天何言哉？"

433. 谢曰：天地有大美，四时①有明法②，不以无言而隐也。故四行③焉，百物生焉，所谓吾无隐乎尔也。

【注释】

①四时：一年四季。 ②明法：明显的规律。 ③四行：四时按规律运行。

17.20 孺悲欲见孔子，孔子辞以疾。将命者出户，取瑟而歌，使之闻之。

434. 谢曰：使之①闻之，则非固为不诚以疾辞②也，必其礼际③有不善者，使其由此知所以自省，则是亦教诲之而已矣。

【注释】

①之：此代指孺悲，鲁人。《礼记·杂记上》上记载他曾经向孔子学过仕丧礼。 ②以疾辞：指孔子托言有病不接待孺悲之事。《孟子·告子下》："教亦多术矣，予不屑之教诲也者，是亦教诲之而已矣。" ③礼际：按礼节交往、以礼应接。《孟子·万章下》："苟善其礼际矣，斯君子受之，敢问何说也？"本句意为谢先生认为孺悲以前做事对孔子礼数有欠缺。

17.21 宰我问："三年之丧，期已久矣。君子三年不为礼，礼必坏；三年不为乐，乐必崩。旧谷既没，新谷既升，钻燧改火，期可已矣。"

子曰："食夫稻，衣夫锦，于女安乎？"

曰："安。"

"女安则为之。夫君子之居丧，食旨不甘，闻乐不乐，居处不安，故不为也。今女安，则为之！"

宰我出，子曰："予之不仁也！子生三年，然后免于父母之怀，夫三年之丧，天下之通丧也。予也有三年之爱于其父母乎？"

435. 谢曰：人子执丧，而恻怛（cè dá）①之心发于自然，故食旨②不甘，哀胜味也；闻乐不乐，哀胜音也；居处不安，哀胜佚③也。此岂可致杀④乎三年，而服⑤以是断，特恐贤者过中而已。宰我乃欲加损焉，其不能察理甚矣，是亦不知仁之道也，故曰："予之不仁也⑥。"此乃问丧礼于夫子，非予自执丧而短之也。

【注释】

①恻怛：哀伤。《礼记·问丧》："恻怛之心，痛疾之意，悲哀志懑气盛，故袒而踊之。" ②旨：甜美，指吃好的食物。 ③佚：逸也。舒适、安逸。 ④杀：此指消减、减少之意。 ⑤服：古代的丧礼。此处不是单指"五服"之丧服，而是指时间。古代"孝子丧亲，哭泣无数，服勤三年，身病体羸，以杖扶病也"。语出《礼记·问丧》。 ⑥予之不仁也：此句是孔子对宰予向孔子询问丧礼时，说道丧服三年时间过长而批评他的话。予，宰我，字予。

17.22 子曰："饱食终日，无所用心，难矣哉！不有博奕者乎？为之，犹贤乎已。"

436. 谢曰：博奕①之害，则止于博奕而已。盖放僻邪侈皆生于无所用心，心有所用则止，止则不可谓之放[1]。

【校勘】

〔1〕放：原本无此字，据明抄本补。

【注释】

①博奕：博彩与围棋。古代娱乐赌博的一种方式。奕，通弈。弈即围棋。

17.23 子路曰："君子尚勇乎？"子曰："君子义以为上。君子有勇而无义为乱，小人有勇而无义为盗。"

437. 谢曰：非以勇为不足尚，欲子路所以勇也。义以为上，则其为勇大矣，所谓自反而缩①。若专于勇而已，则乱人也。

【注释】

①自反而缩：意为反躬自问而觉得理不亏。自反，自我反省。缩，理直之意。《孟子·公孙丑上》："子好勇乎？吾尝闻大勇于夫子矣；自反而不缩，虽褐宽博，吾不惴焉；自反而缩，虽千万人，吾往矣。"

17.24 子贡曰："君子亦有恶乎？"子曰："有恶。恶称人之恶者，恶居下流而讪上者，恶勇而无礼者，恶果敢而窒者。"

曰:"赐也亦有恶乎?""恶徼以为知者,恶不孙以为勇者,恶讦以为直者。"

438. 谢曰：乐道人之善，故恶称人之恶^①者。居是邑不非^②其大夫，故恶居下流而讪 (shàn) 上者^③。勇而无礼则必为乱，果敢而窒^④则不可与群。徼 (jiǎo)^⑤似知^⑥，不孙^⑦似勇，讦 (jié)^⑧者几于直，皆足以欺世乱俗，故皆恶之。

【注释】

①恶称人之恶：第一个恶音 wù，第二个恶音 è。 ②非：非议、诋毁。 ③居下流而讪上者：下流之"流"字，晚唐以前的《论语》版本还无此字。按照文义，这个"流"字也是不应该有的。从苏轼《上韩太尉书》引《论语》此文时已有"流"字。"流"字应为衍字，应为"居下而讪上"。下，下处、地位低下。讪，诽谤。 ④窒：阻塞，不通事理、顽固不化。 ⑤徼：窃取、抄袭。 ⑥知：同智。 ⑦孙：同逊。 ⑧讦：斥责、攻击、揭发别人。

17.25 子曰："唯女子与小人为难养也，近之则不孙，远之则怨。"

439. 谢曰：此君子所以不恶而严也^①。

【注释】

①不恶而严也：恶，凶狠。严，威严。

17.26 子曰："年四十而见恶焉，其终也已。"

440. 谢曰：与无闻①之意同。

【注释】

①无闻：没有名声、没有成名。

微子篇第十八

引　语

本篇共计十一章。比较集中地记述了孔子在出仕问题上的观念和原则。反映出孔子的处世态度。孔子以他的不懈追求说明一个基本道理：出仕不仅是为了行道，还在于本身就具有维护伦理秩序的意义。

谢良佐为本篇作讲八章。其中谢良佐将18.4、18.5、18.6、18.7合为一讲。

谢良佐认为在国家衰微之时，真正的君子应以仁为先。"至诚恻怛"，即便"士之不得志而处"，亦不能玩世不恭。"圣人乐则行之，忧则违之"，做到"清而不污，权而适可也"。真正有德行的人应该无我，"虽降志而不枉己，辱身而不求合""虽其言行不传，必其居仁由义"，齐家治国，不求备于一人焉。

18.1　微子去之，箕子为之奴，比干谏而死。孔子曰："殷有三仁焉。"

441. 谢曰：三人①之行，皆出于至诚恻怛②，斯知仁矣。

【注释】

①三人：指微子、箕子、比干，三人均为商纣时的忠臣。

②至诚恻怛：又作"真诚恻怛"，形容做人的一种素养，要真诚而且有恳切之心。宋罗大经《鹤林玉露》卷一："（杜甫）诗意与狄昌同，而其恻怛规戒，涵蓄不露，则大有径庭矣。"

18.2　柳下惠为士师，三黜。人曰："子未可以去乎？"曰："直道而事人，焉往而不三黜？枉道而事人，何必去父母之邦？"

442. 谢曰：其官不移①，用我亦可，舍我亦可，玩世不恭②者之所为也。盖古人重适他邦，如大夫去国，向③国而哭，虽在他国，祭祀之礼，居丧之服，皆如其国之故。使其他国可以处④我，去此之彼何惮焉。然莫能相尚⑤也，是以何必去父母之邦。

【注释】

①移：升迁、变动。　②玩世不恭：因对现实不满而采取的一种不严肃、不认真的生活态度。　③向：向着、面对。

④处：居住。引申为接纳。　⑤相尚：推崇、重视、尚德。

18.3 齐景公待孔子曰:"若季氏,则吾不能;以季、孟之间待之。"曰:"吾老矣,不能用也。"孔子行。

443. 谢曰:以季孟之间待夫子①,在景公之意则已勤②。

【注释】

①以季孟之间待夫子:(齐景公讲到对待孔子的打算时说,用鲁君对待季氏的方式对待孔子,我做不到。)意为我要用次于季氏而高于孟氏的待遇来对待他。季孟之间,现已成为一成语,意为比上不足比下有余。季,季孙。孟,孟孙。

②勤:殷勤、诚恳。

18.4 齐人归女乐,季桓子受之,三日不朝。孔子行。

18.5 楚狂接舆歌而过孔子曰:"凤兮凤兮!何德之衰?往者不可谏,来者犹可追。已而已而!今之从政者殆而!"

孔子下,欲与之言。趋而辟之,不得与之言。

18.6 长沮、桀溺耦而耕。孔子过之,使子路问津焉。

长沮曰:"夫执舆者为谁?"

子路曰:"为孔丘。"

曰:"是鲁孔丘与?"

曰:"是也。"

曰:"是知津矣。"

问于桀溺。

桀溺曰:"子为谁?"

曰:"为仲由。"

曰:"是孔丘之徒与?"

对曰:"然。"

曰:"滔滔者天下皆是也,而谁以易之?且而与其从辟人之士也,岂若从辟世之士哉?"耰而不辍。

子路行以告。

夫子怃然曰:"鸟兽不可与同群,吾非斯人之徒与而谁与?天下有道,丘不与易也。"

18.7 子路从而后,遇丈人,以杖荷蓧。子路问曰:"子见夫子乎?"丈人曰:"四体不勤,五谷不分,孰为夫子?"植其杖而芸。子路拱而立。止子路宿,杀鸡为黍而食之。见其二子焉。明日,子路行以告。子曰:"隐者也。"使子路反见之。至,则行矣。子路曰:"不仕无义。长幼之节,不可废也;君臣之义,如之何其废之?欲洁其身,而乱大伦。君子之仕也,行其义也。道之不行,已知之矣。"

444. 谢曰:夏商尝中衰①,而圣贤之作亦继②,故士之不得志而处者,犹未有避世之意。周之衰世,习治③之后而伤礼义陵迟④之久也,故士之隐者,至愤世疾邪,多为长往不来之行。当是时,微⑤圣人,无以知"非斯人之徒与而谁与"⑥。盖知世无道而隐,虽不役于利⑦者,然悻悻⑧于自洁,则不得同为无我⑨矣。圣人"乐则行之,忧则违之",则亦岂知我之不忘世邪?世之不忘我邪?虽不与鸟兽同群,亦何尝知进而不知退,此所以与避世者异。

【注释】

①中衰：中道衰微、衰弱。　②圣贤之作亦继：圣贤的德为延续下来。继，延续、继续。　③习治：反复实践研究、治理矫正。　④陵迟：此处指败坏、衰败。　⑤微：无、非、没有。　⑥非斯人之徒与而谁与：意为不同这些人打交道，又同谁打交道呢？谁与，古汉语疑问句的宾语前置句式。　⑦不役于利：不为利益所役。役，役使。　⑧悻悻：怨恨失意的样子。《孟子·公孙丑下》："谏于其君而不受，则怒，悻悻然见（xiàn）于其面。"　⑨无我：没有私心、没有自我。

18.8　逸民：伯夷、叔齐、虞仲、夷逸、朱张、柳下惠、少连。子曰："不降其志，不辱其身，伯夷、叔齐与？"谓"柳下惠、少连，降志辱身矣，言中伦，行中虑，其斯而已矣"。谓"虞仲、夷逸，隐居放言，身中清，废中权。我则异于是，无可无不可"。

445. 谢曰：七人①隐遁②不污则同，其立心造行③则异。伯夷、叔齐，天子不得臣，诸侯不得友，盖彼已遁世离群矣，直以降志辱身为耻，下圣人一等，此其最高与！柳下惠、少连，虽降志而不枉己，虽辱身而不求合，其心有不屑也，故能"言中伦，行中虑"。虞仲、夷逸，"隐居放言"④，则言不合先王之法者多矣，然清而不污也，权⑤而适可也，与方外之士⑥害义伤教而乱大伦⑦者殊科⑧。是以均谓之逸民⑨。[1]

【校勘】

〔1〕朱熹《集注》中谢氏曰："七人隐遁不污则同，其立心造行则异。伯夷、叔齐，天子不得臣，诸侯不得友，盖彼已遁世离群矣，直以降志辱身为耻，下圣人一等，此其最高与！柳下惠、少连，虽降志而不枉己，虽辱身而不求合，其心有不屑也，故能言中伦，行能中虑。虞仲、夷逸隐居放言，则言不合先王之法者多矣。然清而不污也，权而适宜也，与方外之士害义伤教而乱大伦者殊科。是以均谓之逸民。"

【注释】

①七人：指伯夷、叔齐、虞仲、夷逸、朱张、柳下惠、少连。　②隐遁：隐居起来，逃避尘世。　③立心造行：思想志向，为实现志向的行动。　④放言：极尽言辞、高谈阔论。　⑤权：权变、极宜。有随机应变意。　⑥方外之士：指言行超脱于世俗礼教之外的人。后指僧道等出家人。方外，世外。　⑦大伦：伦常大道。　⑧殊科：不同类。　⑨逸民：此指节行超逸、避世隐居的人。

18.9　大师挚适齐，亚饭干适楚，三饭缭适蔡，四饭缺适秦，鼓方叔入于河，播鼗（táo）武入于汉，少师阳、击磬襄入于海。

446. 谢曰：周衰，贤者相招为禄仕，多仕于伶官①，盖其责轻而无愧②。至其甚也，淫声③无节，僭上无禁，守其官者或愧焉，是以非〔1〕而去之。

【校勘】

〔1〕非：明抄本作"逃"。

【注释】

①伶官：乐官，掌管音乐的官吏。　②责轻而无愧：鲁哀公时（乐官们）执礼乐而担负的责任不大，因对礼乐不甚伤害而无愧。　③淫声：淫邪的乐声。

18.10　周公谓鲁公曰："君子不施其亲，不使大臣怨乎不以。故旧无大故，则不弃也。无求备于一人。"

447. 谢曰：对报之谓施①，如亲党特无失其为亲而已，岂有施报②来往之意也。"不使大臣怨乎不以③"，大臣民之表④，使谋不行言不听而怠，则国可知矣。故旧⑤非大故⑥而弃，是无所不薄矣。求备于一人，则无人而可使也。齐家治国、与人接下之道尽于是。

【注释】

①对报之谓施：亲属之间礼尚往来叫作"施"。　②施报：有所施与，则有所报答。　③不以：不被任用。以，任用。　④表：表率、榜样。　⑤故旧：老臣。　⑥大故：大的过失。

18.11　周有八士：伯达、伯适、伯突、仲忽、叔夜、叔夏、季随、季䯄。

448. 谢曰：皆尚志者①，虽其言行不传，必其居仁由义②

者也。

【注释】

①皆尚志者：(周之八士)伯达、伯适、伯突、仲忽、叔夜、叔夏、季随、季䯄都是有德品有教养的人。 ②居仁由义：用心于仁爱，行事循义理。《孟子·尽心上》："居仁由义，大人之事备矣。"事，修养。

正 编

子张篇第十九

引 语

本篇共计二十五章。全部都是孔子学生的言论。根据本章出现的孔子弟子名字可以认定，是孔子去世后，有几个成就比较大的学生记述或评论孔子的内容。本篇所论既有君子士人的学习、品行、立身行事等内容，也有同门间对某些问题的讨论交流，同时也可看出学生们对孔子的赞扬和怀念。

谢良佐共为本篇作述二十二条。其中谢良佐将 19.15、19.16 合为一说，将 19.22、19.23、19.24 合为一注。

本篇以阐发君子士人为官行事、品德修养方面的内容为多。谢良佐认为真的君子应该"见危致命""舍生取义""见得思义""舍利而取义""死生利害不足动其心"。在学习方面，他认为"旁蹊曲径，不能致远"。要温故而知新，体常而尽变。博学笃志近思，学必欲致道。正心诚意，下学上达。在本章论述中，谢良佐高度赞扬孔子晚年进德，极于高远。孔子思想惟日月之光，塞宇宙而无穷，无得而逾焉。

19.1　子张曰:"士见危致命,见得思义,祭思敬,丧思哀,其可已矣。"

449. 谢曰:"见危致命"①,舍生而取义也。"见得思义"②,舍利而取义也。死生利害不足以动其心,而又主之以诚悫(què)③,祭思敬,丧思哀,则其志意修④矣,其肯怀居⑤乎?其肯耻恶衣恶食⑥乎?其肯杀一不辜⑦、非其有而取之乎?

【注释】

①见危致命:看见危险就肯豁出生命。　②见得思义:看见可以得就考虑是否合乎义。　③诚悫:诚实谨慎。悫,谨慎。　④志意修:志向远大美好。《荀子·修身》:"志意修则骄富贵,道义重则轻王公。"《荣辱》"志意修,德行厚,知虑致明。"修,美好。　⑤怀居:留恋安逸、怀念故居。⑥耻恶衣恶食:以穿破衣、吃粗糙的饭食为耻。　⑦不辜:无罪。指无罪之人。语出《孟子·公孙丑上》。

19.2　子张曰:"执德不弘,信道不笃,焉能为有?焉能为亡?"

450. 谢曰:"执德不弘"①,则心不广;"信道不笃"②,则志必丧。执德弘,故物莫能胜;信道笃,则虽死不变。能为有,如称有道有德者,能有之而不去也;能为亡(wú)③,如称无意无必④,能去之而不有也。盖如"一出焉,一入焉"⑤,不敢以为有也,不敢以为无也⑥。

【注释】

①执德不弘：实行仁德而不能发扬光大。坚守道德行为不坚强。又见清刘台拱《论语骈枝》，谓"弘"，即"强"字。　②信道不笃：信仰信念不忠诚执着。　③亡：同无。　④无意无必：不臆测；也不一定要如何。臆，主观臆断。必，绝对肯定，一定要怎么样。　⑤"一出焉"句，语出《荀子·劝学》："一出焉，一入焉，涂巷之人也。"意即学一阵又停一阵，那是市井中的普通人。　⑥不敢以为有也：意为不能说哪些人有道德，又不能说他没有道德。南朝梁皇侃《论语义疏》（简称《皇疏》）批注子张此段话时说："世无此人，则不足为轻；世有此人，亦不足为重，故云无所轻重也。"换句话，执德不弘，信道不笃的人，在社会上作用不大。

19.3　子夏之门人问交于子张。子张曰："子夏云何？"

对曰："子夏曰：'可者与之，其不可者拒之。'"

子张曰："异乎吾所闻：君子尊贤而容众，嘉善而矜不能。我之大贤与，于人何所不容？我之不贤与，人将拒我，如之何其拒人也？"

451. 谢曰：交际之道，异乎求友，自非犬马与我不同类，无不可者。交际之理，当如子张①之说，"尊贤而容众，嘉善而矜不能"②可也。盖于人何所不容，非大贤不能，③如天之无不覆也，其间动植之不美者固多矣，而于和气何病④？

【注释】

①子张：孔门生徒，孔门十二贤之一。　②"尊贤而容众"句：意为尊敬贤人，也接纳普通的人。鼓励好人，也同情无能的人。矜，怜悯、同情。　③"盖于人何所不容"句：意为对什么人都能容纳，不是大贤不能做到。大贤，非常贤德的人。　④和气：此指天地间阴气与阳气交合之气。万物由此"和气"而生，就是现在常说的天地四季运行大自然。病，伤害。

19.4　子夏曰："虽小道，必有可观者焉，致远恐泥，是以君子不为也。"

452. 谢曰：旁蹊曲径①，皆坦涂之支别，故非不可由②，特不能致远耳。若大路，则岂有碍也。庄、老、释氏之道③，非无可观④，特不可与入尧、舜之道耳。尧、舜之道万世无弊，何泥⑤之有？学者见其可观⑥也，因以为同，亦误矣。

【注释】

①旁蹊曲径：有别于坦途的小路。此指小的技巧、技艺。②由：走、做、践行。《孟子·离娄上》："旷安宅而弗居，舍正路而不由，哀哉！"　③庄、老、释氏之道：庄子、老子、释迦牟尼的学说。　④非无可观：并不是没有学习的必要。　⑤泥：阻滞、妨碍。　⑥可观：此处指小道，若庄、老、释之道。

19.5　子夏曰："日知其所亡，月无忘其所能，可谓好学也已矣。"

453. 谢曰：此其论学，非读书之谓。温故而知新，不息者也，惟不息，故能体常而尽变①。尽变则日用不穷，此其所亡②（wú）也；体常而不离大体，此其所能③也。盖非为人者④能之。

【注释】

①体常而尽变：本体上是恒常不变的而形式是变化无穷的。《荀子·解蔽》："夫道者，体常而尽变，一隅不足以举之。"　②亡：同无。未知的知识。　③能：已经掌握的、已经有的知识。　④为人者：求为仁人者。

19.6　子夏曰："博学而笃志，切问而近思，仁在其中矣。"

454. 谢曰：笃志近思①，皆心不外驰②之谓。则博学亦岂求为多闻多识哉！乃欲成吾③切问④近思之理也，所以仁在其中矣。

【注释】

①笃志近思：把学得的知识记牢固，多考虑当前的问题。笃志，强记。志，同识。　②心不外驰：意为读书做学问要专心一意，不被外物所扰。　③吾：吾儒。　④切问：虚心恳切地向身边的人询问。

19.7　子夏曰:"百工居肆以成其事,君子学以致其道。"

455. 谢曰:学必欲致道①,学不能致道,与工不信度②同,其为逸居③而无所事则一也。盖惟无所事,斯不免于放僻邪侈。

【注释】

①道:求学者穷理修身达到的一种极致的行为准则。　②工不信度:工匠不以尺子为标准。度,尺度。唐马总《意林·正论》:"国不信道,工不信度,亡可待也。"　③逸居:安居、闲适。

19.8　子夏说:"小人之过也必文。"

456. 谢曰:吝于改过①,故必文②。能改,则昔之所过,而今非也,何必文。

【注释】

①吝于改过:不屑于改正错误。　②文:掩饰,用一些不合实际的话文饰。"文过饰非"成语典故出自本则。

19.9　子夏曰:"君子有三变:望之俨然,即之也温,听其言也厉。"

457. 谢曰:此非有意于变,盖并行而不相悖①也。如良玉温润而栗然②。[1]

又曰:圣人以慎言语③为善学,君子之言,听之也厉④。须存这气味在胸中,朝夕玩味,不须轻说与人。不说不是吝⑤，轻说与人，人未必信，况使人生鄙悖⑥之心，却是自家不是。须留在胸中，且看寻常有些自得在胸中，别才说了又别⑦；只看个不言不语底人，做得出恶来也毒。

【校勘】

〔1〕朱熹《集注》中谢氏曰："此非有意于变，盖并行而不相悖也。如良玉温润而栗然。"

【注释】

①相悖：相违背、相反。 ②温润而栗然：美好的玉温暖润泽却又坚实严密。栗然，此意为坚实密致貌。 ③慎言语：谨慎说话、说话严谨。 ④厉：严厉。 ⑤吝：不舍得、吝惜。 ⑥鄙悖：浅陋悖理。 ⑦别才说了又别：第一个"别"字意为不要，方才。第二个"别"字意为不一样、变化。

19.10 子夏曰："君子信而后劳其民；未信，则以为厉己也，信而后谏；未信，则以为谤己也。"

458. 谢曰：使知所以佚①之，则信矣，故虽劳而不怨。未信，则虽盘庚之迁②，以惟喜康共③为事，犹有不从也。信而后谏④，非所以度（duó）⑤君，乃量而后入也。古人所以贵有道而获上⑥。

【注释】

①佚：同役，役使。 ②盘庚之迁：是指盘庚为让人民躲避水灾，从奄（今山东曲阜）迁到殷（今安阳小屯村）之

事。商朝建立时最早的国都在亳（今河南商丘），在以后几百年间因内乱和洪水灾害，自契至汤，十四代有八次迁都；自汤至盘庚，十代有五次迁徙。　③惟喜康共：希望欢喜安乐与你们共享。《尚书·盘庚中》："先王不怀厥攸作，视民利，用迁。汝曷弗念我古后之闻。承汝俾汝，惟喜康共，非汝有咎，比于罚。"　④信而后谏：得到信任后才去进谏。　⑤度：揣测。　⑥有道：好的方法，好的时机。获上：得到上级认可。《孟子·离娄上》："获于上有道：不信于友，弗获于上矣。"

19.11　子夏曰："大德不逾闲，小德出入可也。"

459. 谢曰：与"小德川流，大德敦化"①同。未至于圣，则其所谓川流，必有出入也。然学者贵知大体②，大体正，则小节虽有出入，亦不离乎礼义之内矣。若不知大体，则虽择地而蹈③，时然后言④，亦君子所不取，而况出入乎？

【注释】

①小德川流，大德敦化：意思是小德如江河，川流不息，大德敦厚，化育万物。语出《中庸》"小德川流，大德敦化，此天地之所以为大也"。　②大体：重要的道理、做事的大局。　③择地而蹈：选择地方行走。形容做事小心谨慎。《史记·伯夷列传》："或择地而蹈之，时然后出言，行不由径，非公正不发愤。"　④时然后言：意思是应该说话的时候才说话。表示说话要看时机和场合。劝人不要随便讲话。

19.12　子游曰："子夏之门人小子，当洒扫应对进退，则可矣，抑末也。本之则无，如之何？"

子夏闻之，曰："噫，言游过矣！君子之道，孰先传焉？孰后倦焉？譬诸草木，区以别矣。君子之道，焉可诬也？有始有卒者，其惟圣人乎？"

460. 谢曰：下学①而极其道，则上达②矣。然上达师无与焉。③洒扫、应对、进退，乃动容貌出辞气④之事，必正心诚意⑤而后能，与酬酢（zuò）⑥佑神之事何以异？孰以为可而先传，孰以为不可而后倦，如草木区以别矣，其为曲直一也。所以圣人克勤小物⑦，而必有始卒，盖本末无二道。

又曰：道须是下学而上达始得，不见古人就洒扫应对⑧上做起。

曰：洒扫应对上学，却是太琐屑不展托。

曰：凡事不必须要高达，且从小处看，只如将一金与人，与将天下与人，虽大小不同，其实一也。我若有轻物底心，将天下与人，如一金与人相似。我若有吝底心，将一金与人，如将天下与人相似。又若行千尺台边，心便恐惧，行平地上，却安稳。我若去得恐惧底心，虽履千仞⑨之险，亦只与行平地一般。只如洒扫，不着此心，怎洒扫得？应对不著此心，怎应对得？如曾子欲"动容貌、正颜色、出辞气"，为此。古人须要就洒扫应对上养取诚意出来。

【注释】

①下学：从基础学习、学习人情事理。　②上达：通过

学习，进而认识自然法则，悟出学问之道。　③然上达师无与焉：意为一个人能上达是靠自己的博学与悟性，老师不能教给你达到上达的方法。　④动容貌出辞气：动容貌，容貌举止依礼而动。出辞气，出言、说话。指注意说话的言辞和口气。　⑤正心诚意：心地端正诚恳。《大学》："欲正其心者先诚其意。"　⑥酬酢：向客人敬酒为酬，向主人敬酒为酢。泛指交际应酬。酬酢佑神，与神灵交往，与神灵打交道。指祭祀活动。《周易·系辞上》："是故可与酬酢，可与佑神矣。"酬酢：犹应对。　⑦克勤小物：意为成就大事的人，多是勤勤恳恳做小事得来的。既能勤劳又能节俭。克，能够。⑧洒扫应对：洒水扫地，酬答宾客。宋朱熹《大学章句序》："人生八岁，则自王公以下，至于庶人之子弟，皆入小学，而教之以洒扫、应对、进退之节，礼乐、射御、书数之文。"⑨千仞：形容极高或极深。古以八尺为一仞。

19.13　子夏曰："仕而优则学，学而优则仕。"

461. 谢曰："何必读书，然后为学"①，学与仕一也。学优则仕亦优，仕优则学亦优。

【注释】

①何必读书，然后为学：意为（子路的观点）为什么一定要读书才叫作学问呢？语出《先进》篇。这一句是谢良佐对子路观点的不认同。

19.14 子游曰:"丧致乎哀而止。"

462. 谢曰:丧礼与其哀不足而礼有余也,不若礼不足而哀有余也,故不致饰于文①,尽哀而已。

【注释】

①饰于文:掩饰装扮。此处作不要过分追求哀礼之形式。

19.15 子游曰:"吾友张也为难能也,然而未仁。"

19.16 曾子曰:"堂堂乎张也,难与并为仁矣。"

463. 谢曰:曾子之论异于子游①,为难与并为仁②而言也。堂堂③不害为仁,谓盛其容貌④以自满,则人孰告善⑤矣。

【注释】

①曾子、子游:均为孔子生徒。 ②难与并为仁:很难与他(子张)共同入仁德的境界。 ③堂堂:此处形容人的仪表大方、有气魄。 ④盛其容貌:依凭自己的容貌。 ⑤人孰告善:谁还会说你的好处。告善,称善、称道。

19.17 曾子曰:"吾闻诸夫子,人未有自致者也,必也亲丧乎。"

464. 谢曰:自致①,必诚必信之谓。如此而不用诚,于何用其诚?

【注释】

①自致:自动地充分发挥感情。致,极、尽。这里指充分表露和发泄内心全部的真实感情。

19.18 曾子曰:"吾闻诸夫子,孟庄子之孝也,其他可能也;其不改父之臣与父之政,是难能也。"

465. 谢曰:其不改父之臣与父之政①,不遑②改也。

【注释】

①不改父之臣与父之政:意为不改用父亲信任的僚臣及政治措施。可与《学而》篇联系起来解读。 ②遑:空闲、闲暇。汉扬雄《羽猎赋》:"立君之节,崇圣贤之业,未遑苑囿之丽、游猎之靡也。"另说遑同"惶",怕、担忧。

19.19 孟氏使阳肤为士师,问于曾子。曾子曰:"上失其道,民散久矣。如得其情,则哀矜而勿喜。"

466. 谢曰:《礼》曰:民之散①也,以使之无道,教之无素②。故其犯法也,非迫于不得已,即陷于不知也。故得其情③,则哀矜④而勿喜。[1]

【校勘】

〔1〕朱熹《集注》中谢氏曰:"民之散也,以使之无道,教之无素。故其犯法也,非迫于不得已,则陷于不知也。故得其情,则哀矜而勿喜。"

【注释】

①散:离心离德。《商君书》:"凡治国者,患民散而不可抟也,是以圣人作壹,抟之也。"壹,此处作统一、专一讲,将心思集中于一处。 ②素:素养,平时的修养。 ③故得其

19.20　子贡曰："纣之不善，不如是之甚也。是以君子恶居下流，天下之恶皆归焉。"

467.　谢曰：**不善皆归焉，居下流故也。**①**是以君子贵强为善**②。若能修身见乎世，则人虽欲以不善加之，亦不可得。

【注释】

①"不善皆归焉"句：意为人一旦居于下流，天下的一切坏事（坏名）都会归到他的头上来。因此，君子非常憎恶居于下流。归，归于、集中、聚集。下流，地位低下、处于下风。　②强为善：努力推行善政，多做善事。语出《孟子·梁惠王下》"若夫成功，则天也。君如彼何哉？强为善而已矣"。

19.21　子贡曰："君子之过也，如日月之食焉。过也，人皆见之；更也，人皆仰之。"

468.　谢曰：**日月阴阳之精，不以食**①**故损其明。人之过至于改，则亦何伤于全德。故德性天也，过不足以牿（gù）亡**②**之。**

【注释】

①食：同蚀。　②牿亡：受过制而消亡。语出《孟子·告子上》。

19.22 卫公孙朝问于子贡曰:"仲尼焉学?"子贡曰:"文、武之道,未坠于地,在人。贤者识其大者,不贤者识其小者,莫不有文、武之道焉。夫子焉不学?而亦何常师之有?"

19.23 叔孙武叔语大夫于朝曰:"子贡贤于仲尼。"

子服景伯以告子贡。

子贡曰:"譬之宫墙,赐之墙也及肩,窥见室家之好。夫子之墙数仞,不得其门而入,不见宗庙之类,百官之富。得其门者或寡矣。夫子之云,不亦宜乎!"

19.24 叔孙武叔毁仲尼。子贡曰:"无以为也!仲尼不可毁也。他人之贤者,丘陵也,犹可逾也;仲尼,日月也,无得而逾焉。人虽欲自绝,其何伤于日月乎?多见其不知量也。"

469. 谢曰:公孙朝①问夫子何学?子贡对以博学无常师②也。叔孙则直毁③之矣,盖自小视大④故也。虽门户亦且不见,岂知室家之好,安得而不毁也?惟其毁之,乃所以见夫子之圣。高而可逾⑤,何止丘陵,泰山亦然,惟日月之光,塞宇宙而无穷也,然后无得而逾焉。人欲自绝⑥而可,疑在日月庸何伤⑦?益见其不知量⑧也。

【注释】

①公孙朝:卫国大夫。 ②无常师:没有固定的老师。 ③毁:诋毁、诽谤。 ④小视大:用观察小事物的方法观察宏大的事物。 ⑤逾:超越、跨越。 ⑥自绝:指自绝于太阳和

月亮。　⑦庸何伤：有什么妨碍。　⑧不知量：不自量力。

19.25　陈子禽谓子贡曰："子为恭也，仲尼岂贤于子乎？"

子贡曰："君子一言以为知，一言以为不知，言不可不慎也。夫子之不可及也，犹天之不可阶而升也。夫子之得邦家者，所谓立之斯立，道之斯行，绥之斯来，动之斯和。其生也荣，其死也哀，如之何其可及也？"

470. 谢曰：观子贡称圣人语①，乃知晚年进德②，盖极于高远也。亿则屡中（zhòng）③，"不受命而货殖"④焉，其向之⑤所为乎？夫子之得邦家者⑥，其鼓舞群动⑦，捷于桴（fú）鼓⑧影响，人虽见其变化，而莫窥其所以变化也。盖不离于圣，而有不可知者存焉，此殆难以思勉及⑨也。[1]

又曰，"夫子之得邦家者，所谓立之斯立，道之斯行，绥之斯来，动之斯和⑩"，此变化风俗之事，惟圣人能之。为他与天合一，变化在手，便做得恁（nèn）地⑪事。或问：孟子云："如欲平治天下⑫，当今之世，舍我其谁？"使孟子得志，如何？曰：是他须从法度上做起，变化风俗底事，恐也未能了得⑬在。如"二南"《麟趾》《驺（zōu）虞》⑭之应⑮，须是他文王始得。

【校勘】

〔1〕朱熹《集注》中谢氏曰："观子贡称圣人语，乃知晚年进德，盖极于高远也。夫子之得邦家者，其鼓舞群动，捷于桴鼓影

响，人虽见其变化，而莫窥其所以变化也。盖不离于圣，而有不可知者存焉，此殆难以思勉及也。"

【注释】

①观子贡称圣人语：此句出自《子张》篇第二十五章。 ②进德：增进道德。《周易·乾卦》："忠信，所以进德也。" ③亿则屡中：料事总是能与实际相符。亿同臆。中，正中。《先进》篇："赐不受命，而货殖焉，亿则屡中。" ④货殖：经营商业、做生意。 ⑤向之：以前、过去的。 ⑥夫子之得邦家者：意思是孔夫子如果得国而为诸侯，或得到采邑而为大夫。邦，国。家，得到采邑而为大夫。此句是个假设。 ⑦群动：泛指众人。宋叶适《法度总论·三·铨选》："陛下有是名器，为鼓舞群动之具。" ⑧桴鼓：指鼓槌与鼓，用鼓槌打鼓。比喻响应迅速。 ⑨思勉及：想努力追赶上。勉，努力。及，赶得上、比得上。 ⑩"立之斯立"句：意为让百姓有所立，百姓就有所立；引导百姓干什么，百姓就会干什么；安抚百姓，百姓就会来投靠；动员百姓，百姓就会立即响应。道，同导。绥，安抚。 ⑪恁地：如此、这样。 ⑫平治天下：意思是治理国家，使天下太平。此句出自《孟子·公孙丑下》。 ⑬了得：了却、办得了。 ⑭"二南"《麟趾》《驺虞》："二南"，《诗经》中的《周南》《召南》。麟趾，麟足。《周南·麟之趾》中有"麟之趾，振振公子"句。《召南》中还有《驺虞》篇。驺虞，一说猎人，一说义兽，一说管理鸟兽的官。 ⑮应：回响、反映、效应。

尧曰篇第二十

引　语

本篇共三章，《尧曰》篇是《论语》的最后一篇。这一篇中，主要谈论到尧禅让帝位给舜，舜禅让帝位给禹，即所谓三代的善政，阐述了孔子关于治理国家事务的理想化要求。

谢良佐为本篇讲述三章。

本篇的核心内容是论及中国政治的源头。谢良佐认为从上三代的"公天下"到商汤的"仁德治国"，再到周朝的"兴灭国，继绝世"，这些理念无不影响着中国千百年来的政治文化。归结到一个点——人民才是主体。如何治理教化人民才是执政者的最大智慧。谢良佐从子张问政、孔子论仁对上三代和商周的政治理念做了进一步具体的阐发。最后又回归到个人修养、进德修业、知命、知礼、知言方面来。呼应开篇的"学而时习之"，为《论语》形成一个完整的闭环。

20.1　尧曰："咨！尔舜！天之历数在尔躬，允执其中。四海困穷，天禄永终。"

舜亦以命禹。

曰："予小子履，敢用玄牡，敢昭告于皇皇后帝：有罪不敢赦。帝臣不蔽，简在帝心。朕躬有罪，无以万方；万方有罪，罪在朕躬。"

周有大赉，善人是富。"虽有周亲，不如仁人。百姓有过，在予一人。"

谨权量，审法度，修废官，四方之政行焉。兴灭国，继绝世，举逸民，天下之民归心焉。

所重：民、食、丧、祭。

宽则得众，信则民任焉。敏则有功，公则说。

471. 谢曰：帝王之功，圣人之余事。有内圣之德，必有外王之业，其所以存心，一言以蔽之曰：公而已。尧、舜、禹、汤或传或继，其考之天则历数有归①，稽之人则"惟德是辅"②，何尝必天下戴己③与？故夫子历叙圣人之语以见其用心，然则学者苟能操行一不义、杀一不辜④而得天下所以不为之心，则帝王之道岂远乎哉？其视曹孟德、司马仲达⑤之辈，真如穿窬（yù）⑥矣，况于锱铢⑦不义之富贵与？

谢曰：法度皆生于权量⑧，礼乐政事所出，故不可不谨。徒善不足以为政，故法度当审⑨。无人不足与有行⑩也，故废官当修⑪。兴灭国⑫，继绝世⑬，举逸民⑭，皆人心之所欲。灭国绝世,虽其自取也,然其先⑮固尝有德于民矣,不可使之不血食⑯也。爵禄天下之所公⑰,其贤者不宜使之在野,故逸民不可不举。食以阜其生,丧祭以厚其往,为天下之急务也。"宽则得众,信则民任焉,敏则有功,公则说。"⑱皆所以结民心而维持之。盖其道当如此,非违道以干天下之说⑲而归己也。

【注释】

①历数有归:历数,法。观测天象推算年时节候的方法。归,归宿,上天安排的归宿。 ②惟德是辅:只帮助品德高尚的人。出自《尚书·蔡仲之命》。 ③天下戴己:天下百姓拥戴自己。《列子·黄帝》:"黄帝即位十有五年,喜天下戴己。" ④行一不义、杀一不辜:干一件不义的事情,杀一个无辜的人。《孟子·公孙丑上》:"行一不义,杀一不辜,而得天下,皆不为也。"这句话是赞扬伯夷、伊尹、孔子的。 ⑤曹孟德、司马仲达:曹操和司马懿。 ⑥穿窬:挖墙洞和爬墙头。指偷窃行为或指小偷。 ⑦锱铢:比喻极其微小的数量。旧制锱为一两的四分之一,铢为一两的二十四分之一。 ⑧法度皆生于权量:法度,量长度的标准。权,秤锤,指量轻重的标准。量,斗斛,量容积的标准。 ⑨审:审核、审定。 ⑩无人不足与有行:做官人不知道怎样做事。不足,不能够、不完全。与,跟随。行,行走。 ⑪废官当修:废弃的官吏管理制度应当修复完善。 ⑫兴灭国:复兴、恢复被灭亡的国家。 ⑬继绝世:承续已断绝的后代。 ⑭举逸民:提拔任用遁世隐居和

被灭国家中的遗老遗少。 ⑮其先：他们的先辈、先人。 ⑯血食：谓享受祭品。古代杀牲取血以祭，故称。 ⑰爵禄天下之所公：爵禄，官位、俸禄。天下之所公，天下是公众的。今有"天下为公"之说。 ⑱"宽则得众"句：语出《阳货》篇。任，信任。敏则有功，只要勤劳就有收获、有功绩。说，同悦。 ⑲违道以干天下之说：意为违背天道以求百姓的欢心。《尚书·大禹谟》："罔违道以干百姓之誉，罔咈百姓以从己之欲。"

20.2 子张问孔子曰："何如斯可以从政矣？"子曰："尊五美，屏四恶，斯可以从政矣。"

子张曰："何谓五美？"

子曰："君子惠而不费，劳而不怨，欲而不贪，泰而不骄，威而不猛。"

子张曰："何谓惠而不费？"

子曰："因民之所利而利之，斯不亦惠而不费乎？择可劳而劳之，又谁怨？欲仁而得仁，又焉贪？君子无众寡，无小大，无敢慢，斯不亦泰而不骄乎？君子正其衣冠，尊其瞻视，俨然人望而畏之，斯不亦威而不猛乎？"

子张曰："何谓四恶？"

子曰："不教而杀谓之虐；不戒视成谓之暴；慢令致期谓之贼；犹之与人也，出纳之吝谓之有司。"

472. 谢曰：为人上者，有土地，有人民，有财赋，有赏罚，皆所谓有崇高之利势也。可以惠人，可以劳①人，可以从（còng）欲，可以骄泰②，可以责成，可以取予，虽以无道行之，犹可以虐蒸民暴天物③，然为政之道不如是。故为政之方必以尊五美屏四恶④为至，要之不累（léi）于一己⑤而存物之所为乎？惠而不免于费⑥者，其府库之财乎！以府库之财与人，焉得人人而给之？至于因民之所利而利之⑦，因四时之和，因原隰（xì）⑧之利，因五方⑨之财，以阜物⑩，以厚生⑪，使民不饥不寒者，何费之有？劳而不免于怨者，其劳人自安乎！择可劳而劳之者，以佚道⑫使之故也。惟喜康共⑬，不常厥邑⑭可也，其究安宅，百堵皆作⑮可也，如此，何怨之有？欲不免于贪，非杀人以求土地，则敛以殖货财也。若夫非仁无欲⑯也，则害人而可养人⑰者犹且不为，况咈（fú）⑱百姓以从己之欲乎？不侮鳏寡，故得百姓之欢心，文王所以造周也。在人上，故谓可以骄人，其可以得人乎？然为政之道，不尊则民不信，不信则民弗从，必欲使人仰之如日月，尊之如神明，故虽不骄也，而有泰存焉。克宽克仁，彰信兆民，成汤所以宅商⑲也。在人上，故谓可以威人，其可以得人乎？然为政之道，必使进退可度，容止可观，望之似人君，有以则象⑳，畏爱可也，故虽不猛也，而有威存焉。教之不改，则过在下，不教而诛，则过在上，是罔民㉑也，与匿为物而愚不识㉒者同，故谓之虐。古之人以五戒㉓然后刑罚，所以警昏愚惩怠慢也，于此可以责成㉔矣。未尝戒，则彼且乌知㉕先后缓急之所向，遽㉖以视成，岂不暴乎？令严者欲其不犯，故聚众而誓之，垂象㉗以晓之，读法以喻之。令下慢，而欲上之严，其可得乎？是以谓之贼㉘，贼仁㉙故也。为上之道，取予可以自专，可以无予则不疑，可以予则不吝，犹之与人，疑也。出纳之吝，吝也。此之谓谨出纳则可，为政则不可，故谓之有司㉚。

【注释】

①劳：役使人。 ②骄泰：骄傲安逸。 ③虐蒸民暴天物：意为虐待百姓，残害灭绝天生万物。蒸民，众百姓。蒸，通烝，众多也。暴，残暴、残害。今有"暴殄天物"，意为任意糟蹋东西，不知爱惜。《尚书·武成》："今商王受无道，暴殄天物，害虐烝民。" ④五美、四恶：见《子张》篇20.2文"子曰"。 ⑤不累于一己：意为与自身无拖累。累，连及。 ⑥费：损耗、浪费。 ⑦因民之所利而利之：意为就从人民能得到利益之处而使他们得利。 ⑧原隰：宽广平坦和低洼潮湿的地方。此处作因地制宜讲。 ⑨五方：泛指全国各地，同"九州"。 ⑩阜物：使物产丰富。 ⑪厚生：使人民的生活富足、充裕。 ⑫佚道：使百姓安逸的正确方法。

⑬惟喜康共：都被认为是出自休戚与共的喜怒。语出《尚书·盘庚中》。见458则注③。 ⑭不常厥邑：语出《尚书·盘庚上》。即不定居、流动的，不是永久以一个地方为都邑。厥，居也。 ⑮百堵皆作：许多房屋同时建造。《诗经·小雅·鸿雁》："之子于垣，百堵皆作。虽则劬劳，其究安宅？"

⑯非仁无欲：不贪求不仁的东西。 ⑰养人：使人得到补

益。宋司马光《评秦坑赵军》："夫兵之设，非以害人，所以养人也。" ⑱咈：违背。 ⑲宅商：使商朝兴亡。宅，朝兴亡。宅存也。 ⑳则象：效法。 ㉑罔民：欺骗陷害百姓。《孟子·梁惠王上》："及陷于罪，然后从而刑之，是罔民也。"罔同网。 ㉒匿为物而愚不识：隐藏事物的真相而愚弄不懂的人。《庄子·杂篇·则阳》："今则不然，匿为物而愚不识，大为难而罪不敢，重为任而罚不胜，远其涂而诛不至。" ㉓五戒：一不杀生，二不偷盗，三不邪淫，四不妄语，五不饮酒。 ㉔责成：指定某人或某机构办成某件事。 ㉕乌知：不知道。 ㉖遽：赶快、急忙。 ㉗垂象：显示征兆。《周易·系辞上》："天垂象，见吉凶，圣人象之。" ㉘贼：危害、伤害。 ㉙贼仁：伤害仁德。 ㉚有司：主管某部门的官吏。

20.3 孔子曰："不知命，无以为君子也；不知礼，无以立也；不知言，无以知人也。"

473. 谢曰：知①命、知礼、知言，此进德修业②之大要，阙③一不可也。知命非君子之成名，与五十而知天命，立言则同，其要④则异，犹言学君子者不可以不知命也。富贵可淫，不知命故也，使知富贵在天，则安得而淫之？威武可屈，不知命也，使知死生有命，则安得而屈之？其为君子岂不绰绰然有余裕⑤哉！礼者，理也，知之则为知⑥，知崇⑦，天也；履⑧之则为礼，礼卑⑨，地也。一退一进，一俯一仰，耳目所加⑩，手足所措，盖有妙理存焉。理可行也，谁得而止之？理可止也，谁得而行之？此之谓立⑪。苟不知理之所在，则谓地盖厚，将何所措⑫而可？圣人患不知人。或谓学当自知⑬而已，何汲汲（jí jí）⑭于知人也？是不然⑮。仁人固可亲⑯也，彼且不知人，乌知⑰仁人何如也？佞人⑱固可远也，彼且不知人，乌知佞人何如也？君不知人，不可以择臣；臣不知人，不可以择士；士不知人，不可以取友。知人如此其急，然不可以智巧⑲知也，盖人之才识因言以宣⑳，故惟知言者可以知之。古人有行年四十而不见知乃公㉑者，使乃公事上接下㉒与人交尽如知子也，岂不殆㉓哉！此与无目㉔同。如晏婴㉕知矣，不足以知仲尼，盖仲尼之言婴所不知故也。淳于髡得齐王眉睫之间㉖，而不知孟子，盖孟子之言髡所不知故也。至于求知言之道，则不可以规矩准绳㉗论，系其所养㉘如何耳！

又曰：不知礼，无以立，使人皆能有立，天下有治而无乱。

【注释】

①知：知晓、懂得。 ②进德修业：提高道德素养，扩大功业建树。常用于勉励进步。《周易·乾卦》："君子进德修业。" ③阙：同缺。 ④要：要领。 ⑤绰绰然有余裕：形容态度从容、不慌不忙的样子。后也指能力、财力充足有剩余。《孟子·公孙丑下》："我无官守，我无言责也，则吾进退岂不绰绰然有余裕哉？" ⑥知：同智。 ⑦知崇：智慧高远，有最高的目标。 ⑧履：践行。 ⑨礼卑：行动要踏实，

从平凡处起步。语出《周易·系辞上》:"知崇礼卑,崇效天,卑法地。" ⑩所加:所及。听得到、看得见。《礼记·仲尼燕居》:"若无礼,则手足无所措,耳目无所加。" ⑪立:立身处世。 ⑫何所措:手足将放到哪里。意为能做什么?怎么办? ⑬自知:自己了解自己。对自身有正确客观的评价。 ⑭汲汲:形容心情急切、努力追求。 ⑮是不然:这是不对的。 ⑯亲:亲和、亲近。 ⑰乌知:不知道。 ⑱佞人:善于花言巧语、阿谀奉承的人。 ⑲智巧:机谋与巧诈,或智慧与技巧。《韩非子·扬权》:"圣人之道,去智与巧,智巧不去,难以为常。" ⑳因言以宣:是从语言上表达出来的。 ㉑知乃公:认识了自然规律,就能坦然公正。 ㉒事上接下:侍奉上级或接待部下。 ㉓殆:危险。 ㉔无目:瞎眼、不长眼睛、没有眼力。《孟子·告子上》:"不知子都之姣者,无目也。" ㉕晏婴:(?—前500),史称晏子,春秋时期齐国著名政治家、思想家、外交家。 ㉖淳于髡得齐王眉睫之间:是讲齐威王时淳于髡劝谏齐王的故事。眉睫之间,比喻距离很近。淳于髡(前386—前310),战国时期齐国政治家、思想家,齐威王拜其为政卿大夫。 ㉗规矩准绳:标准、法则。 ㉘养:素养,修养。这里所说指经世所积累能力、辨别力。

补编

余说

《朱子语类》中谢氏语录六十一条

引　语

"余说"概辑自《朱子语类》一书。《朱子语类》是朱熹与其弟子问答的语录汇编，基本代表了朱熹的思想。论及《四书》《五经》，其中集中引用了北宋二程及其门人的观点进行参校，中涉谢良佐语，择其要而录之。这部分语录，多在其《论孟精义》中出现过。因别于前说格式，或表述不同且不具独立完整性，故作为"余说"，特录存鉴。

卷三　鬼神

1. 上蔡谓："我之精神，即祖考之精神。"（《语类》172）
2. 上蔡云："可者欲人致生之，故其鬼神；不可者欲人致死之，故其鬼不神。"（《语类》178）

卷十七　大学四或问上◎经一章

3. 上蔡说："敬者，常惺惺法也。"（《语类》572）
4. 元思云："上蔡所谓'人须是识其真心'，方乍见孺子入井之时，其怵惕、恻隐之心，乃真心也。"（《语类》577）

卷十八　大学五或问下◎传五章

5. "穷理只是寻个是处"。上蔡。"天下之物不可胜穷，然皆备于我而非从外得。"（《语类》628）
6. 上蔡说："穷理只寻个是处，以恕为本。"（《语类》629）

卷十九　论语一◎语孟纲领

7. 上蔡云："人不可无根，便是难。"（《语类》655）

卷二十　论语二◎学而篇上

8. 上蔡谓："'坐如尸'，坐时习；'立如齐'，立时习。"（《语类》450）

9. 上蔡说仁,曰:"试察吾事亲、从兄时,此心如之何?"(《语类》477)

10. 上蔡谓:"事亲、从兄时,可以知得仁。"(《语类》478)

11. 谢氏曰:"若不知仁,则只知'克己复礼'而已。岂有知'克己复礼'而不知仁者!"问:谢氏曰:"人心之不伪者,莫如事亲、从兄。"(《或问》110—111)

卷二十二　论语四◎学而篇下

12. 问:"上蔡谓'礼乐之道,异用而同体'。还是同出于情性之正?还是同出于敬?"曰:"礼主敬,敬则和,这便是他同体处。"〔道夫〕(《语类》519)

13. 童问:"上蔡云'礼乐异用而同体',是心为体,敬和为用。"(《语类》519)

14. 伯羽又问:"谢氏说,末云:'欲免此,惟学而已,故人贵乎明善。'此虽无谨始虑终之意,然大段意好否?"(《语类》526)

卷二十三　论语五◎为政篇上

15. 上蔡说:"辰非是北辰,乃天之北极。天如水车,北辰乃轴处。水车动,而轴未尝动。"(《语类》534)

16. 上蔡云:"'知性之所自出,理之所自来',最好。"〔璘〕(《语类》557)

17. 问"五十知天命"。曰:"上蔡云:'**理之所自来,性之所自出**。'"(《或问》138)

卷二十五　论语七◎八佾篇

18. 问:"'祭如在',人子固是尽诚以祭,不知真可使祖宗感格否?"曰:"上蔡言:**自家精神,即祖考精神**。"(《语类》619)

19. 谢氏曰:"**未能颠沛造次由于是,故如礼何!未能不忧,故如乐何!**"(《语类》608)

20. 或问"禘之说"。曰:"谢氏云'**全得自家精神,便是祖考精神**',此说好。苟能全得自家精神,则'郊焉而天神格,庙焉而人鬼享'。"(《语类》619)

卷二十六　论语八◎里仁篇上

21. 上蔡谓:"**智者谓之有所见则可,有所得则未可。**"(《语类》655)

22. 问:"上蔡所谓'于无可、无不可之间,有义存焉',则君子之心果有所倚乎?"(《精义》卷二下,18—19;《朱子全书》第七册,147)

卷二十八　论语十◎公冶长上

23. 上蔡这处最说得好:"**为物掩之谓欲,故常屈于万物之下。**"(《精义》卷三上,18;《朱子全书》第七册,177)

卷三十　论语十二

24. 谢氏曰："'仁而不佞',其才宜如此。"(《语类》1084)

25. 谢氏曰："不患有过,盖不害其为改。"(《精义》卷三下,8;《朱子全书》第七册,204)

卷三十一　论语十三

26. 谢氏曰："回之为人,语其所知,虽出于学,然邻于生知矣。语其成功,虽未至于从容,亦不可谓勉强矣。"(《精义》卷三下,16;《朱子全书》第七册,210)

27. 谢氏曰："回也心不与物交,故无所欲。"(《精义》卷三下,24;《朱子全书》第七册,215)

卷三十二　论语十四◎雍也篇三

28. 贺孙问："上蔡所说'先难,谓如射之有志,若跂之视地,若临深,若履薄',皆其心不易之谓。"(《语类》825)

29. 谢氏曰："欲为而不能为,是之谓力不足;能为而不欲为,是之谓画。以画为力不足,其亦未知用力与!使其知所以用力,岂有力不足者。其亦未知说夫子之道与!使其知说夫子之道,岂肯画也。"(《语类》804)

30. 谢氏说："子夏文学虽有余,意其远者大者或昧焉。"子张篇中载子夏言语如此,岂得为"远者大者或昧"。(《语

类》805）

31. 谢氏曰："'乐则无欣厌取舍。'谓之无厌无舍则可，若谓之无所欣，无所取，则何以谓之乐？"（《语类》1150）

32. 谢氏亦曰："特语其操术浅深，非不移之品。"此二说，又以其上、中、下为系于学术。（《语类》816）

33. 谢氏曰："敬鬼神而远之，知鬼神之情状也。"（《语类》821）

34. 仁之用，岂宜以静名之！谢氏曰："自非圣人，仁知必有所偏，故其趋向各异，则其成功亦不同也。"谢氏又曰："以其成物，是以动；以其成己，是以静。"（《精义》卷三下，40；《朱子全书》第七册，227—228）

卷三十三　论语十五

35. 谢氏曰："不由博而径欲趋约者，恐不免于邪遁也。"（《精义》卷三下，48；《朱子全书》第七册，233）

36. 谢氏曰："中不可过，是以谓之至德。"（《精义》卷三下，51；《朱子全书》第七册，236）

37. 举仁而言之，则"能近取譬"是也。谢氏曰："博施济众"，亦仁之功用。然仁之名，不于此得也。（《精义》卷三下，58—59；《朱子全书》第七册，241）

卷三十四　论语十六◎述而篇

38. 谢氏云："圣人不敢必其不我害也。使其能为我害，亦天也。是如何？"这说是圣人必其不能害己，如："匡人其如予何！"皆是断然害圣人不得。圣人说出，自恁地直截。（《语类》892—893）

卷三十五　论语十七◎泰伯篇

39. 谢氏谓"乐则存养其善心，使义精仁熟，自和顺于道德，遗其音而专论其意"。（《语类》936）

卷四十一　论语二十三◎颜渊篇上

40. （谢氏说：）"'克己，须从性偏难克处克将去。'此性是气质之性否？"曰："然。然亦无难易。凡气质之偏处，皆须从头克去。谢氏恐人只克得里面小小不好底气质，而忘其难者，故云然。"〔僴〕（《语类》1059）

41. 谢氏前篇谓"曾点胸中无一事，此章乃云：'仁者心与事一，无一忘一助之失。'"（《语类》1476）

卷四十五　论语二十七◎卫灵公篇

42. 谢氏解云："圣人岂务博者哉！如天之于众形，匪物刻而雕之也。"故曰："予一以贯之。"（《语类》1150）

卷四十六　论语二十八◎季氏篇

43. 问："'君子有三戒'章，谢曰：'箪食豆羹，呼尔而与之，有所不就；蹴尔而与之，有所不屑。此非义心胜，血气壮故也。'恐是义心之胜，非血气之壮。谢又曰：'万钟与不得则死，远矣。有不辨礼义而受之者，血气衰故也。'恐是不辨礼义则受，奚必血气之衰？"曰："谢说只是伤急，阙三数字。当云：'此非特义心自胜，亦血气之壮故也。'盖血气助得义心起来。人之血气衰时，则义心亦从而衰。夫子三戒，正为血气而言。"又问："谢氏以血气为气质。"曰："气，只是一个气。便浩然之气，也只是这个气，但只是以道义充养起来。及养得浩然，却又能配助义与道也。"（《语类》1172—1173）

卷五十二　孟子二◎公孙丑上之上

44. 上蔡云："浩然，是无亏欠处。"因举屏山喜孙宝一段。〔可学〕（《语类》1716）

45. 问："上蔡尝曰：'浩然之气，须于心得其正时识取。'又曰：'浩然，是无亏欠时。'窃谓夜气清明，以至平旦，此气无亏欠而得其正，即加'勿忘、勿助长'之功以存养之，如何？"（《语类》1716）

46. 神，即神妙不测。故上蔡云："'所过者化'，故'所存者神'；'所存者神'，故'所过者化'。"（《语类》1956）

47. 上蔡曰："学诗，须先识得六义体面，而讽咏以得之。"此是读诗之要法。（《语类》卷八十，诗）

48. 问："上蔡云：'阴阳交而有神，形气离而有鬼。知此者为智，事此者为仁。'上两句只是说伸而为神，归而为鬼

底意思?"(《语类》卷一百一,程子门人〈4〉)

49. 上蔡言:"鬼神,我要有便有,以天地祖考之类。要无便无。"以"非其鬼而祭之"者,你气一正而行,则彼气皆散矣。〔扬〕(同上)

50. 上蔡曾有手简云:"大事未办。"李先生(李朴)谓:"不必如此,死而后已,何时是办!"(同上)

51. 上蔡曰:"人不可无根",便是难。所谓根者,只管看,便是根,不是外面别讨个根来。(同上)

52. 上蔡说"先有知识,以敬涵养",似先立一物了。〔方〕(同上)

53. 上蔡云:"诚是实理",不是专说是理。后人便只于理上说,不于心上说,未是。(同上)

54. 上蔡言"无穷者,要当会之以神",是说得过当。只是于训诂处寻绎践履去,自然"下学上达"。〔贺孙〕(《语类》卷一百一,程子门人)

55. "上蔡云'见于作用者,心也',谓知而动者便是。"先生云:"本体是性,动者情,兼体动静者心。性静,情动。心。"(同上)

56. 上蔡亦云:"诗,须是讴吟讽诵以得之。"某(朱熹)旧时读诗,也只先去看许多注解,少间却被惑乱。(《语类》卷一百四 朱子一)

57. 谢又云:"'可者使人格之,不使人致死之。'可者,是可以祭祀底否?"(《语类》卷一百一 程子门人)

58. 谢氏曰："'视听言动不可易，易则多非礼。'须时时自省觉，自收敛，稍缓纵则失之矣。"(《语类》卷一百一十三　朱子十)

59. 某（朱熹）观诸儒之说。唯上蔡云"诗在识六义体面，却讽味以得之"，深得诗之纲领，他人所不及。(《语类》卷一百一十七　朱子十四)

60. 上蔡解"为人谋而不忠云：'为人谋而忠，非特临事而谋；至于平居静虑，思所以处人者一有不尽，则非忠矣。'此虽于本文说得来大过，然却如此。"(《语类》卷一百二十一　朱子十八)

61. 谢上蔡曰："诸子百家，人人自生出一般见解，欺诳众生。"(《语类》卷一百二十四　陆氏)

附　编

一、孟子解

附　编

公孙丑问曰夫子加齐之卿相章

引　语

本章出自《孟子·公孙丑上》。内容记述的是孟子的学生公孙丑向孟子询问孟子擅长什么，孟子以"我善养吾浩然之气"作答。孟子认为浩然之气最宏大最刚强，需要用正义去培养它，而不可用邪恶去伤害它。浩然之气可以充满天地之间，无所不在。浩然之气是由正义在内心长期积累而形成的，不是通过偶然的正义行为得到的，不能揠苗助长。浩然之气是孟子的发明，也是他思想中最为光彩夺目的部分。

谢良佐本则论述反映的主要思想为，"浩然之气"很复杂，用言语难以说清楚。浩然之气根源于内心的善。"须于心得其正时识取""浩然是无亏欠时""正当勿忘勿助长之间须仔细体认取"。这就是人天生有善端，但未必能养成浩然之气。这种气是经过后天持之以恒的培养，在义与道的加持下，自家体贴出来。这种凛然于世间、至大至刚的天地正气，说到底是一种崇高的道德精神力量。所以谢良佐说"君子语大，天下莫能载；语小，天下莫能破"。

结合孟子的观点，谢良佐悟出了提炼出浩然之气的规则：第一，"以直养无害""配义与道"。只能遵循正义和大道，才能使之生长壮大起来。第二，"浩然之气"是在长期坚持做到正义之事的过程中积累起来，因为它是"集义所生，非义袭而取之"。养浩然之气不能心存恶念，只有人性至善之人，通过长期实践才能慢慢仔细体认出来。第三，不能急于求成、揠苗助长。浩然之气的养成需要一个过程，不能带有任何功利目的，不能违背道德养成的规律。这样才能养成塞乎天地的浩然之气。

【增录】

1. "敢问夫子恶乎长?"曰:"我知言,我善养吾浩然之气。"

"敢问何谓浩然之气?"曰:"难言也。其为气也,至大至刚,以直养而无害,则塞于天地之间。其为气也,配义与道;无是,馁也。是集义所生者,非义袭而取之也。行有不慊于心,则馁矣。我故曰,告子未尝知义,以其外之也。必有事焉而勿正,心勿忘,勿助长也。无若宋人然:宋人有闵其苗之不长而揠之者,芒芒然归,谓其人曰:'今日病矣!予助苗长矣!'其子趋而往视之,苗则槁矣。天下之不助苗长者寡矣。以为无益而舍之者,不耘苗者也;助之长者,揠苗者也。非徒无益,而又害之。"

(《孟子·公孙丑上》)

1. 谢曰:知言是智,养气是仁。浩然之气①须于心得其正②时识取。

又曰:"敢问何谓浩然之气?"孟子曰:"难言也。"明道先生曰:"只他道个难言也,便知他肚里有尔许③大事。若是不理会得底④,便撑拄⑤胡说将去,气虽难言,却须教他识个体段⑥始得。"故曰:"其气为也⑦,至大至刚⑧,以直养⑨而无害,则塞乎天地之间,配义与道⑩者,将道义明出此事。"

或问:"必有事焉⑪,是持敬⑫否?正是矜持⑬过当否?"曰:近之。

又曰:横渠⑭尝言:"吾十五年学个恭而安⑮不成。"明道先生曰:"可知是学不成[1]有多少病在。"大凡恭敬必勉强不安,安肆⑯必放纵不恭,恭如勿忘,安如勿助长。正当勿忘,勿助长之间须仔细体认⑰取。

又曰：吾尝习忘以养生⑱。明道曰："施之养生则可，于道则有害。"习忘可以养生者，以其不留情⑲也，学道则异于是。夫"必有事焉而勿正"何谓乎？且出入起居宁无事者？正心⑳以待之，则先事而迎㉑，忘则涉㉒乎去念，助则近于留情。故圣人之心如鉴，孟子所以异于释氏，此也。

又曰：勿忘又勿助长，正当恁地时，自家看取，天地见矣。所谓天者，理而已，只如视听动作，一切是天。天命有德，便五服五章㉓；天讨有罪，便五刑五用㉔。浑不是杜撰做作来。学者直须识天理为是，自然底道理，移易不得。不然，诸子百家便人人自生出一般见解，欺诳众生。识得天理，然后能为天之所为。圣门学者为天之所为，故敢以天自处。佛氏却不敢恁地做大㉕。明道尝曰："吾学虽有所受，'天理'二字却是自家体贴㉖出来。"

又曰：鸢飞戾天，鱼跃于渊，无些㉗私意。上下察㉘，以明道体㉙无所不在，非指鸢、鱼而言也。若指鸢、鱼为言，则上面更有天在，下面更有地在。知勿忘勿助长则知此，知此则知夫子与点㉚之意。

又曰：《诗》云："鸢飞戾天，鱼跃于渊"，犹韩愈㉛谓"鱼川泳而鸟云飞"㉜，上下自然，各得其所也。诗人之意，言如此气象，周王作人似之㉝，子思㉞之意言"上下察"也，犹孟子所谓"必有事焉而勿正"。察见天理，不用私意也。故结上文云："君子语大，天下莫能载；语小，天下莫能破。"㉟

【校勘】

〔1〕不成：据明抄本补。

【注释】

①浩然之气：指浩大刚正的精神。浩，盛大、刚直。浩然，盛大而流动的样子。气，指精神。　②心得其正：人的心已达到正直纯净。明王阳明《传习录》："人心之得其正者即道心；道心之失其正者即人心。"　③尔许：如许、许多。　④底：根基、彻底、透彻。　⑤撑拄：硬着口气。　⑥体段：事物的形象。　⑦其气为也：它作为一种气。　⑧至大至刚：最伟大、最刚劲。　⑨直养：用正直道义去培养。　⑩配义与道：正义和道理紧密配合。　⑪必有事焉：意为做什么事情不一定先有一个好的预期，给事情定一个好的结果。　⑫持敬：持守恭敬之心。　⑬矜持：拘束、拘谨。　⑭横渠：北宋理学家张载，字子厚，祖籍开封，因在陕西凤翔眉县横渠镇寓居讲学，世称"横渠先生"。　⑮恭而安：恭谦礼让而又严肃，自然安详。语出《述而》篇"子温而厉，威而不猛，恭而安"。　⑯安肆：安乐、放纵。　⑰体认：即体察、体会、认识。　⑱习忘以养生：指清心寡欲，摄养身心，以期延年。　⑲留情：这里指过分留意某事。　⑳正心：对事情发展好的预测。　㉑先事而迎：做事前先推测事情的结局。迎，预测、推算。　㉒涉：涉及、牵连。　㉓五服五章：指服装上五种不同文彩。用于区别尊卑。古代注重礼仪，出现在不同的场所，所穿戴的衣服各有变化。《尚书·皋陶谟》："天命有德，五服五章哉。"

章，花纹。 ㉔五刑五用：古代官府对罪犯所使用的五种主要刑罚的统称。五刑指墨、劓、剕、宫、大辟。用，施用、施行。 ㉕做大：摆架子，亦为作大。 ㉖体贴：体会思考。 ㉗无些：没有一点。 ㉘上下察：圣人之德上至于天，下至于地，上下明察。意为世上万物各有各的生长活动方式，各得其所。语出《中庸》"'鸢飞戾天，鱼跃于渊'，言其上下察也"。 ㉙道体：道的主体、主旨。汉严遵《道德指归论》："夫道体虚无，而万物有形。" ㉚与点：曾皙，又名点，曾参之父。孔子的学生。与，赞同。 ㉛韩愈：唐代文学家、政治家。 ㉜鱼川泳而鸟云飞：此句出自韩愈《韩昌黎文集》卷二《徐泗豪三州节度书记厅石记》。 ㉝周王作人似之：意为周文王、周武王任人用事一样（没什么不同）。 ㉞子思：孔子嫡孙。作《中庸》。 ㉟"君子语大"句：意为君子所持的道，从大处讲天地宇宙都无法承载，从小处讲，小到了不可以再分解的程度。此句出自《中庸》第十二章。

孟子曰人皆有不忍人之心章

引　语

孟子提出了"性善论"，围绕这一中心，他有过许多阐发，"人心为善"的观点就是其中之一。本章就从"人心为善"的角度论说了人应有的"四心"（即恻隐之心、羞恶之心、辞让之心、是非之心），并把"四心"与"四端"（即仁、义、礼、智）四个方面的发端一一对应。

谢良佐在阐发本章意蕴时，开宗明义说，"人须是识其真心"，见孺子入井，人生恻隐之心，是真心也。"非思而得，非勉而中"，是自然而然的心理，说明人"性本善"。如果为"内交于孺子父母兄弟，要誉于乡党朋友"或"恶其声而然"，这就不是真心，而是有功利目的的人性之欲心，是违背天理的。谢良佐认为"格物穷理，须是识得天理始得"。"天理与人欲相对，有一分人欲，即灭一分天理；存一分天理，即胜得一分人欲。人欲放肆天理灭矣。"谢良佐的这种观点，对我们今天践行社会主义核心价值观仍有启发意义。

【增录】

2. 孟子曰："人皆有不忍人之心。先王有不忍人之心，斯有不忍人之政矣。以不忍人之心，行不忍人之政，治天下可运之掌上。所以谓人皆有不忍人之心者，今人乍见孺子将入于井，皆有怵惕恻隐之心。非所以内交于孺子之父母也，非所以要誉于乡党朋友也，非恶其声而然也。由是观之，无恻隐之心，非人也；无羞恶之心，非人也；无辞让之心，非人也；无是非之心，非人也。恻隐之心，仁之端也；羞恶之心，义之端也；辞让之心，礼之端也；是非之心，智之端也。人之有是四端也，犹其有四体也。有是四端而自谓不能者，自贼者也；谓其君不能者，贼其君者也。凡有四端于我者，知皆扩而充之矣，若火之始然，泉之始达。苟能充之，足以保四海；苟不充之，不足以事父母。"

（《孟子·公孙丑上》）

2. 谢曰：人须是识其真心①。见孺子将入井时是真心也。非思而得也，非勉而中也。②

又曰：格物穷理③，须是识得天理始得。所谓天理者，自然底道理，无毫发杜撰。今人乍见孺子将入于井，皆有怵惕恻隐④之心。方乍见时，其心怵（chù）惕，所谓天理也。要誉⑤于乡党朋友，内交于孺子父母兄弟，恶其声⑥而然，即人欲耳。天理与人欲相对，有一分人欲，即灭却一分天理；存一分天理，即胜得一分人欲。人欲才肆，天理灭矣。任私用意，杜撰做事，所谓人欲肆也。故《庄子》曰："去智与[1]故，循天之理。"⑦若在圣人分上，即着"循"字不得。

【校勘】

〔1〕与：原本作"兴"，据明抄本改。

【注释】

①人须是识其真心：意为人应该识别什么是真心。真心，真实、无妄之心。宋契嵩编《坛经·赞》："人心真心有妄心，皆所以别其正心也。" ②"非思而得也"句：意为不是经过长时间的思考或别人的勉励才产生出来的心。 ③格物穷理：穷究事物的道理。格，推究。穷，穷尽。推究事物尽其原理。 ④怵惕恻隐：怵惕，惊惧、恐惧。恻隐，怜悯、同情之心。 ⑤要誉：猎取荣誉、邀功、想得到人们的赞誉。要，有索取意。 ⑥恶其声：意为不想听到井内小孩发出的哭救声。 ⑦"去智与故"句：去掉巧智诈伪与陈腐，遵循自然法则。语出《庄子·刻意》。

孟子曰子路人告之以有过章

引　语

在本章中，孟子赞扬"子路，人告之以有（yòu）过，则喜"，并将之与禹、舜一起褒扬，强调君子莫大乎与人为善。

谢良佐开篇赞扬"子路百世之师"。听到别人指出自己的过错就非常高兴，并立即改正。他把子路闻过则喜，赞其为百世之师，是圣贤的作为。孟子之所以把子路与禹舜一起提出，是表扬子路"闻过则喜"。这也是谢良佐为人处事的道德价值观。他和孟子的思想是一致的。谢良佐认为"与人为善"和"闻过则喜"都是君子之举，圣贤之为。

【增录】

3. 孟子曰："子路，人告之以有过则喜。禹闻善言则拜。大舜有大焉，善与人同。舍己从人，乐取于人以为善。自耕稼、陶、渔以至为帝，无非取于人者。取诸人以为善，是与人为善者也。故君子莫大乎与人为善。"

（《孟子·公孙丑上》）

3. 谢曰：子路百世之师，拣难割舍底，要不做便不做。① 故孟子将来②与舜禹作一处举扬。③

【注释】

①"子路百世之师"句：意为子路为人诚实、刚直好勇，别人指出他的缺点时，他虚心接受并十分高兴地改正。 ②将来：拿过来。 ③举扬：褒扬、赞美。《孟子·公孙丑上》："子路人告之以有过则喜，禹闻善言则拜。大舜有大焉，善与人同，舍己从人乐取于人以为善。"

戴盈之曰什一章

引　语

　　本章节选内容是孟子与宋国大夫戴盈之谈论宋国税赋法律制度的对话。戴盈之对孟子说先恢复古代十分取一的税法，废除关卡和市上对商品的征税制度，今年还不能做到，先减轻一些税收，以便等待来年，再全部废除。孟子以"月攘一鸡"作喻，告诉戴盈之假如知道这件事做得不对，就应该立即停下，为什么要等到明年呢？

　　谢良佐以此作喻，讽刺那些"明知义理有不可，尚吝惜不肯舍去"之人是为不勇。每个人都会犯错误，但圣人与普通人不同，圣人知错就改，普通人搪塞文饰。谢良佐认为，既然已经意识到自己错了，就应该当机立断，不应该给自己留后路找借口。对待错误，改正错误，要做到"仁、知、勇"。

【增录】

4. 戴盈之曰："什一，去关市之征，今兹未能。请轻之，以待来年，然后已，何如？"

孟子曰："今有人日攘其邻之鸡者，或告之曰：'是非君子之道。'曰：'请损之，月攘一鸡，以待来年，然后已。'如知其非义、斯速已矣，何待来年。"

（《孟子·滕文公下》）

4. 谢曰：明知义理有不可①，尚吝惜不肯舍去，是不勇也，与月攘一鸡②何以异？天下之达道③三：仁、知、勇，而已。

【注释】

①义理有不可：人的行为不符合义理。 ②月攘一鸡：指人对错误不能立即一下改掉。攘，偷。 ③达道：达德，最高的道德境界。

孟子曰博学而详说之章

引　语

本章的原文是："孟子曰：'博学而详说（shuō）之，将以反说约也。'"这句话反映了孟子对学习做学问的观点：广泛地学习，详尽地解说，通过博览群书，并详尽地理解阐述。目的在于融会贯通后，抓住重点，返归到简约去。

谢良佐亦认为博学详说是方法，是手段，是过程。知约识中央才是结果，才是目的。"读书破万卷，下笔如有神。"这个神就是文章的灵魂、核心，就是文章蕴含的大道。在读书的路上走得越远，旁门别径就会越少，知识就会越广博深邃，就能言及义、语中的、言简意赅，大道至简。

【增录】

5. 孟子曰:"博学而详说之,将以反说约也。"

(《孟子·离娄下》)

5. 谢曰:由博以知约①,犹知四方而识中央也。

【注释】

①博以知约:知约,一作返约。指做学问从广博出发,继而务精深,最终达到简明扼要。

告子曰性犹湍水也章

引　语

本章内容是孟子与告子以水为话题，论及人性的一段辩论。告子以"性犹湍水"，说明"人性之无分于善、不善也"。孟子则同样以类比的手法，反驳"水信无分东西，无分上下乎"，得出"人无有不善，水无有不下"的结论。即便是"水抟而跃之""激而行之"，这也不是水的本性，而是外力而致。人因外力作用有时做了坏事，就像水受外力作用逆行一样，但最终人的本性还是善的。

谢良佐认为孟子"论性善，论之至也"。人性之善，生来俱之。人性从善，犹水之就下，是意念，是规律。真实的人，人的真实之性，就是在与万物他人相遇相接而行动，人之本性都想向人展现自己美好的一面，做更好的自己，而这个必要条件就是善。人人都有善的本性。

同时谢良佐对人提出了更高的要求，即便人性善，但做错了事，也是不应该的。"既是过，焉得仁。"对人的道德修养提出了更高的标准。

【增录】

6. 告子曰:"性犹湍水也,决诸东方则东流,决诸西方则西流。人性之无分于善不善也,犹水之无分于东西也。"孟子曰:"水信无分于东西,无分于上下乎?人性之善也,犹水之就下也。人无有不善,水无有不下。今夫水,搏而跃之,可使过颡;激而行之,可使在山。是岂水之性哉?其势则然也。人之可使为不善,其性亦犹是也。"

(《孟子·告子上》)

6. 谢曰:孟子论性善①,论之至②也。性非不可为不善,但非性之至。如水之就下,抟(tuǎn)击③之非不可上,但非水之性。性虽可以为不善,然善者依旧在。"观过斯知仁"④,既是过,那得仁?然仁亦自〔1〕在。

【校勘】

〔1〕自:据明抄本补。

【注释】

①孟子论性善:这一章是告子与孟子以水为话题谈论人性的善恶。 ②至:极、尽。 ③抟击:盘旋打击,使之荡漾。抟,盘旋。 ④观过斯知仁:意为看一个人所犯的错误的性质,就能知道他的为人。《里仁》篇:"子曰:'人之过,各与其党,观过,斯知仁矣。'"斯,就、才。仁,同人。

孟子曰富岁子弟多赖章

引　语

　　本章出自《孟子·告子上》。孟子开篇就指出"富岁子弟多赖（懒），凶岁子弟多暴"，是由于外在的环境使"善性"改变了。以播种大麦为例，同时播种，同样的地块，一齐生长，到了夏至前后，大约都成熟了。但收成略有差别。这不取决于种子，而是外界各种条件的变化造成的。谈到人性，孟子说人的口味有轻有重，人的耳朵有聪有聋，但是都想吃美味，看娇色，听雅乐。以此证明是非善恶感人人相同。说明人性的特质是善的，而人人向善。

　　谢良佐由此生发开来，他认为人性尽管向善的特质相同，但产生这些差别，都在于人的内心。在于内心之欲。所以他引用《孟子·尽心下》中"养心莫善于寡欲"一句，引用与伊川先生的对话，说明寡欲能以养心，勤俭能以冶性。刍豢虽能悦我口，但不如理义悦我心。这也是提示人们即便是心性善良，也要寡心戒欲，亲近理义，用理义规范自己、发展自己、充实自己。

【增录】

7. 孟子曰："富岁，子弟多赖；凶岁，子弟多暴，非天之降才尔殊也，其所以陷溺其心者然也。今夫麰麦，播种而耰之，其地同，树之时又同，浡然而生，至于日至之时，皆熟矣。虽有不同，则地有肥硗，雨露之养，人事之不齐也。故凡同类者，举相似也，何独至于人而疑之？圣人，与我同类者。故龙子曰：'不知足而为屦，我知其不为蒉也。'屦之相似，天下之足同也。"

（《孟子·告子上》）

7. 谢曰：尝问伊川先生"养心莫善于寡欲"[1]，此一句如何？先生曰："此一句浅近，不如'理义之悦我心，犹刍豢(chú huàn)之悦我口'[2]最亲切有滋味。然须是体察[3]得理义之悦我心，真个犹刍豢始得。"

【注释】

[1]养心莫善于寡欲：意为修养内心的方法，没有比减少欲望更好的了。此句出自《孟子·尽心下》"养心莫过于寡欲。其为人也寡欲，虽有不存焉者，寡矣；其为人也多欲，虽有存焉者，寡矣"。 [2]"理义之悦我心"句：意为理义能使我的心欢悦，牛羊狗马的肉令我喜爱吃用。语出《孟子·告子上》"故理义之悦我心，犹刍豢之悦我口"。刍豢，泛指家畜。食草动物称刍，食粮动物称豢。 [3]体察：体会、观察。

孟子曰霸者之民章

引 语

  这一章是孟子对圣人的一种理想的期待。他认为真正的圣人所经过的地方一定会被其道德所感化，圣人停留之处，永远会受到其过化的精神力量影响。使天地上下协调运行。孟子认为过化存神，行王道的国家，必须先施行仁政，让老百姓生活怡然自得，使百姓受到教化，顺应天道，以理而行。让他们感受到生活的幸福，其本质就是过化存神的结果。

  谢良佐在对本章阐解中，把过化存神引申为一种做人的境界，做学问的一种层次。立身处世，穷理进德需胸怀摆脱得开。"旁人不识余心乐，将谓偷闲学少年。""道通天地有形外，思入风云变态中。"悟出学问之道、做人之道。"性性为能存神，物物为能过化。"也就是保全心性，坚守本性，用以修养自己的性情，能驾驭外物，又不被外物所累。

【增录】

8. 孟子曰："霸者之民，欢虞如也；王者之民，皡皡如也。杀之而不怨，利之而不庸，民日迁善而不知为之者。夫君子所过者化，所存者神，上下与天地同流，岂曰小补之哉？"孟子曰："仁言不如仁声之入人深也，善政，不如善教之得民也。善政民畏之，善教民爱之；善政得民财，善教得民心。"

（《孟子·尽心上》）

8. 谢曰：学者须是胸怀摆脱①得开始得，不见明道先生在鄠县作簿时，有诗云："云淡风轻近午天，傍花随柳过前川。旁人不识予心乐，将谓偷闲学少年。"②看他胸怀，直是好，与曾点底事③一般。先生又有诗云："闲来无事不从容，睡觉东窗日已红。万物静观皆自得，四时佳兴与人同。道通天地有形外，思入风云变态[1]中。富贵不淫贫贱乐，男儿到此是豪雄。"④或问："周恭叔⑤恁地放开如何？"谢曰：他不摆脱得开，只为立不住便放却，忒早在里。明道却摆脱得开，为他所过者化。问："见个甚道理便能所过者化？"曰：吕晋伯下得一转语⑥好，道所存者神⑦，便能所过者化⑧。所过者化，便能所存者神。横渠云："性性⑨为能存神⑩，物物⑪为能过化。"亦甚亲切。

【校勘】

〔1〕态（態）：原本误作"熊"。

【注释】

①摆脱：心胸放得开，万事放得下。　②"云淡风轻近

午天"句：本诗为宋程颢《春日偶成》内容。　③曾点底事：指孔子同周围讲述各人志向的事，其他三人谈论各自志向，只有曾皙说："莫春者，春服既成冠者五六人，童子六七人，浴乎沂，风乎舞雩，咏而归。"见《先进篇》，孔子及子路、冉有、公西华、曾皙各言其志。　④"闲来无事不从容"句：本诗为宋程颢《秋日偶成》内容。　⑤周恭叔：宋周行己（1067—1124），字恭叔，又称浮止先生，永嘉县人。程颐弟子，进士及第。著有《程伊川语录》。　⑥转语：佛教语。禅宗谓转拨心机，使人大悟的话。意即让人瞬间开悟的警句。　⑦道所存者神：意为道存之处，社会就得到很好的治理。神，神妙莫测，治理社会的一种境界。　⑧所过者化：意为圣人所到之处，人们都能受到感化。《孟子·尽心上》："夫君子所过者化。"化，开悟。　⑨性性：保全其性，坚守自己的本性用以修养自己的性情。　⑩存神：心神不外驰，存养精神，保全精神。　⑪物物：物，外物。第一字是动词，利用、驾驭；第二字是名词，其他事物。语出《庄子·山木》"物物而不物于物，则胡可得而累邪"。意为利用外物而不受制于物，那么怎可能受到牵累呢！

孟子曰杨子取为我章

引　语

　　在本章里，孟子分别评价了杨朱、墨子、子莫三人的观点。在孟子看来，他们三人的做法都不恰当。杨朱的"为我"、墨子的"兼爱"是两个极端，大部分做不到。子莫既不愿利天下，亦不愿不利天下。取这种中间态度，执中无权。其实还是自私。

　　谢良佐为本章作解，应该是受到了"执中无权，犹执一也"的启发。由孟子评价的三个人的性格特点，联想到天下的君子士人及学者，提倡和欣赏君子在为人处世，做学问上合乎时宜，无往而不时中的做法。同时也是警示天下君子士人及学者在处事中要有分寸，无过与不及，要学会变通，要善于借鉴别人的优点和经验。读书做学问不能固执一隅之见，一成不变。更不能以欺诈多变，坏了一个"权"字。

【增录】

9. 孟子曰："杨子取为我，拔一毛而利天下，不为也。墨子兼爱，摩顶放踵，利天下，为之。子莫执中。执中为近之。执中无权，犹执一也。所恶执一者，为其贼道也，举一而废百也。"

（《孟子·尽心上》）

9. 谢曰："君子而时中①"，无往而不中也。无定体②，须是权以取中，"执中③无权④，犹执一⑤也"。今人以变诈为权便说坏了权字。

【注释】

①时中：儒家立身行事，合乎时宜，无过与不及为时中。《中庸》："君子而时中。" ②定体：固定不变的形态或性质。 ③执中：中庸之道称作事无过与不及为执中。 ④无权：不能权衡、不能变通。 ⑤执一：一成不变、固执。

孟子曰仁也者人也章

引 语

从孟子"仁也者,人也"来看,以人之理,合乎人之身,就是所谓的"道"。孟子的这句话在儒家哲学中,就是"人"与"仁"可互为定义的最典型的表现。

谢良佐一生治学,信仰的是仁,追求的是道。所以他说人与仁结合便是道。"道立则仁与人之名亡矣。"人掌握了事物的本质属性及发展规律,就能达道。即天人合一。

【增录】

10. 孟子曰:"仁也者,人也,合而言之,道也。"

(《孟子·尽心下》)

10. 谢曰:这个人与这个仁,相合为一便是道①。道立,则仁与人之名亡矣。②

【注释】

①道:物体的本质属性及演变规律。 ②"道立"句:这里指人与仁融为道中,即天人合一。亡,通无。

孟子曰尧舜性者也章

引　语

孟子在这一章里高度赞扬尧舜、汤武，动容周旋中礼，盛德之至也。是以此告喻世人，无论做什么都不是为了自己的"形象"，也不是刻意成功，而是修养身心，恢复本性，这本身就是人生的终极目的。

谢良佐说"仁者，天之理"。人为了修养身心，自然本性，就是符合天理。做这些事情，是"当然而为之，是为天之所为也"。从而要求儒门学者，心端行正、毫无私心，克己复礼，这就是人们所说的天道。

【增录】

11. 孟子曰："尧舜，性者也；汤武，反之也。动容周旋中礼者，盛德之至也。哭死而哀，非为生者也。经德不回，非以干禄也。言语必信，非以正行也。君子行法，以俟命而已矣。"

（《孟子·尽心下》）

11. 谢曰：仁者，天之理，非杜撰也。故"哭死而哀，非为生也，经德不回①，非干禄②也；言语必信，非正行③也"。天理当然而已矣。当然而为之，是为天之所为也。圣门学者，大要④以克己为本，"克己复礼"，无私心焉，则天矣。

【注释】

①经德不回：意为以德修身，义无反顾。经德，以德修身。回，返回、还俗。　②干禄：做官，求得俸禄。　③正行：端正、规范行为。　④大要：要旨、主要。

孟子曰说大人则藐之章

引　语

　　孟子在这章里说，与位高显贵的人说话，要藐视他。不要把他的显赫地位和权势放在眼里。并说，自己不愿从其所为，自信地认为自己的作为都合乎古制，我怕他们干什么。

　　对于孟子的做法，谢良佐显然有自己的观点，他很赞赏孔子待人接物迂徐舒缓，从容不迫。认同孔子的"事君尽礼"。孔子对待上大夫、下大夫、冕者、瞽者都能做到谦、恭、诚、让，依礼相待。谢良佐赞"其德全盛""气象与孟子浑别"。谢良佐通过孔孟对比，有褒有贬，显示出其认可儒家待人接物儒家风范。

【增录】

12. 孟子曰："说大人，则藐之，勿视其巍巍然。堂高数仞，榱题数尺，我得志，弗为也。食前方丈，侍妾数百人，我得志，弗为也。般乐饮酒，驱骋田猎，后车千乘，我得志，弗为也。在彼者，皆我所不为也；在我者，皆古之制也，吾何畏彼哉？"

（《孟子·尽心下》）

12. 谢曰：孔子曰："事君尽礼人以为谄也。"①时诸国君相，怎生当得他圣人恁地礼数，是他只管行礼，又不与你计较长短。"与上大夫言"，便"訚訚（yín yín）如也②"；"与下大夫言"，便"侃侃如也③"；冕者④、瞽者⑤，见之便作，过之便趋。盖其德全盛，自然到此，不是勉强做出来，气象与孟子浑别。孟子"说大人则藐之，勿视其巍巍然"⑥，犹自参较⑦彼我，未有合一⑧底气象。

【注释】

①"事君尽礼"句：意为按照周礼的规定去侍奉君王，别人却以为是谄媚呢。语出《八佾》。 ②訚訚如也：訚，正直。和颜悦色而又能直言争辩。 ③侃侃如也：说话时的样子温和快乐。 ④冕者：穿官服的人，指士大夫。 ⑤瞽者：盲人。 ⑥"说大人则藐之"句：意为去游说达官贵人，要轻视他们，别把他们一时的显赫看得了不起。说，劝说，向……进言。本句出自《孟子·尽心下》。 ⑦犹自参较：犹尚参照比较。犹自，尚自。参较，参照、比较。 ⑧合一：此指天人合一。

二、中庸解

中庸第十六章

引　语

本章主要内容是孔子谈论祭祀鬼神的。孔子认为鬼神的德行可真大，虽然看不到、听不到它，但它却体现在万物中，使人无法离开它，人们还隆重虔诚地祭祀它。主张祭则尽诚。

谢良佐在本章论述中强调了神鬼神秘莫测，若存若无，好像是支配万物运作变化的力量。但谢良佐又认为这便是天地间妙用，"这里有妙理于若有若无之间，须断置得去始得"。谢良佐认为祖考精神便是自家精神。子孙祭祀祖先正合实处，应极尽其诚。子孙与祖宗有脉络相连，诚心敬祖先，则己之精神便聚，而祖宗之精神亦聚。神不歆非类，民不祀非族。应祭当所祭。如祭非所祭，不知人家鬼神与己何相关系！

天地山川当祭，是社会精神寄托，又是教民化民之手段。自家祖考当祭，是缅怀，是纪念，是感恩，是报答，是孝道。以此使祖先优良传统发扬光大，使祖先精神得以传承，是后人的一种责任。

子曰："鬼神之为德，其盛矣乎！视之而弗见，听之而弗闻，体物而不可遗。使天下之人齐明盛服，以承祭祀。洋洋乎！如在其上，如在其左右。《诗》曰：'神之格思，不可度思，矧可射思！'夫微之显，诚之不可掩如此夫。"

谢曰：动而不已，其神①乎？滞②而有迹，其鬼③乎？往来④不息，神也；推仆归根⑤，鬼也。致生之，故其鬼神；致死之故其鬼不神。何也？人以为神则神，以为不神则不神矣。知死而致生之，不智；知死而致死之，不仁。圣人所为神明之也。

或问死生之说。谢曰：人死时气尽⑥也，曰：有鬼神否？谢曰：余当时亦曾问明道先生。明道曰："待向你道无来，你怎生信得及。待向你道有来，你但去寻讨⑦者。"谢曰：此便是答底语。

又曰：横渠说得来别⑧，这个便是天地间妙用。须是将来做个题目，入思议⑨始得。讲说不济事。曰："沉魂滞魄⑩影响底事如何？"曰：须是自家看得破始得。张亢郡君⑪化去⑫，尝来附语⑬，亢所知事皆能言之。亢一日方与道士围棋，又自外来，亢欲接之，道士封一把落子，令将去问之。张不知数，便道不得。又如紫姑神⑭，不识字底，把著写不得，不信底把著写不得，推此可以见矣。曰：先王祭享鬼神则甚？曰：只是他意思。别三日斋，五日戒，求诸阴阳四方上下⑮，盖是要集自家精神，所以格有庙，必于"萃"⑯与"涣"⑰言之。虽然如是，以为有亦不可，以为无亦不可，这里有妙理于若有若无之间，须断置⑱得去始得。曰：如此却是鹘（hú）突⑲也，谢曰：不是鹘突，自家要有便有，自家要无便无始得。鬼神在虚空中辟塞⑳满，触目皆是，为他是天地间妙用，祖考㉑精神便是自家精神。

【注释】

①神：人的意识精神，也指死后灵魂或天神。　②滞：滞留、停留、静止。　③鬼：死后魂魄。《礼记·祭义》：终生必死，死必归土。此之谓鬼。　④往来：来回反复。《周易·系辞上》："夫是故阖户谓之坤，辟户谓之乾，一阖一辟谓之变，往来不穷，谓之通。"　⑤推仆归根：推仆，犹言摧毁消灭。归根，回归本源。　⑥气尽：生气消失。　⑦寻讨：寻究、寻找。　⑧别：不一样、别样。　⑨思议：想象和理解。这里指专题研讨。　⑩沉魂滞魄：沉魂，亡魂、魂不附体。滞魄，与沉魂意思相同。都是指游荡而无所依归的魂魄。　⑪张亢郡君：张亢（998—1061），字公寿，京东临濮（今山东菏泽）人。北宋名将，郡君，古代指受封的官员夫人。　⑫化去：古时对死人的尊称，意为羽化飞升成仙。　⑬附语：鬼魂附体，借活人讲话。　⑭紫姑神：厕神，民间传说的司厕之神，又代卜人事吉凶。　⑮阴阳四方上下：指阴阳之气，东南西北四方和天地。　⑯萃：荟萃、汇聚。《周易》六十四卦之一。上泽下地。泽地萃，象征荟萃聚集。　⑰涣：涣散。

《周易》六十四卦之一。 ⑱断置：处置。 ⑲鹘突：犹糊涂。疑惑不定。 ⑳辟塞：聚集、充塞。 ㉑祖考：泛指祖先。

附 录

四库全书总目·《论孟精义》提要

【臣】等谨案：《论孟精义》三十四卷，宋朱子撰。初，朱子于隆兴元年辑诸家说《论语》者为《要义》，其本不传。后九年，为乾道壬辰，因复取二程、张子及范祖禹、吕希哲、吕大临、谢良佐、游酢、杨时、侯仲良、尹焞、周孚先等十二家之说，荟稡条疏，名之曰《论孟精义》，而自为之序。时朱子年四十三，后刻板于豫章郡，又更其名曰《要义》。《晦庵集》中有《书论语孟子要义序后》曰："熹顷年编次此书，锓板建阳学者传之久矣。后细考之，程、张诸先生说；尚或时有所遗脱，既加补塞，又得毗陵周氏说四篇有半，于建阳陈焞明仲复以附于本章。豫章郡文学南康黄某商伯既以刻于其学，又虑夫读者疑于详略之不同也，属熹书于前序之左，且更定其故号《精义》者。"曰《要义》云云，是其事也，后又改名曰《集义》，见于年谱。今世刊本仍称《精义》，盖从朱子原序名之也。凡《论语》二十卷、《孟子》十四卷，书前有纲领一篇不入卷数。朱子初集是书，盖本程氏之学以发挥经旨，其后采撷菁华撰成《集注》。中间异同疑似当加剖析者，又别著之（于）。或问似此书乃已弃之糟粕，然考诸语录，乃谓读《论孟》须将《精义》看，又谓《论孟集义》中所载诸先生语须是熟读，一一记于心下，时时将来玩味，久久自然理会得。

又似不以《集注》废此书者，故今亦仍录存之焉。乾隆四十六年五月恭校上。

总纂官【臣】纪昀【臣】陆锡熊【臣】孙士毅

总校官【臣】陆费墀

《论孟精义》序

《论孟》之书,学者所以求道之至要,古今为之说者,盖已百有余家。然自秦汉以来,儒者类皆不足以与闻斯道之传,其溺于卑近者,既得其言而不得其意;其骛于高远者,则又支离踳驳,或乃并其言而失之,学者益以病焉。宋兴百年,河洛之间有二程先生者出,然后斯道之传有继。其于孔子孟氏之心,盖异世而同符也,故其所以发明二书之说,言虽近而索之无穷,指虽远而操之有要。使夫读者非徒可以得其言,而又可以得其意;非徒可以得其意,而又可以并其所以进于此者而得之。其所以兴起斯文,开悟后学,可谓至矣。间尝搜辑条疏,以附本章之次。既又取夫学之有同于先生者,与其有得于先生者,若横渠张公,若范氏、二吕氏、谢氏、游氏、杨氏、侯氏、尹氏,凡九家之说,以附益之,名曰《论孟精义》,以备观省。而同志之士有欲从事于此者,亦不隐焉。抑尝论之,《论语》之言无所不包,而其所以示人者,莫非操存涵养之要;七篇(《孟子》)之指无所不究,而其所以示人者,类多体验充扩之功。夫圣贤之分,其不同固如此,然而体周一源也,显微无间也,是则非夫先生之学之至,其孰能知之?呜呼,兹其所以奋乎百世绝学之后,而独得夫千载不传之绪也与!若张公之于先生,论其所至,窃意其犹伯夷、伊尹之于孔子，而一时及门之士，考其言行，则又未知其孰可以为孔氏之颜、曾也。今录其言，非敢以为无少异于先生，而悉合乎圣贤之意，亦曰大者既同，则其浅深疏密，毫厘之间，正学者所宜尽心耳。至于近岁以来，学于先生之门人者，又或出其书焉，则意其源远未分，醇醨异味而不敢载矣。或曰：然则凡说之行于世而不列于此者，皆无取已乎？曰：不然也。汉魏诸儒正音读，通训诂，考制度，辨名物，其功博矣。学者苟不先涉其流，则亦何以用力于此？而近世二三名家，与夫所谓学于先生之门人者，其考证推说，亦或时有补于文义之间。学者有得于此而后观焉，则亦何适而无得哉？特所以求夫圣贤之意者，则在此而不在彼尔。若夫外自托于程氏，而窃其近似之言，以文异端之说者，则诚不可以入于学者之心。然以其荒幻浮夸足以欺世也，而流俗颇已乡之矣，其为害岂浅浅哉？顾其语言气象之间，则实有不难辩（辨）者。学者诚用力于此书而有得焉，则于其言虽欲读之，亦且有所不暇矣。然则是书之作，其率尔之诮，虽不敢辞至，至于明圣传之统，成众说之长，折流俗之谬，则窃亦妄意其庶几焉。

乾道壬辰月正元日新安朱熹谨书

附　录

《论孟精义》纲领

　　明道先生曰："仲尼，元气也。颜子，春生也。孟子并秋杀尽见。仲尼无所不包。颜子示不违如愚之学于后世，有自然之和气，不言而化者也。孟子则露其才，盖亦时焉而已矣。"又曰："仲尼，天地也。颜子，和风庆云也。孟子，泰山岩岩之气象也。仲尼无迹。颜子微有迹。孟子其迹著。"又曰："孔子尽是明快人。颜子尽岂弟。孟子尽雄辩。"又曰："孟子有功于道，为万世之师。其才雄，只见才雄，便是不及孔子处。人须学颜子，便入圣人气象。"又曰："孔孟只要分别圣贤之分。如孟子若为孔子事业，则尽做得，只是难得似圣人。譬如剪彩为花，花则无不似处，只是无他造化功。'绥斯来''动斯和'，此是不可及处。"又曰："孔子为宰则为宰，为陪臣则为陪臣，皆能发明大道。孟子必得宾师之位，然后能明其道，譬如有许大形象，然后为泰山，有许多水，然后为海，以此未及孔子。"又曰："孔子教人常俯就，不俯就则门人不亲。孟子教人常高致，不高致则门人不尊。"又曰："孟子尝自尊其道，而人不尊。孔子益自卑，而人益尊之。圣贤固有间矣。"又曰："孔子言语句句是自然。孟子言语句句是事实。"或问："使孟子与孔子同时，将与孔子并驾其说于天下耶？将学于孔子耶？"先生曰："安能并驾，虽颜子亦未达一间。颜、孟虽无大优劣，观其立言，孟子终未及颜子。观其言便可以知其人，不知其人，是不知言也。"或问："横渠之书有迫切处否？"先生曰："子厚谨严才，谨严便有迫切气象，无宽舒之气。孟子却宽舒，只是中间有英气，才有英气，便有圭角。英气甚害事。如颜子便浑厚不同，颜子去圣人只毫发间。孟子大贤，亚圣之次也。"或曰："气象见于甚处？"曰："但以孔子之言比之便可见。且如冰与水，精非不光，比之玉，自是有温润含蓄气象，无许多光耀也。"

一代宗师谢良佐

杨周靖　郏中仁　党素娥

谢良佐（1050？—1121），字显道，号逍遥，蔡州（今河南上蔡）人。元丰八年（1085）进士及第，北宋官员、学者。师从程颢、程颐，与游酢、吕大临、杨时并称"程门四先生"。人称"上蔡先生"或"谢上蔡"。谢良佐创立了上蔡学派，是湖湘学派的鼻祖、心学的奠基人，在程朱理学的发展史上起到了桥梁作用。著有《论语解》，又名《论语说》[1]，其核心思想体现在与二程及良佐门人问答语录中，由门人曾恬、胡安国录成《上蔡先生语录》，经朱熹编辑为《上蔡语录》三卷。北宋宣和三年（1121），谢良佐逝世。谥号"文肃"，清道光年间从祀孔庙。

明末清初思想家黄宗羲在《宋元学案》中说"程门高弟，予窃以上蔡为第一""上蔡固朱子之先河也"（《语录》[2]P283），被后人尊为一代宗师。

系出名门

西晋末年，中原爆发了"八王之乱"，又称"永嘉之乱"。为避战祸，琅琊王司马睿渡江，在建业（今江苏南京）建都称帝，史

---

[1]谢良佐《论语解》自南宋朱熹定名为《论语说》，谢良佐及时人称《论语解》。本书用前说。

[2]《语录》指《上蔡先生语录译注》，由杨周靖主编，（郑州：中州古籍出版社，2021.7），下同。

称东晋。中原士族相随南迁，这就是中原文化第一次大南迁，史称"衣冠南渡"。在众多南迁的门阀士族中，有一支来自陈郡阳夏（今河南太康）的名门望族，即谢安家族。

谢安（320—385），字安石，东晋时期的政治家、名士，西晋太常谢裒（póu）第三子，镇西将军谢尚堂弟。谢安自少以清谈知名，屡辞朝廷征召不仕，隐居会稽山阴（今浙江绍兴）之东山，与王羲之、许询等人寄情山水，并承担教育家族子弟之重任。后谢氏当朝之人尽数逝去，他才出仕，为官不久辞去，复又被重用，故史有"东山再起"之名典。谢安多才艺，善行书，通音律。识琴韵茶香，又计谋万钧。性情闲雅温和，处世公允明断，不专权树私，不居功自傲，终为"江左风流宰相"。

淝水之战，谢安运筹帷幄，以区区八万兵击败了号称百万之众的前秦苻坚，创造了以少胜多的辉煌战例。战事正酣，谢安博弈如故。宋人柴望在《淝水》诗中写道："想见西对对垒时，目中先已料安危。淮淝百万兵虽众，未抵东山一局棋。"

谢道韫，字令姜，又名韬元，东晋女诗人。谢安侄女，谢玄之妹，王凝之之妻，因"未若柳絮因风起"被世人称为"咏柳才女"。谢灵运，谢玄之孙，父谢瑍为东晋秘书郎，母为王羲之外孙女。谢灵运为东晋至南朝宋时期大臣、佛学家、旅行家、永嘉太守。"首夏犹清和，芳草亦未歇""池塘生春草，园柳变鸣禽""春晚绿野秀，岩高白云屯"……正是这些隽永如斯的明艳诗句，奠定了谢灵运中国山水诗鼻祖的地位。谢氏家族在东晋时期成为最后一个"当轴士族"，成就了秦淮河岸边乌衣巷中豪门世族之佳话。

唐宋时期中原安泰，东山谢氏后人一支从太康到上蔡做官，定居蔡州上蔡谢堂村。谢灵运第二十代孙谢约曾任职北宋大理寺。谢约的第六代孙谢诰曾任太子傅，有五子良弼、良夫、良佐、良肱、良传。三子谢良佐志在圣贤，著书之说，被后人称为一代宗师。

北宋靖康之乱，中原文化第三次大南迁，谢良佐后人随其伯父谢良夫再迁浙江，居台州之黄岩、临海，苏州之永嘉。北宋末年，侄谢克家任职吏部，奉命为迎奉使，携子谢伋与另一位上蔡人时任东道副总管、权知应天府事的朱胜非于山东济州迎康王赵构在南京（商丘）继位，史称南宋。因拥立有功又治政有方，谢克家官至参知政事（副丞相），谢伋官至太常少卿，朱熹奉为师长，曾多次登门求教。

从西晋末至南宋，这支东山门第、乌衣望族，虽经两次南迁，筚路蓝缕，愈挫愈奋，与时俱进，世代人才辈出。前有江左风流谢安石，后来理学宗师谢良佐，谢氏一族深耕中原文化，活跃在中国政坛上千年。

扶沟闻道

清同治二年（1863），上蔡县令金宝符《重刊谢上蔡先生语录跋》：

> 咸丰丁巳，符之官上蔡……符抵任后，诹吉斋戒，备祭品，敬谒先生祠。访其坟墓，而栋宇荒凉，邱陇失考，仅余一守嗣者。闻城西有谢堂村，意必有先生族人。公余亲诣其地，召耆儒谢生献成，询求至再，而谱牒失传。自谢生永锡后，后裔无征。城乡各茔亦均无。当时片石只字，得以摩挲故物，而参证其是非。（《语录》P347）

跋文证其祠堂祖籍和墓地所在。

谢良佐幼承庭训，既而又就读私塾，接受启蒙教育。及至少年，就读于县学，开始了《四书》《五经》等儒学经典的学习。明邓元锡《宋谢良佐传》记载："质小鲁，然诚笃。"（《语录》P266）天资虽不甚聪敏，但诚实真挚，刻苦认真，熟读成诵，举书史竟一字不漏。青年时期接触到理学名家周敦颐、程颢、程颐、张载等人作品，并对理学产生了浓厚的兴趣。周敦颐的"出淤泥而不染，濯清涟而不妖"指引他追求高尚的人格；张载的"横渠四句""为天下立心，为生民立命，为往圣继绝学，为万世开太平"，程颐的"视民如伤"等，使谢良佐感悟到文人的社会责任与担当。

良佐十九岁时娶同乡夏氏女为妻，二十一岁时生长子克己，并于县学中秀才、举人。之后随父兄在京游学，遍访名家大儒，学识大进。博览群书，尤喜《春秋》三传、《史记》、《汉书》、《通典》。经典使其明德修身，读史则知王朝兴替得失。

元丰元年（1078），监察御史程颢被贬为扶沟县令。在扶沟建立了大程书院，其弟程颐也来到扶沟协助其兄讲学。已身为举人的谢良佐慕名前来求学。初次见面，一番交谈后，程颢对谢良佐渊博的知识很是欣赏。《宋元学案》记载：

> 上蔡初造程子，程子以客肃之，辞曰："为求师而来，愿执弟子礼。"程子馆之门侧，上漏旁穿，天大风雪，宵无烛，昼无炭，市饭不得温，程子弗问，谢处安焉。逾月，豁然有省，然后程子与语。(《语录》P288)

程颢本打算以上宾相待，无奈谢良佐执意拜师。程颢则先行测试，安排漏雪穿风、无烛无炭之陋室，饭食不得温饱。施以苦心志、劳筋骨、饿体肤的考验，谢良佐却安然处之。月余，自己则深有体悟。程颢再见，则欣然纳为徒。

五年之中，谢良佐从当初的背诵《前汉书》"记忆赅博""诵之不差一字"，被明道先生斥为"玩物丧志"，学不得法，只是空费时间，被批得面红耳赤。之后，便下定决心，以明道之法，弄通书中道理。先修出"静坐""静思""下学上达"，达到知行合一。从"存天理，灭人欲"，进而修得"以生意论仁，以实理论诚，以常惺惺论敬，以求是论穷理"等修身明德本领。元丰八年（1085），从太学入会试，进士及第。适逢宋神宗晏驾，哲宗即位，程颢（明道）先生也于当年去世。恩师辞世，谢良佐等门人弟子悲恸不已。

元祐六年（1091），谢良佐时任秦州教授。[①]胡寅《上蔡论语解后序》（《斐然集》卷十九）云："上蔡谢公，得道于河南程先生，元祐中掌秦亭之教，遂著《论语解》。"胡安国曾师事谢良佐，胡寅为胡安国从子，胡寅之说当为时人之言，故可信。胡寅所言，披露两条信息：一是秦亭掌教当为谢良佐初仕之职。秦亭即秦州古称，今甘肃天水。谢良佐元丰八年（1085）进及第至元祐六年秦亭掌教，时间相距五六年，当为基层历练期。当时，进士出身多先为州县教职。二是首举谢良佐《论语解》创论时间。《邵氏闻见录》卷十四载："时谢良佐显道作州学教授，显道为伊川程氏之学，（吕）晋伯每屈车骑，同巨济过之，则显道为讲《论语》，晋伯正

[①] 范祖禹《太史范公文集》卷五十五《手记》载谢良佐"元祐六年举著述"。举著述，即以著述科举。经在职官员荐举参加考试，优者举仕。

襟肃容听之,曰:'圣人言行在焉,吾不敢不肃。'"(巨济,马涓字,元祐六年授判官,驻秦州。)

谢良佐初仕秦州教授,负责学政教化。程颐(伊川)先生也从扶沟回到洛阳。谢良佐回蔡省亲返秦州,因途经洛阳,在程颐处盘桓些时日,又常与程颐先生切磋请益。冯忠恕《涪陵纪善录》载:

> 和靖曰:"(伊川)先生晚年,显道授渑池令,来洛见先生,留十余日。先生谓焞(尹焞),如见显道,试问此来所得如何,焞即往问焉。"显道曰:"良佐每闻先生语,多疑惑。今次见先生,闻先生语,判然无疑,所得如此。"具以告先生,先生曰:"某见他也是如此。"(《语录》P290)

从扶沟闻道,秦州任上,十余年间,初听先生讲课,多有不理解处。经十余年逐渐开悟,如今再听,既能融会贯通,无一处不透彻。程伊川通过尹焞的间隔测问,也完全证实了自己的看法。至此,谢良佐闻道过程从当初拜师到登堂入室,理学修为已达到臻于至善的境界,实现了质的跨越。

州县德政

元丰八年(1085)二月宋哲宗赵煦即帝位,次年改元元祐。谢良佐进士及第后被放外任,从哲宗元丰八年及第到元符三年(1085—1100),前后共计十五年时间。前十年,谢良佐先为州县儒学教授,元祐六年得龙图阁知秦州吕大中推荐,出任秦州教授,主管州县教育教化。主要负责当地州县学即学宫的设立和完善,学舍的修建,学田的置办,文庙的管理祭祀等。而在州学任上,可谓是举步维艰，虽经历了诸多坎坷磨难，也都流芳州县。

谢良佐立下德化乡里、为往圣继绝学的宏愿，激励着他经常游走于州县之间，广泛动员社会力量参与。在地方长官和州县士绅的支持下，从一州一县做起，取得经验，推而广之，历经十数年之努力，终将州县官学、文庙焕然一新。使士子得以教化，民风得以淳正。正是在州学教授任上孜孜矻矻的努力，绍圣二年（1095）迎来一通诏书，升任渑池县令。

渑池地处豫、陕、晋三省交界处，属浅山丘陵地带。古有崤函关隘和秦赵会盟地，为兵家之必争。历史上战乱频仍，匪患迭出，民间疾苦自不待言。

谢良佐初任渑池，则是满目凄凉景象。任职四年，一方面，从整顿吏制，劝课农桑做起，轻徭薄赋，与民休息，涵养民力，渑池逐渐变得风清气正，士民乐业。另一方面，推进县学、书院、文庙管理，修葺云门古寺，使民间信仰有所托寄。公干之余在书院、学宫为士子讲学。积数年之功，渑池大治。离任之时，县人十里相送。

哲宗元符间，谢良佐转任德安府应城县令。

应城古称蒲骚，县东南部大片沼泽，与云梦泽相连；西北部为丘陵高岗，为古郧国边塞之地。由于受自然环境的限制，农耕文化欠发达，民间生活相对寒苦。

谢良佐治应城，先从整顿吏治入手，又立信治讼，劝课农桑，兼以德化以教。

整顿吏治以勤政为主。从县府官员到衙役，各司其职，不敢懈怠。胡安国初见谢良佐，见庭中吏卒，如土木偶状威武直立，使人肃然起敬。调解民事纠纷，以立信为主，力求简而无讼。

《上蔡谢先生语录》中，通过与学生曾恬对话，记述了谢良佐治吏和判讼的一个侧面，展示了大道至简的治政方略。

> 问："为政如何？"谢子曰："吾为县，立信以示之。始时事烦，吾信既立，今则简矣。凡事皆与之议，而处其方。只如理债，则先约之息不得过本。不及本，则计日月偿之。又为之期，期至而不还，治其罪。息过本，则不理。凡胥吏禀吾约束者，申为之约而言不再。期既至而事未集，治其罪，不复纵。凡此皆所以示吾信。"余又问："事何以得其要？"谢曰："试举一端。只如缴引勾到人，便令于引上作三项开说：某人是陈状，某人是被论，某人是证见，即时便见得事。"（《语录》P44—45）

树诚信，立规矩，集众思，示奖惩，树公明，息讼止争，岂能不治。

"仓廪实而知礼仪，衣食足而知荣辱。"淳化民风，从富民和教化入手。

在发展经济上，应城西北部以水旱间作农业为主，鼓励垦荒和山坡植树种竹，东南部泽湖区除水田耕作外，鼓励发展蒲草编织、莲藕种植和渔业，加固堤防，确保河湖安澜。通过轻徭薄赋，涵养民间财力。

待经济稳定发展后，整修县治，修葺仓廪。兴办教育，延纳名师。先后兴办书院、学宫和孔庙，收公田归学宫，保证教化有依，教化设施焕然一新。今日之应城市，学宫（孔庙）尤在，被列为文物保护单位。

谢良佐公余授徒，"言论闳肆，善于启发"，一时学风大兴，学者蜂至。在北宋末年，应城上蔡书院，声名鹊起，从这里走出去一大批名人大儒，如：晋江人曾恬，官至南宋大中正；胡安国，建宁崇安人，官至南宋中书舍人兼侍讲，并开创了湖湘学派；胡宏，胡安国次子、南宋承务郎、理学大师，湖湘学派的开创者之一和主持者；胡宪，胡安国从子，官至南宋迪功郎，理学家、教育家，朱熹为其得意门生；郑毂，建州建安人，重和元年（1118）进士，御史台主簿，秘书郎；朱震，荆门人，两宋著名大臣，理学家，汉上书院创办者，荆门三贤之一；还有陈叔易、康渊等一大批重臣名人。胡安国父子在湘潭建碧泉书院，不仅为当时培养了大批名流重臣，也为之后的湖湘文化经久不衰奠定了坚实基础。又有晚期门生詹勉、谢袭、朱巽、毛有诚、符生等人。符姓门生，录有谢良佐语录九十七条，早佚，为后世不传，实属遗憾。

元朝应城令谢祖锦在《谢公祠记》中曾感慨道：

> 上蔡谢先生昔治蒲骚（应城），其化民以德，期于无讼，简而能栗，威而不猛。是能保我黎民亦有辞于永世！去之日，父老思之深，慕之笃，立祠祀之示不忘也。文公朱夫子记云：胡文定公以典学使者行过邑，执弟子礼。其道隆德尊何如，非同时相知者乎。是邑乃先生过化之所，今民淳俗美，先生遗泽存焉。（《语录》P361）

谢良佐任应城令，可谓是将内圣外王之道发挥到了极致。

谢良佐元符三年（1100）末调入京师后，当地人感恩戴德，在应城建谢公祠以示怀念。应城谢祠是湖北、河南、浙江几处谢先生祠中设立最早的。自宋元明清屡毁屡新，可见谢良佐在当地影响之深远。应城上蔡书院与谢公祠为同时期所建,也是在全国几处上蔡书院中设立最早、规模最大的。在湖北应城,人们视上蔡书院、谢公祠为神圣,充满敬仰之情,是圣殿级的崇拜。

京师不遇

北宋元符三年岁末,谢良佐应城令上奉调回京。由于其屡仕州县政绩斐然,朝野上下有口皆碑,遂被宰相韩忠彦力荐回朝做官。事有不巧,对谢良佐德化文章颇为欣赏的宋哲宗已于当年二月病逝。因哲宗无子,朝廷立神宗第十一子、哲宗之弟端王赵佶为帝。

赵佶自幼养尊处优,逐渐养成了轻佻浪荡的性格。坊传赵佶为南唐后主李煜托生,虽不足信,但赵佶身上的确有李煜的影子。赵佶自幼酷爱笔墨丹青,骑马射箭、蹴鞠,对奇花异石、飞禽走兽有着浓厚的兴趣,尤其在书法绘画方面有非凡的天赋。年长后又迷恋青楼,寻花问柳,京城有名妓女无不与他有染。在位二十七年,自政和以后的十七年间很少坐朝听政。朱胜非《秀水闲居录》载:

> 上自政和以来为微行,每出乘肩舆,并无呵卫,前后数内臣导从,而民间指目为"小轿子"。置行幸局,主供帐、饮膳等。局中遇出,即称"有排当"。次日不归,即传旨称"疮痍不坐朝"。阁门等处日有探候,闻有排当,即知必出;闻不坐朝即知不归,卒以为常。始犹外人未尽知,因蔡京草表云:"轻车小辇,七次临幸"。邸报传,四方尽知之矣。

后宫粉黛三千,佳丽如云,却索然无味,便微服出宫尝鲜,寻求别样刺激,尤爱"飞将军"李师师。自政和以后,徽宗经常乘坐小轿子，带侍从数人，到李师师家过夜。专设行幸局服务其外出寻欢作乐，当日不上朝就说圣上有排当（宫中宴饮）；次日未归，就传旨圣上有疮痍（染病）。对于这位"青楼天子"之秽行，大多数朝臣都心知肚明而不去说破，而耿直之臣曹辅则挺身而出，上疏规谏徽宗"应爱惜龙体，以免贻笑后人"，徽宗阅罢勃然大怒，立命宰相王黼等人，以诬蔑天子罪发配郴州。

在用人上又专宠蔡京、童贯、王黼、高俅等奸邪之人。当有人对徽宗专宠善蹴鞠的高俅提出质疑时，徽宗居然说："你们有他那样的脚吗？"其歪理邪说让人无语。

似这般昏聩之君，大好河山交与其手，北宋不亡都难。

靖康之变，徽宗在被虏北行途中，蓦然见杏花开，悲从中来，赋《宴山亭》：

> 北行见杏花，裁剪冰绡，轻叠数重，淡著胭脂匀注。新样靓妆，艳溢香融，羞杀蕊珠宫女。易得凋零，更多少无情风雨，愁苦。问院落凄凉，几番春暮？　凭寄离恨重重，这双燕何曾，会人言语？天遥地远，万水千山，知他故宫何处？怎不思量除梦里，有时曾去。无据，和梦也新来不做。

其相思极苦，哀情哽咽，令人不忍卒读，被王国维称作"血书"。个中凄哀悲凉与南唐后主李煜又何其相似。当初立赵佶为帝时，有人谏道："端王轻佻，不能君天下。"后人评价徽宗"诸事皆能，独不能为君尔"。

了解过徽宗作为，就难怪谢良佐元符末回京多时则被冷落一旁了。后在吏部再三提醒下，徽宗召见了谢良佐，本欲委以重任。一个是豁达耿介，一身正气；一个是声色犬马，又志得意满。君臣相见，在廷对中自然是言不投机。一番别扭的交流后，谢良佐认为"上意不诚"，就退而求其次，任书局朝奉郎，为典籍纂修，官阶六品。

虽任职书局散官，但其名声籍甚。南宋朱弁《曲洧旧闻》载，谢良佐之贤，当朝宰相韩忠彦十分器重，欲见又怕唐突，便先让其子拿上自己的名帖求见并说明原委。此举在士大夫间引起不小轰动[1]，而谢良佐本人并不特别上心。并在《上蔡语录》中表达自己平生不求人，在书局时不去主动见当朝执政，可见谢良佐一生耿介之气。不久，便自求西京（洛阳）竹木场任管库。次年（1101）春，徽宗改年号为建中靖国。因前朝唐德宗李适（kuò）建中年间曾发生"泾原兵变"，德宗出逃。谢良佐与人闲聊说建中年号不祥，"恐亦不免一播迁"。遭人举报后，徽宗大怒，谢良佐获罪下狱，虽经多方营救不久后出狱，终被废为民。至靖康之变，徽钦二帝被金人掳去，受尽百般屈辱，死于五国城（今黑龙江），还是被谢良佐不幸而言中，这是后话。

《圣经》上说："上帝为你关上一扇门，定会为你打开一扇窗。"以飞语坐罪而终结仕途，这是谢良佐人生道路上的重大挫折，也是人生的一个转折点。在常人当是莫大的打击，而对于圣贤遭一大厄，必增一份光芒。正如司马迁《报任安书》所说："文王拘而演《周易》；仲尼厄而作《春秋》；屈原放逐，乃赋《离骚》；左丘失明，厥有《国语》；孙子膑脚，《兵法》修列；不韦迁蜀，世传《吕览》；韩非囚秦，《说难》《孤愤》；诗三百篇，大抵圣贤发愤之

---

[1]参见本书王钢序一。

所为作也。"作为精通经史早已看破世俗的谢良佐，只是人生的否泰转换，心理上很快释然，这就是贤者与凡俗的最大区别。卸下案牍劳形和朝乾夕惕的仕途纷扰，反觉一身轻松。身心稍事调整，便在县城南关故宅开馆授徒，全身心投入到著书立说和英才教育。这就是上蔡县上蔡书院的最初雏形。

明嘉靖初总兵、官督漕运、《漕运通志》的作者杨宏《上蔡先生语录后》：

> 以先生之道，假命得志于时，身秉国钧，必能有所建树，卓卓表现于世……后卒以谗去归，意者德盛则招尤，学成则生忌欤？虽然，祸患之作，庸俗人处之，则抑郁不能自解。至杰出之士，则淡乎相遭，漠乎相遇，岂毫末增损于其间哉！（《语录》P310)

康熙亲赐"天下第一清官"、清朝雍正年间礼部尚书、"礼乐名臣"祖籍蔡人张伯行，晚年在《重刻〈上蔡语录〉序》中曾评价谢良佐：

> 沉顿下僚，历落坎坷，则上蔡先生为甚。夫以先生之才之学，诚得一展所长，其英爽磊落之气，足以修政立事……余读《上蔡语录》三篇，其理本身而具，其教即世而兴。小而名物之陈，大而纲常之纪。开之尽其物，而充之有以达其材；防之多其途，而养之有以全其性。盖其所锺者粹，所用者弘，故能成其学而得其统宗。乃遭际坎陷，不获发舒与朝者，则天也。上蔡何憾焉！（《语录》P330)

谢良佐晚年，心无旁骛地整理文稿和专注授徒，为人生的最后一站画上了圆满的句号，走完了人生中最惬意淡定的一程。

传道授业

"得天下英才而教育之",乃人生之一大乐趣。

纵观谢夫子一生,大体可分为三个阶段,即闻道、亦官亦教、归里传道。其闻道阶段从私塾童蒙、大程书院、进士及第至为官奉州。初期阶段以中秀才、举人为标志。赴扶沟大程书院到三十五岁进士及第,为进学的中期阶段。从州学教授到渑池县令任满为进学的高级阶段。元丰八年(1085),程颢逝世,程颐转回洛阳。公干之余,谢良佐多次赴洛阳及嵩阳书院向老师程颐请益,是学问精进的关键时期,"去矜"是这一时期的最大心得。战胜自满,格物求是为做学问的最高境界。去矜求是、知行合一是从必然王国迈入自由王国,使格物致知探究万物之法游刃有余,是学业精进、三观成熟的突出标志。

从应城令到西京竹木场是谢良佐亦官亦教开馆授徒阶段。

应城令任上,是谢良佐人生最辉煌时期。为政则政绩斐然,政通人和,朝野皆碑。为师则自立学派,学者蜂至,声名远播。

《朱子语类》载,高徒郑穀描述谢良佐授业之精彩。"每说话必覆巾掀髯攘臂""上蔡平日说话到轩举处,必反巾揎袖,以见精彩"(《语录》P278),其激昂慷慨之兴发教风跃然纸上。

应城书院讲学,主讲《论语》,不是因循守旧,从字词中发掘微言大义,而是另辟蹊径,言论闳肆,借物作寓,阐施幽深,常发人深省。在与弟子解惑问答中,又往往阐发应对人生诸方面的独到见解,充分表达了个人的三观思想,构成了独立的哲学思维体系。

一日,同学游定夫问学如何才能放下一切外物。谢子曰:

> 凡事须有根，屋柱无根，折却便倒。树木有根，虽剪枝条，相次又发。如人要富贵，要他做甚？必须有用处，寻讨要用处病根，将来斩断便没事。(《语录》P59)

做学问能够真诚笃实到如此，去掉欲望，除去病根，心无旁骛，专心致志，才能致知。

谢先生常教人做学问就是要格物穷理。

> 所谓格物穷理，须是识得天理始得。所谓天理者，自然底道理，无毫发杜撰。今人乍见孺子将入于井，皆有怵惕恻隐之心。方乍见时，其心怵惕，所谓天理也。要誉于乡党朋友，内交于孺子父母兄弟，恶其声而然，即人欲耳。天理与人欲相对，有一分人欲，即灭却一分天理；存一分天理，即胜得一分人欲。(《语录》P24)

《庄子》："去智与故，循天之理。"去掉巧智诈伪，遵循自然法则。存天理灭人欲，即是求知的正途。

谢良佐监西京竹木场，朱震（字子发）从太学携弟子来拜，求谢良佐施以教导。谢良佐说："待与贤说一部《论语》。"朱震心中发问，天已近午，如何能讲一部《论语》？谢良佐只顾安排进餐，酒过五巡，只说他话，不入正题。待饭去茶来，谢良佐则掀髯攘须道：

> 《论语》首举《子见齐衰者》一章，又举《师冕见》一章；夫圣人之道，无微显，无内外，由洒扫应对进退而上达。夫道一以贯之。一部《论语》只恁地看。(《语录》P291)

首举是说孔子遇见穿丧服的人、当官的人和盲人时，即使他们年轻也一定要站起来。从他们面前经过一定要快步行走。学会尊重才能感受到人际交流的快乐。"又举"是说盲人乐师见孔子，走到台阶，孔子说"这是台阶"，走到座席边，说"这是座席"。待乐师坐下，孔子介绍说"某人在这，某人在哪"。描述了孔子对盲人的体凉和真诚，表现了孔子富有同情心和善于为人设身处地的着想。《论语》之道一以贯之，从这两章就可以见识一般。学《论语》知仁知礼义，要从洒扫应对进退小事做起，做到下学上达，这就是《论语》教人之道的实质。

寥寥数语，概括《论语》精要。"岂料《论语》还能这样讲？"惊得朱震一干人半天缓不过神来。进士出身的朱震，一生听过多少名家讲《论语》，谢良佐茶余饭后，信手拈来，高屋建瓴，概括得精妙绝伦，朱震不禁对谢良佐的大师风范佩服得五体投地，自此则以师侍之。

宋元明清四朝上千年间，谢良佐讲《论语》一事，一直为历朝文人墨客津津乐道，可谓一语千年。

一滴水可映出太阳的光辉。谢良佐《语录》《论语说》中以小见大、以事寓理的辞章比比皆是，以至多年之后朱熹在《上蔡祠堂记》中不无感慨地说：

> 熹自少年，妄意为学，即赖先生之言，以发其趣。而平生所闻先生行事，又皆高迈卓绝，使人兴起。（《语录》P354）

朱熹谆谆教诲后人，不可使一代宗师之学"一旦泯灭无传也"。谢良佐晚年学术造诣已入大师之尊，达到了登峰造极、出神入化之境。从谢良佐《论语解序》中可见一斑。挥宏恣肆、苍逸古厚的

《论语解序》,最为德音孔昭之处当是:

> 脱去凡近,以游高明;莫为婴儿之态,而在大人之气;莫为一生之谋,而有天下之志;莫为终身之计,而有后世之虑;不求人知但求天知,不求同俗而求同理。(《语录》P256)

朱熹主持衡阳书院时,将此勒石,堪为天下读书人之座右铭。有感于先祖厚德,谢良佐后裔将之奉为"家训",以教后人。

谢良佐《观复斋记》是其晚年作品,由于内容多涉及佛学,朱熹认为"皆是禅的意思"而诸多诟病。因此,古今学者见仁见智。胡宪与朱熹有师徒之谊,胡宪晚年,朱熹仍多次登门求教,有时逗留竟长达月余。当年朱熹对谢良佐论佛的一些微词曾被胡宪弟子写书问责,朱熹也曾回书道歉。以至朱熹对谢良佐一些观点提出质疑并致信胡宪时,胡宪若不复信,朱熹便不敢再问。当然,朱熹的评价未必就错,见智见仁而已。

大凡学术研究,不能以个人好恶而研判优劣。一种学术观点的出现,当先以敬畏视之。深入其中,反复玩味鉴别方见真晓。谢良佐《语录》中反复拿儒学与佛学相比较,阐明二者高下优劣,以扬儒学之大方。试想若没有先生对佛学之研究,又岂能作出二者先后高下之评判。这正是谢夫子以佛释儒、以道释儒之法,彰显儒学之高远。

从监西京竹木场到出狱后归里授徒,是谢良佐人生的第三阶段。

正所谓"德盛招尤,学成生忌"。在监场任上,因议建中靖国年号不祥而遭人举报坐狱,被削职为民。然而,徽宗还是有所忌惮，建中靖国年号只此一年，便更为"崇宁"。

回归故里的谢良佐，虽"沉沦卑冗以没其身，而处之浩然，未尝有少挫"。(《语录》P353) 静下心来，一边整理文稿，一边调教弟子门人。以往的高足弟子们虽然多为高官，仍时常登门探望，有的因公事所绊不能亲临，仍时常写书求教，这在《上蔡语录》第三卷中多有披露，师生之谊，不为世态炎凉所撼足见一斑。在众多弟子中，尤以曾恬、胡安国、朱震最念师恩，或整理遗稿，或恤其子弟，或撰文以颂，使恩师之学之祀得传于后世。

后裔南渡

正值学说出凡入圣、名满天下之际，无奈天不假年，一代宗师谢良佐于宣和三年（1121）秋八月怀着传道未竟的无限眷恋撒手人寰，终年72岁。

谢良佐辞世，师徒故旧不胜悲恸，朝野上下也引起了很大震动。在舆论的巨大压力下，徽宗命礼部议谥号，追谥"文肃"，世称谢文肃公，也算是朝廷还了个迟来的公道，一个体面的盖棺定论。择吉日下葬，与妻夏氏合葬于蔡林。同窗挚友游酢（字定夫）为其撰写墓志铭。

蔡林即蔡国前十八代诸侯归葬地。"林"即"陵"的次一级墓地尊称，二者又音近。因其蔡林就在谢良佐祖籍地谢堂村西南地，也是唐宋时期上蔡谢氏祖坟所在地。《上蔡县志》记载，谢良佐墓在县城西二里处，即今天的上蔡县重阳办事处老虎庙谢庄附近。这里仍是古蔡林的一部分。

之后二年，游定夫逝世，官至龙图阁直学士、哲学家、文学家杨时（字中立）公为其撰墓志铭。《御史游公墓志铭》文中写道：

> 昔在元丰中，俱受业于明道先生。兄弟之门有友二人焉。谢良佐显道公其一也。三年之间，二公相继沦殁，亡存者独予而已，追念平生，触事无一不可悲者。

大观元年（1107），在接连失去两位高徒的悲恸中，程颐（伊川）先生也走完了余生。五年之中，洛学失去三位中枢人物，可谓是当时儒学界的巨大损失。

关于谢良佐生卒年，《宋史》不载，当时其他各书也闪烁其词。先生卒同学游定夫公作墓志，碑文不传。2021年秋，余访浙江临海谢良佐后裔，见乾隆二十八年抄本《谢氏宗谱》载，"生于皇祐庚寅（1050），卒于崇宁癸未（1103）葬蔡林"。终年五十四岁。其文多有抵牾。而《辞海》所据概出于此。然据文献学家王钢先生考证（见本书序一），谢良佐卒于宣和三年（1121），终年七十二岁。生卒之考，兹事体大，颠覆以往认知。

谢良佐逝世六年后，靖康二年（1127）四月，金兵破宋东京，俘虏了徽钦父子及以下三千人等，京都公私财物被掳掠一空。靖康之耻导致了北宋的灭亡，大批中原贵族随赵构南迁。谢良佐子侄谢克家因拥立赵构建立南宋有功，升吏部尚书，也随赵构退至临安（杭州），终官至参知政事（副宰相）。南宋朝廷面对北方来的大批官员居无定所，特下旨允其在江南各寺院借居。谢良佐三子克己、克念、克举随伯父谢良夫及家族众人也迁至浙江台州黄岩灵石山灵石寺借居。由于寺院难以容纳众多族人，不久，克己率两位弟弟南移至台州临海居住。同时，迁往临海的还有谢克家弟克俭、克明、克顺三人。之后良佐长子克己、三子克举又向南游逸他地，一个入闽，一个入楚。绍兴六年（1136），给事中朱震奏官，找寻谢良佐子弟，三子皆已故去。克念子谢偕以替人写状子、书信文书等奉养老母及三子，生活十分艰辛。

南宋嘉定五年（1212）台州太守黄子耕修郡志，访得谢家，上书朝廷，特加优礼，追封克己为将侍郎，克念为直阁，克举为直阁，克念子谢偕为奉祠祀，位于大夫之列。朝廷给谢偕以冠带，给其家以钱米，买田宅，并在台州建上蔡书院，立上蔡先生祠以祭祀，以延先生之学，祀先生之位。祠、院落成，南宋正义大夫、思想家、文学家、政论家、永嘉学派集大成者叶适为其祠写记，因台州又称赤城，名为《赤城上蔡祠堂记》。

越千年沧桑，如今在浙江台州、黄岩、临海，温州永嘉等地，谢良佐、良夫后裔族人仍人丁兴旺，人才辈出，如永嘉蓬溪村谢用卿一门三忠烈，闻达之士不乏其人。谢氏后裔亦工亦农，在当地过上了幸福生活。为振兴当地旅游产业，温州市、永嘉县两级政府出台政策，在永嘉蓬溪村拟拨巨资兴建谢氏祠堂和上蔡书院。台州临海、黄岩谢氏家庙尚存，香火鼎盛，宗谱赓续，志碑犹存。上蔡谢堂、大谢、老虎庙谢庄等村谢氏后裔也过上了幸福安康生活。上蔡县谢夫子祠、上蔡书院存留到20世纪60年代。上蔡有识之士也在积极奔走，筹措复建上蔡书院等古迹。

百世流芳

儒学，由孔子创立，源于周公及三代礼乐，以仁义礼智信为主要思想体系，到了汉代"罢黜百家，独尊儒术"，儒学在社会上取得了正统地位。然而，汉唐儒学的传承以训诂为重，着重于对《五经》经典的诠释。研究者大都因循守成，往往皓首穷经，疏不破注，使得儒学的发展滞于僵化。两宋时期，儒学发展迎来了前所未有的高峰，涌现出了一批儒学大家和关洛濂闽等众多学派。各流竞逐，遂成百家争鸣之势，对儒家经典阐释尤重《四书》。以"北宋五子"为代表的儒学大师论学多言天地万物之理，注重义理剖析，在前人的基础上加以哲学阐释，故称理学，又称道学，至朱熹集其大成，又称程朱理学。介于二程与朱熹之间，承前启后，继往开来，发挥桥梁作用的就是上蔡夫子谢良佐显道公。

谢良佐拜二程为师，程颢称其"展拓"；程颐赞其"去矜"，嘉许为"切问近思之学"；吕祖谦称其"心存志定"；朱熹称其"英明果决，强力不倦"。如"以生意论仁，以实理论诚，以常惺惺论敬，以求是论穷理"，其命意精当，俱堪师法。在所著述《论语解》《上蔡语录》中，其下学、进德、居业、知要、辨异等经典处，皆是自悟心得。学术纯正，光大儒学，后学者趋之若鹜。

集大成者朱熹不仅两次校勘《语录》三卷，为之跋记，又在《论孟精义》《四书章句集注》《朱子语类》等书中用大量篇幅引用谢夫子《论语解》中章句而乐此不疲，足以证明谢夫子精妙论说的魅力所在。谢良佐之所以为大师，关键在于传承中创新，言前人所不言，发前人所未及，革故鼎新，自成一家。

元明清时代，理学被奉为国家的统治思想，谢良佐的理学学说备受尊崇。这一时期，建于各地的谢夫子祠、上蔡书院屡毁屡新。仅《上蔡先生语录》在全国各地就有几十种刊本传世，研究校勘、序跋作记者数不胜数。

道光年间，由上蔡县发起，河南巡抚潘铎担纲奏请皇帝将宋臣谢良佐从祀文庙。呈奏当日，道光皇帝朱笔御批："批礼部议奏，钦此。"礼部奉旨草"谢良佐从祀文庙折"即日，道光朱批："依议，钦此。"奏批时间上的迅疾，可见道光皇帝的重视和尊崇，谢良佐从祀文庙东庑，在同窗挚友杨时之侧。从祀孔庙是古代儒宗梦寐以求的最高追求，也是功德圆满了。

文庙是奉祀孔子和传播儒学思想的圣殿，配享、从祀文庙，接受万世崇拜。非先贤先儒，有宗师之尊、高德殊勋者莫能从祀，古代文臣莫不把从祀孔庙视为一生中最高荣誉。从祀孔庙是国家级的文化盛典，也是对文臣的最高褒奖。两千多年间，从祀孔庙者只有一百七十二人，皆为硕儒大贤。从祀者上蔡有七，其中漆雕氏三子、秦冉、曹邺五人皆为孔子门人列为先贤，谢良佐、张伯行（祖籍上蔡），清光绪初从祀列为先儒之列。清代两百多年间，也只遴选四人入庑，蔡人独占半壁江山，清之后再无此盛典。

八百年后，一位先哲，跨越时空，步入圣坛，姗姗迟来，可见历史不辱没前贤。这是文明的约定，良心的站位，王道的选择，历史的定论，也是万世不朽之丰碑。

谨以此文志《上蔡先生语录译注》付梓。

2021 年 6 月 8 日　落笔于上蔡
2023 年 6 月 26 日　修订

参考文献

1. 朱子全书·论孟精义 [M]. [宋] 黎靖德著, 朱杰人、严佐之、刘永翔主编, 上海: 上海古籍出版社, 安徽教育出版社, 2002.

2. 四库全书 [M]. 文渊阁本影印本

3. 朱子语类大全 [M]. 清康熙间吕留良宝诰堂刻本

4. 朱子全书·朱子语类 [M]. [宋] 黎靖德著, 郑明点校, 上海: 上海古籍出版社, 合肥: 安徽教育出版社, 2002.

5. 《儒藏》精华编一〇九册《论孟精义》[M]. [宋] 朱熹著, 孙钦善、严佐之主编, 北京: 北京大学出版社, 2007。

6. 四书章句集注 [M]. [宋] 朱熹撰, 徐德明点校, 上海: 上海古籍出版社, 2001.

7. 尚书 [M]. 曾运乾注, 上海: 上海古籍出版社,

2015. 12.

8. 易经［M］. 周鹏鹏译注, 北京: 北京联合出版公司, 2015.

9. 易·系辞解读［M］. 王易中编著, 太原: 山西科学出版社, 2015.

10. 老子［M］. 饶尚宽译注, 北京: 中华书局, 2006.

11. 庄子集释［M］.［清］郭庆藩撰, 王孝鱼点校, 北京: 中华书局, 2010.

12. 论语译注［M］. 杨伯峻, 北京: 中华书局, 1980.

13. 论语集释［M］. 程树德, 北京: 中华书局, 1990. 古籍出版社, 1987.

14. 解读论语［M］. 傅佩荣, 上海: 上海三联书店, 2007.

15. 论语译注［M］. 陈晓芬, 北京: 中华书局, 2016.

16. 孔子家语［M］. 王国轩, 王秀梅译著, 北京: 中华书局, 2011.

17. 大学·中庸·论语［M］. 朱熹注, 上海: 上海古籍出版社, 1987.

18. 子曰全集［M］. 郭沂编撰, 北京: 中华书局, 2017.

19. 诗经［M］. 王秀梅译注, 北京: 中华书局, 2016.

20. 大学·中庸［M］. 王国轩译注, 北京: 中华书局, 2016.

21. 孟子译注［M］. 杨伯峻, 北京: 中华书局, 1962.

22. 二程集［M］.［宋］程颢，程颐著，王孝鱼点校。北京：中华书局，1981.

23. 上蔡先生语录［M］. 明正德八年汪正刻本影印本

24. 重刻上蔡谢先生语录［M］. 清同治癸亥金宝符刻本，上蔡学署藏版

25. 儒藏：精华编［M］.（子部 儒学类 性理之术186册）北京：北京大学出版社，2012.

26. 扬子法言［M］.［汉］扬雄撰，沈阳：辽宁教育出版社，1998.

27. 商君书［M］. 王霞 导读注释，长沙：岳麓出版社，2020.

28. 左传［M］.［春秋］左丘明著，陈书良译，长沙：中南大学出版社，2017.

其余参考书目恕不一一罗列。

后　记

届四年之期，引二三同人谋作，《上蔡先生语录译注》《论语解辑注》先后付梓，"守得云开见月明"，了却一代人夙愿，如释重负，不禁感慨系之，述数语于后。

孔子游历十三载之蔡三秋，贤徒七十二蔡地有六。大成殿内，百七硕儒从祀，有上蔡七贤同里，举国罕有，可称儒宗千古佳话。圣迹肇启，木铎雨露，后土培壮。阁老宰相，硕勋大儒，清官贤达，若群星璀璨。

开宗立派，光大洙泗，前有漆雕之儒，中续文肃显道，后来真儒张仲诚。

伏羲画卦，《尚书·蔡仲之命》，孔子厄而作《春秋》，元典精华，斯文在兹，彰显淮汝文苑之盛，渊源有自。

溯蔡古称大儒者众，上述三宗家外，汉之桓宽、翟方进，

后 记

宋之朱胜非、谢克家、谢伋，明之李逊学、刘光国，清之刘元琬、程元章，余者不一而足。然史乘以"东门儒""南门儒"为著。东门者李斯，南门即谢文肃良佐显道公，尤以文章称。

谢良佐师从二程，居"四先生"之首。立学宗，开"湖湘"，发陆王之端，铸理学桥梁。程颢冠以"展拓"，程颐嘉其"切问近思"，朱熹颂其"英果明决，强力不倦"，赞"教人之法，又最为得其纲领"。《上蔡语录》言辞尔雅，宏肆高迈，破立并行，发前人所未言。"英爽磊落之气，足以修政立事"。《论语解》破注经藩篱，述粹言，辟新径，持正论，弘道统。或深入浅出，文意中析理，举红尘市井以论性；或旁征博引，章句外论道，引汗青掌故以明经。《论语解》《上蔡语录》雄文大手，从论道与创论两面构成其儒学思想的统一体。《论语解》以儒学经典阐道，《上蔡语录》因创论凝为经典。深思力索，竟发宏论，"言虽近而索之无穷，指虽远而操之有要"，终为一代宗师，泰然独立于士林道统。

读谢公文章，感悟有三：

● 儒家经典，是谢公文章之源，入门之钥。

儒学源于先秦，成乎孔丘。汉唐八百年以注疏称，宋兴理学，旨在"存天理，灭人欲"，其天理是道德神学，是儒家神权和王权的合法依据。发经典以合天理，与天为一，是理学主要创见。谢公既为理学中坚，倡言更高标独创。谢夫子文章，引经典不下百种，经史子集信手拈来。不闻经典，不知所出，不解其意。然大经尤宗孔孟，识显道而温孔孟，所得者博，悟者新，岂不欣欣然而行哉！

●《论语解》为基，《上蔡语录》为弘，二者缺其一则失之完备，从前者入乃事半功倍。

走进谢公，始于《语录》，因远其时疏其学，个中高义，不得其半，故常怀茫然。研及宗门、《学案》，初略大意；读朱子《集注》《语类》，方知明经；校多家刊本，知其舛讹得失；寻迹觅踪，得《方志》《谱牒》，精研序跋，周折反复，三诵其文，识得全貌，方才注译。虽勠力以进，仍心存忐忑，恐文义不逮，数请于方家，始有定文刊行，仍不免鲁鱼之憾。当《论语解》从《论孟》中辑出，通揽诵读，蓦然回首，于《语录》苦思觅想处，《论语解》早已活脱脱展现。恍然知二者先基后塔，起承关联，非分立割断。方知逆水行舟，洪荒之累，前早有渡桥达岸。古人一句"《论语说》先行于世"，竟有深奥这般。至此。唯余自嘲见少知寡，学识浅显。

●精读细品，不留空白，再三玩味，方得旨要。

显道为文，或明快，或缜密，或高奥超逸，俱陈文中。以《论语解》例，明快者，如"祖考精神，便是自家精神""敬者，常惺惺法""穷理只是寻个是处""事亲从兄时，可以知得仁"。一语中的者，无须多言。缜密者，如"三十而立"，环环相扣，互为表里，归于"道之精粗，熟与不熟"而已。再如"三省吾身""四人问孝""五人问仁""不重则不威""吾道一以贯之"等章则洋洋洒洒，无不大观盈耳，其逻辑缜密则不透风雨，必紧扣行文审慎精读，方见文思之臻，阐述之彻。高妙者如"仁而不武，如公子家""恂恂仁者如吴佑，而能抗跋扈之威""孔文子之文，与经天纬地之文异"，"苟不至于不违之地，则与亡则书无以异""泰则宜其骄，而卒归于不骄；骄者宜其泰，而卒归于不泰"。再有环顾左右而言他者，看似闲话冷语，于"子曰"无干，最易疏忽，力索当知其引汗青如江河之行地，恰似醍醐灌顶，其超逸高妙莫不心悦诚服。跨过崎岖处，方见霞满天。如朱熹所言，"《论语》上蔡解极多"，"所见透彻无隔碍处"。

六百年后，其先蔡人迁仪封、光绪年间入孔庙、清"礼乐名臣"张伯行于福州正谊堂这样评价谢良佐："道之将行，名显身尊而功立；其将废也，行修经明而言立。余读《上蔡语录》三篇，其理本身而具，其教即世而兴。小而明物之陈，大而纲常之纪。开之尽其物，而充之有以达其材；防之多其途，而养之有以全其性。盖其所钟者粹，所用者弘，故能成其学而得其统宗。"其论可谓达至。

《上蔡先生语录译注》出版后，合众人之力，积经年之功，将《论语解》从古籍中辑出，圆散佚之缺，还历史本真。审视原著，标点校勘注释，将古籍标以时代印记，承当今人整备之职责。

《论语解辑注》成书，仰赖众师友提携。尤得王钢、张弦生二位老师及新秀李祖哲倾力襄助。编辑出版家、文献学家、文心社原社长王钢先生学养深厚，有文献专著多部为道中人誉。先生垂顾，择文献校勘、底本去取从善等，指导立框于始终。又披览古籍，剥茧于瀚海，指迷津于正途，使吾辈擅入者除却翻拣之劳。又亲为编审，拨讹扶正。又得编审大家、古籍社元老、原副总编、宽厚长者张弦生先生青目。先生耄耋之年，眉寿颜堂，温文尔雅，和蔼可亲，毕生以编校为荣，经其编审成名家者众。书稿呈先生时，正值《杜甫全集详注》六百万字文稿居之案首。先生移步，欣然赐教，常面命耳训于当堂，或披览捉刀于通宵。疫期暑热，赤膊判改在寝，缜密审读，校勘正误，力求臻至精到，杜绝灾梨祸枣。先生一丝不苟，严谨博通，不避高年与寒暑，提携后学，足见为人师之敦厚周慎，尤令笔者动容。祖哲老弟，年少博才，谦恭笃诚，奋力有为。疫中阖家为"阳"，仍抱病校勘于堂。社事编事老少事，唯此为大。

  编审之余，三位命笔或序或评或编后，所述之言，大方之论俱可师法，此岂仅以编审职视？

  王钢先生大序，从理学源流、显道生卒、《论语》解说定名、流布曲析、职仕沉浮等几尽梳理，苦心孤诣，皆出力证。生卒之考，兹事体大，颠覆以往认知。其引文书目凡七十余种，浏览余征，又当何计？张弦生先生携祖哲君著万字书评，重温道学经典，广征理学宗家之粹，斟酌推敲，引喻称类，唯是唯彻，可谓殚精竭虑，用心良苦。祖哲老弟不遗余力，再述编后。文友李道清先生，居遂平风景名胜之邦。玉在山而林润，先生才思敏博，常有诗文、书法登大雅，县处公干荣退，赋闲勤耕，有诗文集续刊行。拜读大作，如清水芙蓉，高雅脱俗，于隽逸超然处写山水本真。《论语解辑注》脱稿，邀其斧正，其见多有雅意，亲题序文为本书张目，故常引为善友。师友高义，提携情深，又为文献整理鼓呼，其思远也。

贵人相助，何书不成，感佩之意无以言表。

《论语解辑注》推进之中，欣闻国政《关于推进新时代古籍工作的意见》（2022年4月11日）发布，喜从天降。有德政化雨，良师友援手，执政守土者不计财力有缺，时有抹公帑相济，可谓天时地利人和俱佳。"旧学商量加邃密，新知培养转深沉。"古籍文献整理为文明根脉传承，国是之大计，方土亦然。事关文化复兴，绍前贤益后学，为迭代之赓续。吾辈相聚，皆在花甲，然持余热安之若素，甘之如饴，不敢有老树春深著花之夸，但有抛砖引玉之期，一为志趣，二为参与，三为司今人之责，以彰新政之远谋，以贺古籍文献整理之春至。

是为记。

上蔡　杨周靖
记于癸卯年元日

编后语

文献典籍的生生不息保证了中华文明根脉的传承发展。

中原大地是中华文明的重要发祥地。作为文明的重要载体,各种文献在中原大地源远流长、浩如烟海。

由于记录手段的落后,加上战争及各种意想不到的天灾人祸,文献的流传就像沙漠里的河流,流着流着就断了,有些留下了名字,有些则音信皆无。

孔子说:"夏礼吾能言之,杞不足征也;殷礼吾能言之,宋不足征也。文献不足故也。足,则吾能征之矣。"(《论语·八佾篇》3.9)

正因为对文献不足带来的困难与困惑感同身受,孔子对文献分外重视。他"述而不作",穷毕生精力整理了《六经》等文献,为后代留下了宝贵的文化遗产和整理文献的一些原则。①

文献传承,整理为先。《论语解辑注》一书是乡贤杨周靖诸君

编后语

的古籍整理之作，对古籍传承起着至关重要的作用。

《论语解辑注》一书，是我社已出版的《上蔡先生语录译注》的姊妹篇。原作是北宋理学家谢良佐。谢良佐，北宋上蔡（今河南上蔡）人，是理学大家二程的学生，为程门弟子"四先生"之首，又受到南宋理学大师朱熹的尊崇，因此他是程朱理学的关键枢纽人物，清道光年间，得以从祀孔庙。由此也可见其在中国儒学史中的地位。

谢良佐的主要著作有《论语解》和《上蔡先生语录》两种，后者有几十种版本流布，但前者原书已散逸，只分散见于朱熹的《论孟精义》《四书章句集注》和《朱子语类》等书中。杨周靖先生是上蔡人，曾任职县高中语文教师和一中校长，退休后，携同人致力整理乡贤著作，在整理出版《李斯集译注》和《上蔡先生语录译注》后，又组织同人，爬梳剔抉，从朱熹著作和其他多种文献中，辑录《论语解》，成为此书。在此工作中，得到河南文献学家王钢先生的指导，从底本的选择，到注释书证等诸多方面悉心帮助，使本书质量有了很大提高。

《论语解辑注》是将谢良佐说《论语》语录辑录成册的一本书，弥补了原书散逸的缺憾。全书分为正编、补编、附篇三部分。正编辑录《论语解》语录473条，校勘增录47条，共计520条；补编辑录《朱子语类》中61条列为《余说》；附篇辑录《孟子解》语录12条，《中庸解》1条，共计74条，总计594条。本书所辑录的语录在底本选取上主编杨周靖先生下了极大的功夫，这为本书的高质量出版奠定了扎实的基础。

上面已经基本阐述了本书的成书过程，下面再说说本书作者杨周靖先生。

古籍整理是十分枯燥的工作，但是古籍得以传承后世又需要像杨周靖诸君这样的有心之人才能完成。杨周靖先生是我社老社长孙鑫亭先生在大学执教时的学生，他对我社极其信赖，先后在我社出版了《历代蔡姓名人传略》《李斯集译注》《上蔡先生语录译注》等古籍整理著作，其整理水平也在文献专家王钢先生、我社原副总编张弦生先生的指导下日益精进。《论语解辑注》一书可以说展现了其在古籍整理方面扎实的功底。

作为《李斯集译注》《上蔡先生语录译注》《论语解辑注》三种书的责编，我深感自己是幸运的。作为一名中州古籍出版社的编辑，能够遇到杨周靖先生这样热衷于古籍整理工作的作者，我对其也是十分敬佩、感谢的。

最后，我希望能有更多的像杨先生团队这样的队伍，沉下心去，为古籍的传承贡献力量，让中华优秀传统文化继续发扬光大。

本书责任编辑　李祖哲
2023 年 5 月 26 日

注①：王钢. 中原文献整理史稿［M］. 郑州：中州古籍出版社. 2019.